Christopher Brooke

Die Klöster

HERDER spektrum

Band 4970

Das Buch

Ihre Geschichte, ihr Glaube, ihre Spiritualität gehört zum Kern unserer europäischen Kultur. Namen wie zum Beispiel Cluny, Hirsau, Reichenau, Monte Cassino, St. Gallen, Maria Laach, Santiago de Compostela und viele andere werden in diesem Band zu Bildern voller Leben. Der Autor, Professor für Kirchengeschichte an der Universität Cambridge, zeichnet in diesem Buch die faszinierende Entstehung und Entwicklung des monastischen Lebens nach, dem das gesamte Europa so wesentliche Impulse verdankt. Der Leser begegnet den großen Ordensgründern von Basilius, Augustinus und Benedikt bis zu Bernhard, Norbert und Franziskus. Er bekommt eine erstaunliche Vielfalt des Klosterlebens vor Augen geführt: da gab es den gänzlich zurückgezogen lebenden Eremiten, die Urform des klösterlichen Lebens, es gab Benedikt von Nursia, der für das gemeinsame Leben der Mönche (Zönobitentum) die wichtigste Regel verfasst hat, es gab den großen Aufbruch des 12. Jahrhunderts mit Bernhard von Clairvaux und den Zisterziensern oder es gab die Bettelmönche des Franz von Assisi und des Dominikus. Die Ausstrahlung ihrer alle Grenzen überschreitenden Idee überzog das Europa des Hochmittelalters mit einem dichten spirituellen und kulturellen Netz. Indem dieses Buch Menschen und Klöster in ihrem realen Alltag, im spirituellen, wirtschaftlichen und politischen Bereich lebendig werden lässt, erschließt es eine der glanzvollsten und wichtigsten Epochen Europas. Eine große Vision wird lebendig, die bis heute prägt.

Der Autor

Christopher Brooke, von 1977 bis 1994 Professor für Kirchengeschichte an der Universität Cambrigde.

Christopher Brooke

Die Klöster

Geist, Kultur, Geschichte

Herder
Freiburg · Basel · Wien

Korrigierte Taschenbuchausgabe des Bildbandes
Die große Zeit der Klöster, Verlag Herder Freiburg
Abbildungen Bildarchiv Herder
Aus dem Englischen von Regine Klett

Gedruckt auf umweltfreundlichem,
chlorfrei gebleichtem Papier

Herstellung: fgb · freiburger graphische betriebe
www.fgb.de
Umschlaggestaltung und Konzeption:
R·M·E München / Roland Eschlbeck, Liana Tuchel
Umschlagmotiv: Abteikirche Maria Laach
ISBN 3-451-04970-8

Inhalt

Vorwort 9
Anmerkung zu den Grundrissplänen 13

Die Traditionen klösterlichen Lebens

1 Die Ursprünge des Klosterlebens 19
Der heilige Basilius 26
Der heilige Augustinus 28
Johannes Cassianus 32

2 Die Regel des heiligen Benedikt 38

3 Die Entwicklung der monastischen Tradition 46
Von Benedikt von Nursia zu Benedikt von Aniane 46
Das 10. Jahrhundert 55
Cluny und Gorze im 10. und 11. Jahrhundert 57

4 Klosterleben: Arbeit und Gebet 64
Der Tagesablauf 64
Besondere Ämter und die Wirtschaft des Klosters 71
Cluny, das neue Mönchtum und die „Renaissance des 12. Jahrhunderts" 76

5 Die Eremiten 80
Der Einfluss Italiens im 11. Jahrhundert 80
Romuald und Petrus Damiani – Camaldoli und Vallombrosa . 81
Die Kartäuser 84
Der Gegensatz von Klostergemeinschaft und Einsiedelei . . 90

6 Das Kloster und die Welt 93
Klöster als Besitztum von Königen und Fürsten 93
Der Nachwuchs der Klöster im 11. und 12. Jahrhundert . . 99

Gesellschaftlicher Wandel zwischen 1050 und 1150 100
Klöster und Spenden von Laien 110
Kloster und Stadt: San Zeno in Verona 113

7 **Der Beitrag der Klöster zur „Renaissance des 12. Jahrhunderts"** 118
Architektur und Kunsthandwerk 118
Mönche und romanische Kunst 124
Monastische Beteiligung an der Kunstentwicklung 126
Theophilus und sein Lehrbuch der Kunst 129
Arbeit und Bücher – Arbeit an Büchern 131
Bücher und apostolisches Leben 133
Biographie und Geschichte 134
Anselm von Canterbury – Theologie und Humanismus . . 135

Neue Orden

8 **Die Augustiner-Chorherren** 145
Erneute Fragen nach dem apostolischen Leben 146
Die Augustinerregel 147
Die Bewegung in Italien, Frankreich und Spanien 149
Deutschland, Österreich und die Britischen Inseln 150
Der Kanoniker von Lüttich – Unterscheidung zwischen Mönchen und Kanonikern 154
Chaucer: Dichterisches Spiel mit den Unterschieden 156

9 **Die Zisterzienser** 158
Cîteaux, Clairvaux und der heilige Bernhard 158
Das Programm der Zisterzienser: Mönche und Laienbrüder 161
Zurückgezogenheit, Selbstversorgung und Handarbeit . . . 165
Puritanismus und Effizienz 170
Einheitlicher Baustil und die Statuten der Zisterzienser . . 173
Rievaulx und der heilige Ailred 177
Das Wagnis und seine Opfer 181

10 **Die Ritterorden** 185

11 **Frauenklöster** 190
Die Entwicklung bis zum 11. Jahrhundert 190
Das 12. und 13. Jahrhundert 195

12 Norbert und Franziskus – Prämonstratenser und Bettelmönche 205
Norbert von Xanten 205
Das apostolische Leben im 12. und 13. Jahrhundert 207
Franziskus von Assisi 210
Franziskanische und dominikanische Bettelmönche 212

Zusammenführung

13 Drei Klosterbesuche 223
1. Fountains 223
2. Mont-Saint-Michel 232
3. Sant'Ambrogio in Mailand 242

14 Die monastische Landkarte Europas um 1300 250

15 Epilog 265
Die Welt der Klöster von 1300–1500 266
Die Entwicklung seit 1500 269

Anmerkungen 279
Literaturhinweise 297
Verzeichnis der Abbildungen 309
Personen- und Ortsregister 311

Vorwort zur Taschenbuchausgabe

In diesem Buch geht es um „die große Zeit der Klöster“: Der Schwerpunkt liegt in den drei Jahrhunderten zwischen etwa 1000 und 1300, also in einer Zeit, als Mönche und Ordensleute die Kultur Europas besonders intensiv geprägt haben. Daher habe ich mich bemüht, die vielfältigen Beziehungen der Klöster zu den kulturellen Strömungen und den künstlerischen Entwicklungen ihrer Zeit herauszuarbeiten. Ein besonders wichtiges Anliegen war mir dabei, nicht nur die Texte, sondern vor allem auch die Klostergebäude als Quelle zum Sprechen zu bringen.

Das 11. Jahrhundert war die Blütezeit des traditionellen Mönchtums, das heißt einer monastischen Lebensweise, die der Regel des heiligen Benedikt und den Gebräuchen folgte, die sich über Jahrhunderte hinweg auf ihrer Basis entwickelt hatten. Neue Ideen begünstigten Ende des 11. Jahrhunderts die Entstehung einer Vielfalt neuer Regeln, die für das 12. und 13. Jahrhundert so charakteristisch waren. So behandelt der erste Teil des Buches Entstehung und Wesen des traditionellen monastischen Lebens, der zweite Teil umreißt Wesensmerkmale und Geist der neuen Formen. Im dritten Teil führen wir gleichsam die Fäden zusammen, vor allem im Kapitel „Drei Klosterbesuche“, und gehen kurz auf das Schicksal dieser Bewegungen ein.

Das Buch handelt in erster Linie von Mönchen und Klöstern im engeren Sinne. Doch stand das Ordensleben immer auch Menschen offen, die keine Mönche waren: im hier behandelten Zeitraum vor allem auch denen, die der Augustinusregel folgten und als Regularkanoniker bekannt sind, denen, die den Spuren der heiligen Franziskus und Dominikus folgten und Bettelmönche genannt werden, und denen, die in die kriegerischen Abenteuer der Kreuzzüge verwickelt wurden, die Ordensritter; vor allem aber auch den Frauen, den Nonnen, die sehr wohl auf diesem Gebiet die ersten gewesen sein könnten und in jüngerer Zeit an Zahl die Männer bei weitem übertroffen haben. Mönche, Kanoniker, Bettelmönche – es ist gut, diese Begriffe exakt zu gebrauchen, auch wenn sie häufig und unabsichtlich durcheinander gebracht wurden. Die Gemeinschaften, in denen sie zusammenlebten, können nach mittelalterlichem Brauch alle als Klöster bezeichnet werden, was vom Ursprung des Wortes her einfach „umschlossener Raum" bedeutet; doch lässt sich unterscheiden zwischen Mönchsklöstern und den Häusern von Bettelorden und Kanonikern, ebenso zwischen Abteien, also von Äbten geleiteten Ordenshäusern, und von Prioren geleiteten Prioraten. Auf Grund der großen Ordensvielfalt des Mittelalters muss bei einem Buch dieses Umfanges außerordentlich selektiv vorgegangen werden – jedoch nicht schmalspurig: unsere Beispiele wurden in ganz Westeuropa ausgewählt und von vielen Orden und Anlagen zusammengestellt.

Seit dem ersten Erscheinen dieses Buches in den siebziger Jahren sind zahlreiche neue Bücher und Aufsätze über einzelne Orden publiziert worden, und man hat Ausgrabungen und Forschungen an den Gebäuden und Standorten der Klöster durchgeführt. In vielen Einzelpunkten gibt es neue Sichtweisen, neues Wissen und eine größere Tiefe des Verstehens.

All dem kann man unmöglich im Rahmen einer Neuauflage gerecht werden. Ich habe jedoch einige kleinere Fehler korrigiert, meine Darstellung der Augustinusregel revidiert (vgl. S. 28 f., 147 f.) und bei manchen Quellentexten neue Ausgaben angegeben; und ich nenne im Folgenden einige wenige bedeutende Beiträge, die unsere Sicht der Dinge beeinflusst und verändert haben – auch wenn natürlich andererseits viele der Urteile des Buches bestätigt worden sind.

Als Nachschlagewerk steht jetzt eine Enzyklopädie der Ordensgemeinschaften zur Verfügung, das große italienische

Dizionario degli Istituti di Perfezione; auch das *Lexikon des Mittelalters* bietet viele nützliche Informationen. Mit geringerem Umfang ist zu nennen: G. Schwaiger (Hrsg.), *Mönchtum, Orden, Klöster ... Ein Lexikon* (München 1993).

Die für die Hauptthemen dieses Buches wichtigste Neuerscheinung war das Werk von Giles Constable, *The Reformation of the Twelfth Century* (Cambridge 1996) – vgl. dazu meine Würdigung in der neuesten Auflage von *Europe in the Central Middle Ages* (Harlow ^{3}2000), S. 368–371 – ein Buch, das vor allem die gemeinsamen Züge herausarbeitet, die alle Aspekte der Bewegungen dieses Zeitalters durchziehen, aber relativ wenig über Klostergebäude als Quellen handelt, eines der zentralen Themen des vorliegenden Buches. Eine Sammlung meiner eigenen Forschungen liegt vor in dem Band *Churches and Churchmen in Medieval Europe* (London 1999). Zum kulturellen Kontext vgl. P. Dinzelbacher – J. L. Hogg (Hrsg.), *Kulturgeschichte der christlichen Orden in Einzeldarstellungen* (Stuttgart 1997) sowie zum religiösen Kontext A. Angenendt, *Geschichte der Religiosität im Mittelalter* (Darmstadt 2000); über die Mystik B. McGinn, *Die Mystik im Abendland* (3 Bde, Freiburg i. Br. 1994–1996); über Cluny und die Cluniazenser J. Wollasch, *Cluny – ›Licht der Welt‹* (Zürich – Düsseldorf 1996).

Eine ausgesprochen wertvolle Aufsatzsammlung über die Zisterzienser liegt vor in dem Band *Cistercian Art and Architecture in the British Isles*, hrsg. von C. Norton – D. Park (Cambridge 1986). Zu den Gilbertinern vgl. jetzt *The Book of St Gilbert*, hrsg. (mit engl. Übersetzung) von R. Foreville – G. Keir (Oxford Medieval Texts 1987) sowie B. Golding, *Gilbert of Sempringham and the Gilbertine Order* (Oxford 1995). Über die Frauenorden sind zahlreiche Beiträge erschienen, für die S. Thompson, *Women Religious: the Founding of English Nunneries after the Norman Conquest* (Oxford 1991) ein gutes Beispiel ist. Über die Bettelorden im Rahmen der Themen dieses Buches: R. B. Brooke, *The Coming of the Friars* (London 1975).

Über einzelne Ordenshäuser findet man wertvolle Artikel im *Dizionario* und in den neueren Bänden des *DHGE*; für

Deutschland vgl. die *Germania Benedictina*, für die Reichenau und ihre Nachbarn A. Borst, *Mönche am Bodensee* (Sigmaringen [4]1997). Über Canterbury insbesondere: *A History of Canterbury Cathedral*, hrsg. von P. Collinson – N. Ramsay – M. Sparks (Oxford 1995). Zu Polen jetzt die englische Ausgabe eines Buches von J. Kloczowski: *A History of Polish Christianity* (Cambridge 2000).

Einige Korrekturen zum Text:

Zu Kap. 2: Marilyn Dunn hat starke Argumente vorgetragen für die Priorität der Benediktsregel gegenüber der *Regula Magistri*: *English Historical Review* CV (1990), S. 567–594 (vgl. auch die Erwiderung von A. de Vogüé in derselben Zeitschrift CVII, S. 95–103 und Dunns Antwort darauf, S. 104–111).

Zu S. 76f. und zu Anm. 9 zu Kap. 4: Man kann inzwischen als geklärt ansehen, dass Bernhards *Apologia* nicht ausschließlich und vielleicht nicht einmal in erster Linie gegen Cluny gerichtet war; vgl. dazu besonders C. Rudolph, *The Things of Greater Importance: Bernard of Clairvaux's Apologia and the Medieval Attitude towards Art* (Philadelphia 1993).

Zu Kap. 5 (Eremiten): Vielleicht habe ich hier den Eindruck vermittelt, dass die Trennlinie zwischen dem eremitischen Ideal und dem der Zönobiten deutlicher gewesen sei, als sie im Hochmittelalter tatsächlich war – auch wenn das Ende des voraufgehenden Kapitels einige der Nuancen deutlich machen sollte. Darüber vgl. H. Leyser, *Hermits and the New Monasticism* (London 1984).

Schließlich muss ich zugestehen, dass der *Epilog* zu kurz war, als dass er mehr als oberflächlich hätte sein können – und zwischen 1976 und 2000 hat sich viel geändert.

Bei der Vorbereitung dieser Neuauflage habe ich sehr profitiert von der freundlichen Hilfe von Dr. Falko Neininger und Prof. Robert Markus, und auch von der freundlichen Unterstützung des Verlages, insbesondere von Seiten von Herrn Peter Raab und Frau Ingrid Keßler.

Ich widme dieses Buch in Zuneigung und Dankbarkeit Dom David Knowles, der einmal mein Lehrer war – und der immer der Lehrer jener sein wird, die Klostergeschichte studieren.

Christopher Brooke

Anmerkung zu den Grundrissplänen von Klostergebäuden

Bei den Klostergrundrissen werden für die verschiedenen Teile der Gebäude lateinische Abkürzungen gewählt; dies erspart uns einen umfangreichen Zahlenschlüssel, wobei in einem Fall (Mont-Saint-Michel) Zahlen zur Erklärung besonderer Merkmale des Planes verwendet wurden. Dabei wurde nicht der Versuch unternommen, jeden Gebäudeteil zu kennzeichnen, sondern die normalen und grundlegenden Elemente der Klosteranlage zu erklären.

Zu einer typischen Anordnung eines Klosters des Hoch- oder Spätmittelalters gehörte eine große, kreuzförmig angelegte Kirche, daran anschließend zwischen Mittelschiff und südlichem Querschiff ein Klosterhof – ein quadratischer Hof mit einem Kreuzgang, an den sich die Hauptwohnbereiche anschlossen: Kapitelsaal und Sprechzimmer, darüber das Dormitorium am Ostgang, Küche und Refektorium am Südgang, Schreibzimmer und Lagerräume am Westgang – in einem Zisterzienserkloster die Bereiche der Laienbrüder. Außerhalb dieser zentralen Gruppe lag das Gästehaus, meistens im Westen, und, manchmal rund um einen zusätzlichen Kreuzgang angeordnet, die Wohnung des Abtes und die Krankenstation weiter nach Osten. Dieser Plan wurde vielerlei Abänderungen unterworfen; selbst die Zisterzienser, der gleichförmigste Orden, passten ihre Planung bis zu einem gewissen Grad dem Gelände an. Vor allem war es ihnen verhältnismäßig gleichgültig, ob der Kreuzgang südlich oder nördlich der Kirche lag: Zweifellos teilten sie die allgemeine Vorliebe für einen sonnigen Kreuzgang, doch schauten sie sich vor allem nach einem Gelände um, auf dem sie die Kirche auf festem Grund und die Wohngebäude in der Nähe eines Flusses errichten konnten, um Wasser und Abflussmöglichkeiten zu haben (siehe vor allem S. 166, 228).

Folgende Abkürzungen werden in den Grundrissplänen verwendet:

Abb	=	Abbatia: Abtswohnung
Cal	=	Calefactorium: Heizstube, Wärmestube, Sprechzimmer der Mönche
Cap	=	Capitulum: Kapitelsaal
Cla	=	Claustrum: Kreuzgang
Conv	=	Conversi: Bereich der Laienbrüder
Coq	=	Coquina: Küche
Dor	=	Dormitorium: Schlafsaal
Eccl	=	Ecclesia: Kirche
Hosp	=	Hospitium: Gästehaus
Inf	=	Infirmaria: Krankenstation
Lat	=	Latrina: Latrinen
Lav	=	Lavatorium: Lavabo, rituelle Waschstelle im Kreuzgang
Ref	=	Refectorium: Speisesaal

Die Traditionen klösterlichen Lebens

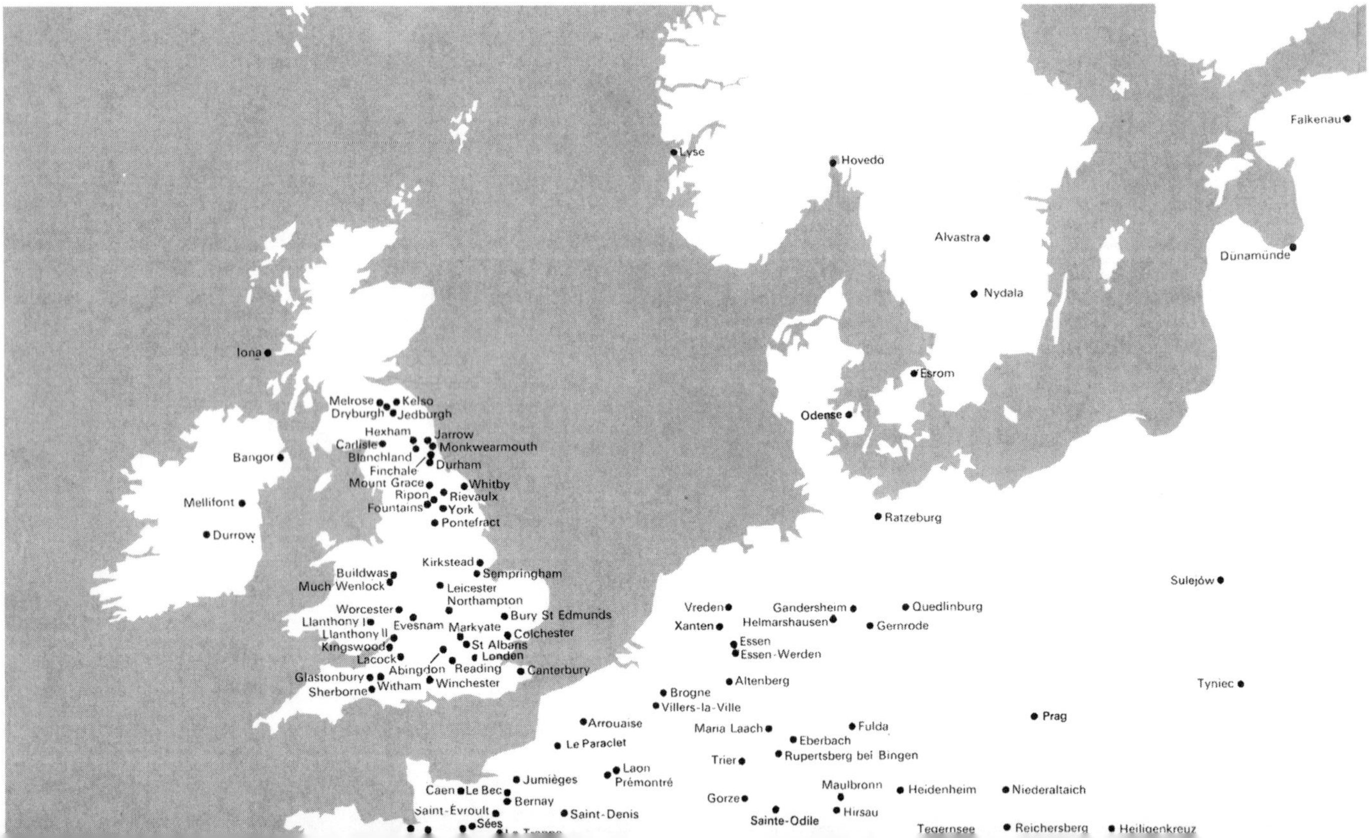
Falkenau
Lyse
Hovedö
Alvastra
Dünamünde
Nydala
Iona
Esrom
Odense
Melrose
Kelso
Dryburgh
Jedburgh
Hexham
Jarrow
Carlisle
Monkwearmouth
Bangor
Blanchland
Durham
Finchale
Mount Grace
Whitby
Ripon
Rievaulx
Mellifont
Fountains
York
Ratzeburg
Durrow
Pontefract
Kirkstead
Buildwas
Sempringham
Much Wenlock
Leicester
Sulejów
Northampton
Vreden
Gandersheim
Quedlinburg
Worcester
Bury St Edmunds
Llanthony I
Evesham
Markyate
Xanten
Helmarshausen
Gernrode
Llanthony II
Colchester
Kingswood
St Albans
Essen
Lacock
London
Essen-Werden
Abingdon
Reading
Canterbury
Glastonbury
Altenberg
Sherborne
Witham
Winchester
Brogne
Tyniec
Villers-la-Ville
Arrouaise
Prag
Maria Laach
Fulda
Le Paraclet
Eberbach
Laon
Trier
Rupertsberg bei Bingen
Jumièges
Prémontré
Maulbronn
Caen
Le Bec
Heidenheim
Niederaltaich
Bernay
Gorze
Saint-Évroult
Saint-Denis
Hirsau
Sées
Sainte-Odile
Tegernsee
Reichersberg
Heiligenkreuz

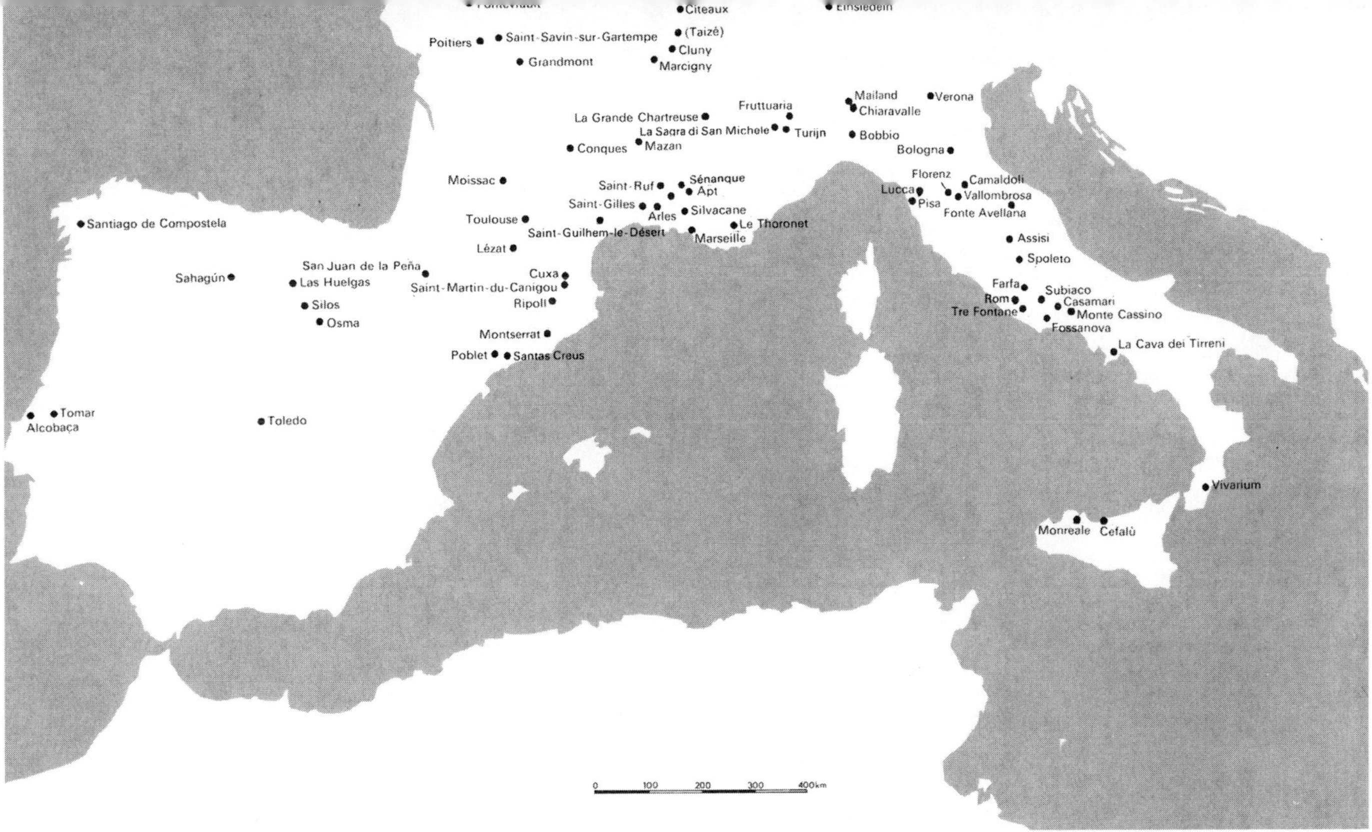
Citeaux
Einsiedeln
Poitiers
Saint-Savin-sur-Gartempe
(Taizé)
Cluny
Grandmont
Marcigny
Mailand
Verona
Chiaravalle
Fruttuaria
La Grande Chartreuse
La Sagra di San Michele
Turijn
Bobbio
Conques
Mazan
Bologna
Moissac
Saint-Ruf
Sénanque
Apt
Florenz
Camaldoli
Lucca
Vallombrosa
Saint-Gilles
Silvacane
Pisa
Fonte Avellana
Arles
Toulouse
Le Thoronet
Santiago de Compostela
Saint-Guilhem-le-Désert
Marseille
Assisi
Lézat
Spoleto
San Juan de la Peña
Cuxa
Sahagún
Las Huelgas
Saint-Martin-du-Canigou
Farfa
Subiaco
Rom
Casamari
Silos
Ripoll
Tre Fontane
Monte Cassino
Osma
Fossanova
Montserrat
La Cava dei Tirreni
Poblet
Santas Creus
Tomar
Alcobaça
Toledo
Vivarium
Monreale
Cefalù
0
100
200
300
400km

1 Die Ursprünge des Klosterlebens

Seit den Anfängen des Christentums wurde die Frage gestellt: Kann das gute Leben, das christliche Leben in der Gesellschaft gelebt werden, lässt es sich mit irdischen Freuden und Vergnügungen vereinbaren – oder erfordert es in seiner höchsten und unverfälschten Form Entsagung, strenge Disziplin, ein asketisches Leben und Ehelosigkeit? Im Matthäusevangelium[1] steht in einem einzigen Kapitel die Forderung nach Familienleben und Kindern auf verwirrende Weise dem Aufruf gegenübersteht, auf Familie und die Mittel zu deren Unterstützung zu verzichten.

„... und die zwei werden ein Fleisch sein ... Was nun Gott zusammengefügt hat, das soll der Mensch nicht scheiden ... (Sich der Ehe zu enthalten) fasst nicht jedermann, sondern denen es gegeben ist. Denn es sind etliche verschnitten, die sind aus dem Mutterleibe also geboren; und sind etliche verschnitten, die von Menschen verschnitten sind; und sind etliche verschnitten, die sich selbst verschnitten haben um des Himmelreichs willen. Wer es fassen kann, der fasse es ...

Lasset die Kindlein und wehret ihnen nicht, zu mir zu kommen; denn solcher ist das Himmelreich ...

Willst du vollkommen sein, so gehe hin, verkaufe, was du hast, und gib's den Armen, so wirst du einen Schatz im Himmel haben; und komm und folge mir nach ... Es ist leichter, dass ein Kamel durch ein Nadelöhr gehe, denn dass ein Reicher ins Reich Gottes komme.

Ja, wer kann denn selig werden? ... Bei den Menschen ist's unmöglich; aber bei Gott sind alle Dinge möglich ... Und wer verlässt Häuser oder Brüder oder Schwestern oder Vater oder Mutter oder Weib oder Kinder oder Äcker um meines Namens willen, der wird's hundertfältig nehmen und das ewige Leben ererben."

Dieses Kapitel enthält eine deutliche Rechtfertigung für eine Vielfalt persönlicher und religiöser Lebensweisen; die Morallehre Jesu in einen Kodex umzuwandeln ist unmöglich. Man kann lediglich durch ausgedehnte, sich fatal auswirkende Schnitte die offensichtlichen Widersprüche ausmerzen. Der Grund liegt auf der Hand: Die Lehre des Herrn wandte sich an die echte Situation des Menschen; sie war stets an eine bestimmte Person gerichtet; um Tiefe und Vielfalt zu enthalten und dem menschlichen Leben zu entsprechen, konnte sie nicht an der Oberfläche einheitlich sein. Auf ähnliche Weise haben sowohl die Verheirateten wie die Asketen im Laufe der Jahrhunderte bei Paulus einigen Trost gefunden. „Es ist dem Menschen gut, dass er kein Weib berühre" ist ein nicht sehr vielversprechender Anfang seiner Darstellung vom Eheleben und seinen Problemen im 1. Korintherbrief, und er bevorzugt ganz deutlich seine eigene Ehelosigkeit und sieht Frauen als eine Art von Belastung für die Männer und die Kirche an. Im Epheserbrief[2] wird die Verbindung von Mann und Frau in der Ehe mit der Beziehung zwischen Christus und der Kirche verglichen. Es ist klar, dass Paulus mit einer verwirrenden Vielfalt von Ansichten und Lebensweisen zu tun hatte und dass er im 1. Korintherbrief versuchte, für den verhältnismäßig kurzen Zeitraum vor dem Ende der Welt die Ehe vor dem vollkommenen Verruf zu bewahren, ohne die Ehelosigkeit zu verdammen. Als deutlich wurde, dass die Welt wohl noch einige Zeit weiterbestehen würde und die Kirche sich, so gut sie konnte, mit der Gesellschaft arrangieren musste, kam es zu einer klareren und, so muss man sagen, erhabeneren Lehrmeinung über die Ehe. In den Pastoralbriefen, vor allem im ersten Brief an Timotheus, zeigt sich eine warme Häuslichkeit.

Doch eine Verständigung mit der Gesellschaft konnte nicht den Verzicht auf die Anforderungen und Ideale von Jesus und Paulus bedeuten. Das vom Autor des 1. Timotheusbriefes befürwortete streng asketische Leben älterer Witwen blieb ein Merkmal vieler christlicher Gemeinschaften; und außer Keuschheit war für viele von Anfang an eine gemäßigte Armut selbstverständlich in einer Gemeinschaft, die größtenteils aus Armen bestand. In einem Abschnitt der Apostelgeschichte, der in fast jeder klösterlichen Regel, die je geschrieben wurde, zitiert wird, schreibt Lukas: „Die Menge der Gläubigen war ein Herz und eine Seele; auch keiner sagte von seinen Gütern, dass sie sein wären, sondern es war ihnen alles gemein ...“[3] Und die Evangelien der Synoptiker beschreiben die Armut und Einfachheit, in der die Jünger predigen sollten, ohne irgend etwas mitzunehmen.[4] Wann immer es möglich ist, einen wirklichen Einblick in frühe christliche Gemeinschaften zu erhalten, stößt man auf eine Vielfalt von Lebensweisen und Ansichten; manche sind glücklich über das Familienleben und die Welt als Gottes Werk, andere wenden sich den strengeren Worten des Neuen Testaments zu. Doch während für die meisten heutigen Leser des Neuen Testaments die Vielfalt in Praxis und Erwartung von Anfang an als gegeben erscheint, scheinen sich doch immer Stimmen erhoben zu haben, die ein einzelnes Element des Christentums für den rechten Weg hielten. Mancher Klostergründer in früher Zeit und im Mittelalter las die Evangelien und die Apostelgeschichte und schloss daraus, dass er allein den Aposteln nachfolgte; die *vita apostolica* – das apostolische Leben – war ein Motto für alle Arten von religiösen Reformern.[5] Aus den frühen, über das ganze Römische Reich verstreuten Gruppen von Asketen entwickelte sich jene Bewegung, die heute als „Mönchtum“ spezifiziert wird.

Im ursprünglichen, etymologischen Sinn war ein Mönch jemand, der allein (griechisch μόνος) lebte, und die ersten Mönche in der ägyptischen Wüste waren Eremiten oder Anachoreten. Doch schon sehr früh entstanden Gemeinschaften von in Klöstern (coenobia nach dem griechischen κοινός = gemeinschaftlich) lebenden Mönchen; die meisten in diesem Buch behandelten Mönche haben in Gemeinschaften gelebt und wurden daher Zönobiten (Koinobiten) genannt.

Die Entstehung des Idealbildes des Mönchtums wird jedoch allgemein auf den heiligen Antonius (ca. 251–356) zurückgeführt, den ersten bedeutenden Anachoreten in der ägyptischen

Wüste an der Wende vom dritten zum vierten Jahrhundert; es steht ganz außer Zweifel, dass das Mönchtum als bedeutende Bewegung Anfang des vierten Jahrhunderts in der ägyptischen Wüste entstand. Es waren drei Männer, die sich zusammentaten, um die Tradition des orthodoxen Mönchtums zu schaffen: der Bischof und Theologe Athanasius, der Eremit Antonius und Pachomius, der Zönobite.[6] Sie kannten sich kaum, doch sie scheinen erkannt zu haben, dass Bestehen und Erfolg dessen, was sie vertraten, von ihrer Zusammenarbeit abhingen. Antonius und Pachomius waren die Gründer; Athanasius, Bischof von Alexandria, verhalf ihrem Werk zu Ruhm und Anerkennung. Er wird allgemein als der erste Biograph des Antonius angesehen und daher als jener Mann, der in erster Linie für Aufzeichnung und Ausbreitung des Wissens über dessen Leben und Vorstellungen verantwortlich ist. Außer Antonius findet sich in frühen Überlieferungen noch ein Kollege und Rivale namens Paulus; doch Paulus ist eine schattenhafte Gestalt, und es ist offenkundig, dass Antonius, wenn auch vielleicht nicht der allererste Eremit, so doch der Gründer der Bewegung war. Nicht alle Gründe für den Ursprung klösterlichen Lebens in Ägypten sind klar, doch zwei sind besonders deutlich. Erstens: Obwohl viele der ersten Mönche einfache Männer waren und auch Antonius selbst kein Theologe war, war das Mönchtum zum Teil von einer mächtigen geistigen Bewegung angeregt worden. Die christlichen Platoniker von Alexandria – vielleicht die bemerkenswerteste Gruppe von Theologen in jener Zeit – hatten in einer einzigartigen Lebensweise des Studiums und der Hingabe die bekannten Elemente griechischer Philosophie und religiöser Praxis mit der Tradition des frühen Christentums vereinigt. Der bedeutendste von ihnen, Origenes, machte sich selbst um des ewigen Königreiches willen zum Eunuchen und predigte eine extreme Askese; Ehelosigkeit war für ihn ebenso heilig wie das Märtyrertum. Doch für die Mitglieder der ägyptischen Kirche war das Märtyrertum das höchste Streben des Christen.

Als jedoch das Christentum nicht mehr nur die Religion einiger weniger Gläubigen war und sich zu einer Volksreligion entwickelte, wurde der Kontrast zwischen jenem zum Märtyrertum bereiten, heroischen Christen und den mit der Menge auftauchenden und wieder verschwindenden Schönwetterchristen immer auffälliger. Es hat den Anschein, dass zuerst in Ägypten viele Menschen der Kirche beitraten, und paradoxerweise flohen Antonius und seine Freunde in die Wüste, um sowohl der Volksreligion als auch der Verfolgung zu entgehen. Ende des dritten Jahrhunderts muss die Menschenmenge die größere Bedrohung dargestellt haben, Anfang des vierten Jahrhunderts kam dann die Verfolgung durch Diokletian und seine Mitkaiser; danach Friede für die Kirche, zunächst Toleranz, dann Wohlwollen, schließlich – Ende des vierten Jahrhunderts – die Zeit, in der das Christentum zur offiziellen Religion wurde und man alle anderen Religionen unterdrückte.

„... Nach dem Tod der Apostel", schrieb Johannes Cassianus in dem in seinen *Collationes* (ca. 400) enthaltenen kurzen Abriss der Geschichte des Mönchtums, „strömte eine Menge Fremde und Menschen verschiedener Rassen in die Kirche ... Und als die Zahl der Bekehrten bei uns und anderswo Tag für Tag zunahm und die Glaubensglut der ersten Christen nachließ ... verließen jene Christen, die noch inbrünstig waren ... und sich an die ursprüngliche und vollkommene Lebensweise erinnerten ... ihre Städte und die Gesellschaft jener, die glaubten, gleichgültig und bequem in Gottes Kirche leben zu können", und bildeten Gemeinschaften abseits der übrigen Welt.[7] Hier wird ein langer geschichtlicher Zeitraum beträchtlich verkürzt. Doch es ist offensichtlich wahr, dass die Notwendigkeit einer speziellen Lebensweise für die leidenschaftlicheren und asketischeren Gläubigen zum ersten Mal ernsthaft empfunden wurde, als das Christentum, lange Zeit die Sekte einer Minderheit, offiziell geächtet und manchmal verfolgt, zu einer Volksreligion wurde.

Cassian war der Ansicht, dass die frühen tiefgläubigen, asketischen Christen alle Zönobiten waren, und konnte daher sagen: „Die Zönobiten ... waren ... ein Stamm, der viele Blüten und Früchte hervorbrachte – die Eremiten. Jeder kennt die Gründer dieser Lebensweise ... Paulus und Antonius. Ihr Motiv für die Wahl der Einsamkeit war weder Feigheit noch Intoleranz gegenüber dem Leben in der Gemeinschaft, sondern der Wunsch, noch tiefer in die Betrachtung Gottes vorzudringen, obwohl von Paulus gesagt wird, dass er in die Wüste getrieben wurde, um der Gefangennahme während der Verfolgung zu entgehen. Die Nachfolger dieser Lebensweise werden Anachoreten genannt ... Sie waren nicht damit zufrieden, die Angriffe abzuwehren, die die Teufel heimlich auf die menschliche Gesellschaft planen, sondern waren bereit, ihnen im offenen Kampf zu begegnen." Zunächst mag die Flucht in die Wüste in manchen Fällen eine Flucht vor weltlichen Verbindungen und sogar vor vorübergehenden Schwierigkeiten und Verfolgung gewesen sein; doch die Mönche in der Wüste fanden bald heraus, dass die psychologische Kriegführung in der Wüste stärker und nicht geringer wurde, dass dort (wie sie es sehr charakteristisch darstellten) der Angriff des Teufels am heftigsten war. Wir haben hervorgehoben, dass die Bewegung des Mönchtums in ihren Ursprüngen – wie es für alle großen asketischen Bewegungen des Christentums bis zu einem gewissen Grad der Fall war – die Reaktion leidenschaftlicher Menschen auf die weniger strengen Prinzipien der Kirche in der Welt gewesen ist. Doch sie bedeutete noch sehr viel mehr; und so wurde daraus sehr schnell eine weit verbreitete Bewegung mit einer viel beachteten und vielfältigen Lebensweise, deren Ursache und Motive zu reichhaltig und komplex für eine kurze Analyse sind. Für die einzuschlagende Richtung entscheidend war der persönliche Einfluss einer kleinen Gruppe früher Asketen, die zeigten, dass dieses Leben möglich war, und die Männer mit den verschiedensten Talenten anregten, es ihnen gleichzutun; zu ihnen gehörte auch Antonius. Ebenso bedeutend war der tiefgreifende Einfluss der christlichen Platoniker von Alexandria; die Zentralfigur bei der Interpretation ihrer asketischen Lehre und jener Teile der griechischen philosophischen Tradition, die den Asketen geistesverwandt waren, war Evagrius von Pontus (ca. 346–399). Er entwickelte das vertraute griechische Thema des *telos,* jenes Zieles, auf das sich die menschliche Seele ausrichtete, nach dem sie strebte; auch analysierte er als erster die „acht hauptsächlichen Versuchungen", die zwischen der Seele und der Reinheit des Herzens standen: Gier, Wollust, Geiz, Zorn, Melancholie, acedia (siehe S. 29), Eitelkeit und Stolz. Die Überwindung dieser Versuchungen, die Loslösung von ihnen, führt zur Befreiung von der Leidenschaft, zur *apatheia* – ein Wort, das häufig als negativer, passiver Zustand missverstanden wurde –, aus welcher Nächstenliebe entsteht; von da gelangt die Seele zur *gnosis,* zum Wissen von Gott.[8]

Die Verbindung von starken persönlichen Einflüssen und Lehren mit der Reaktion auf weltlichen Wohlstand bringt uns im Verständnis der Erfolge des frühen Mönchtums ein gutes Stück weiter. Dennoch bleibt noch vieles zu erwägen und zu klären; denn wir werden sogleich eine ähnliche Bewegung im keltischen Westen beobachten, in einem Gebiet, das weder den römischen Frieden noch den griechisch-römischen Reichtum kennen gelernt hat (siehe S. 48 ff.).

Wie soll man eine so fern liegende und so sonderbare Bewegung des menschlichen Geistes charakterisieren? Auch heute gibt es durchaus noch zahlreiche Mönche. Doch sind den meisten von uns die Strenge und die Askese der Wüste vollkommen fremd. Sie wuchsen aus der Überzeugung, dass die Welt und der Körper des Menschen, obwohl von Gott geschaffen, durch den Sündenfall verdorben worden waren; und dass, selbst wenn durch Gottes großzügiges Geschenk die Erlösung kam, angestrengtes menschliches Bemühen erforderlich war, um den Willen Gottes auch nur annähernd zu erfüllen; dass ein Leben in Strenge und Entsagung gottgefällig war; dass es menschenmöglich war, durch strengste Kasteiung und den unaufhörlichen Kampf gegen den Teufel sich dem „vollkommenen Leben" zu nähern. Im vierten Jahrhundert zog der Ruf der Mönche viele in die Wüste. Dadurch und aufgrund des reichen und vielfältigen intellektuellen Milieus, aus dem viele kamen, erhielt die Bewegung Vielfalt und Stärke. Aus ihr entwickelte sich das Ideal nicht nur des Eremiten Antonius, sondern auch das des Zönobiten Pachomius, und es kam auch zu den „Sarabaiten", der dritten Mönchsart Cassians,[9] die Disziplin und Gehorsam aufgegeben haben, um in Gottlosigkeit zu leben – denn (und das ist nicht verwunderlich) sobald es Mönche gab, gab es auch schlechte Mönche: Es liegt in der Natur großer menschlicher Experimente, dass sie nicht nur zum Erfolg, sondern auch zu Fehlschlägen führen, und bei keinem Wagnis des Menschen lassen sich Abwege vermeiden. Das hatten die Gründer des Mönchtums vollkommen verstanden. Das Leben der Wüstenväter, wie es ihre eigene und spätere Generationen überlieferten, war voll von Großartigem und Außergewöhnlichem: von unvorstellbarer Standhaftigkeit, großartigen Kämpfen mit Dämonen, Zusammentreffen mit phantastischen Ungeheuern. Doch die überlieferten Reden der wirklich bedeutenden Meister der Wüste sind voll von gesundem Menschenverstand, psychologischer Weisheit und Erfahrung und vor allem reich an Aufrufen zur Mäßigung. Dies ist ein herausragendes Merkmal der Literatur über die frühen Asketen. So ungewöhnlich ihre Lebensweise auch gewesen sein mag, es wird doch überzeugend klar, dass ihre Lehre auf gesammelter Einsicht und psychologischem Feingefühl basierte, wodurch die Schriften Cassians und anderer, welche die Lehren der Wüste festgehalten haben, eine anspruchsvollere Lektüre sind als alles, was man auf diesem Gebiet vor dem zwölften Jahrhundert findet. Vielfalt und Art dieser Lehre werden klarer werden, wenn wir beobachten, wie sich das Mönchtum über das Römische Reich nach Norden und Westen bis nach Gallien und Britannien ausbreitete und in welch reiner Form dennoch die grundlegenden Vorstellungen der Väter der Wüste in den *Collationes* Cassians überliefert worden sind.

Der heilige Basilius

Mitte des vierten Jahrhunderts, als in vielen Teilen Ägyptens Klostergemeinschaften und Eremitengruppen entstanden, bildeten sich auch in Palästina und Syrien vergleichbare Gemeinschaften in ähnlichem Geist. In Kappadozien im östlichen Kleinasien entwickelte sich aus den ursprünglichen Gemeinschaften frommer Christen heraus eine im Grunde genommen schon klösterliche Lebensweise hin zu besonderen Klosterinstituten unter der Führung des heiligen Basilius (gestorben ca. 379). Lehre, Rat und Anleitungen des Basilius, die in der unter seinem Namen nach seinem Tod weitergegebenen Regel enthalten sind, haben im griechisch-orthodoxen Klosterleben die gleiche Rolle gespielt wie die Regel des heiligen Benedikt im Westen.[10] Für die Schüler Benedikts – oder für an die überzeugende Klarheit der besten der westlichen Regeln gewöhnte Wissenschaftler – ist es jedoch nicht leicht, den Rang der Regel des Basilius anzuerkennen, auch wenn sie vielleicht den allgemeinen Sinn erfassen. Die Regel des Basilius enthält eine große Fülle von Ausführungen eines bedeutenden Meisters und Vorstehers verschiedener Mönchsgruppen; es handelt sich um eine Reihe von Predigten, die sich mit einer Vielzahl verschiedener Situationen beschäftigen; sie ist eher beschreibend als befehlend, obwohl sie Disziplin und Gehorsam sehr wohl betont. Vor allem aber enthält sie eine Reihe von Meditationen eines Mannes, der besonderen Wert auf das Meditieren über Worte der Bibel legte. Nicht einmal ein Schüler Calvins war bestrebt, die Bibel noch mehr in den Mittelpunkt seines Lebens zu stellen als Basilius.

Basilius kannte die ägyptischen Eremiten, hielt aber wenig von ihnen; er war kompromissloser Zönobit. Seine Sicht ist nach innen gerichtet, aber nicht individualistisch. „Das Alleinleben hat das Ziel, den Bedürfnissen des Einzelnen zu dienen. Doch steht dies in deutlichem Widerspruch zum Gesetz der Liebe ... Der Herr gab sich in seiner großen Liebe zum Menschen nicht damit zufrieden, das Wort zu predigen, sondern als klares, deutliches Beispiel von Demut in der Vollkommenheit der Liebe erniedrigte er sich und wusch die Füße seiner Jünger. Und wessen Füße wirst du waschen? Für wen willst du sorgen? Im Vergleich zu wem wirst du der letzte sein, wenn du allein lebst? Wie kann diese gute, angenehme Sache, das Zusammenleben von Brüdern ... durch das Alleinleben erreicht werden?"[11] Auch wenn die Ansicht westlicher Leser, Benedikt habe eine klarere Vorstellung von Gesetzgebung und Organisation gehabt als Basilius, nicht ganz falsch ist, lässt selbst ein oberflächlicher Blick auf die Regeln des Basilius Verständnis aufkommen für den überragenden Einfluss, den er in der ganzen griechischen und byzantinischen Welt hatte, und für die Bewunderung, die Benedikt für seinen großen Vorgänger empfand.

Der heilige Augustinus

Ebenso wie für Basilius bedeutete auch für den großen afrikanischen Kirchenvater Augustinus von Hippo (354–430) das Klosterleben viel und die Wüste wenig. Sein späteres Leben als Bischof von Hippo verbrachte Augustinus, soweit er es einrichten konnte, in einer gleichgesinnten Gruppe von frommen, intellektuellen und hart arbeitenden Asketen. Ihre Askese hatte nichts Heroisches, sondern war die natürliche Ausdrucksform dessen, was sie als die beste Art eines guten Lebens im christlichen Sinne ansahen.

Im Wesentlichen hatten solche Gruppen einen praktischen Sinn: Sie dienten Augustinus' Bedürfnis nach Gesellschaft und klugen Gesprächen und den Erfordernissen seines Bistums, das zur Organisation des geistlichen Lebens und der irdischen Betreuung hart arbeitende, engagierte Männer benötigte. Natürlich regte er weitere solche Gruppen von Männern und auch Frauen an. In einem berühmten Brief wird eine Frauengemeinschaft, deren Heiligkeit in Frage gestellt worden war, darüber belehrt, wie ein solches Leben zu führen sei. Aus diesem Brief und anderen Dokumenten ging dann die „Augustinusregel" hervor. In der Darstellung des Lebens im Kloster geht es in erster Linie um die geistliche Dimension, aber sie ist auch praktisch und kann durchaus als Grundlage für nützliche Arbeit in der Welt dienen. Augustinus selbst war ausgesprochen introvertiert, wie aus jeder Seite seiner *Confessiones* hervorgeht, doch seine Ansichten über das Klosterleben waren nach außen gerichtet. Das Kloster war ein Zentrum, um zu meditieren, mit Männern gleichen Geistes zu reden und ein eigenes spirituelles Leben zu führen, um dann hinauszugehen zur Arbeit in Stadt und Diözese. Einige Mönche einer benachbarten Diözese wiesen ihren Bischof auf die Stelle im Evangelium hin: „Sehet die Vögel unter dem Himmel an: sie säen nicht, sie ernten nicht, sie sammeln nicht in die Scheunen; und euer himmlischer Vater nähret sie doch."[12] Dies, so argumentierten sie, sei eine Anweisung, nicht zu arbeiten, für alle jene, die ein Leben im Sinne Gottes führen wollten. Augustinus, den der Bischof zu Hilfe gerufen hatte, nahm es ernst und schrieb eine Abhandlung, in der er den Platz der Arbeit in Gottes System erklärte und darlegte, wie sehr er sich wünschte, die nicht enden wollenden Aufgaben seines Bistums, vor allem die Prozesse, die er zu führen hatte, aufgeben zu können, um mit den Händen zu arbeiten. Der Gedanke, dass Arbeit für die menschliche Würde wesentlich oder eine Gabe Gottes sei, war der Lehre der frühen Kirche und den Vätern vollkommen fremd. Der heilige Antonius und seine Nachfolger hatten gelehrt, dass manuelle Arbeit für das Klosterleben wesentlich sei, da sie Müßiggang und Lustlosigkeit verhinderte, die zu Depression und *acedia* führen konnte, dem am weitesten verbreiteten klösterlichen Laster – dem Gefühl von Leere, Nutzlosigkeit und Wertlosigkeit, das die Einsamen und Müßigen leicht überkommt. Augustinus ging noch weiter und lehrte, dass Arbeit immer wesentlicher Bestandteil eines guten Lebens auf der Erde darstelle, obwohl er annahm, dass die Arbeit im Leben von Adam und Eva vor dem Sündenfall keine Rolle gespielt hatte.[13]

So enthielten die Ansichten des Augustinus über das Mönchtum stark nach außen gerichtete Elemente und waren im Wesen zönobitisch. Er hatte jedoch einen so weiten Geist, dass es kaum ein Element in der religiösen und philosophischen Tradition der griechisch-römischen Welt gab, für das er nicht Interesse gezeigt hätte; und in seinen *Confessiones* erzählt er uns, dass ein Gespräch über das Leben des heiligen Antonius entscheidend zu seiner Bekehrung beigetragen hatte.[14] Sein Mönchtum war ein Makrokosmos seines eigenen Verstandes und Geistes: in dessen Mittelpunkt stand intensive Innenschau, Meditation und Kontemplation.

Zu den Gemeinschaften, die Augustinus leitete, gehörten auch einige Frauengemeinschaften, und diese waren für die monastische Tradition von prägender Bedeutung. Einige der frühesten asketischen Gemeinschaften waren von Witwen gebildet worden, wie es im 1. Timotheusbrief beschrieben ist; Ende des vierten Jahrhunderts regte ein Zeitgenosse Augustins, der heilige Hieronymus, kleine Gruppen reicher Frauen zu einem Leben der Entsagung und Ehelosigkeit und zu guten Werken an. Eine kleine Gruppe heiliger Frauen folgte ihm von Rom nach Bethlehem und gestaltete ihr Leben seinen harten, unbarmherzigen Ratschlägen entsprechend; er seinerseits dankte ihnen ihre heroische Hingabe an ein asketisches Leben mit einer Flut von im Mittelalter viel gelesenen und nachgeahmten Streitschriften, in denen er über den Wankelmut der Frauen und die Gefahren weiblicher Gesellschaft herzog. Auf seine eigene, außergewöhnliche Weise erweckte er in der Witwe Paula und ihrer Familie und in vielen Nachfolgern, die seine Werke lasen, ein Gefühl für die mögliche Würde des asketischen Lebens der Frauen; in Verbindung mit emotional-einseitigen Behauptungen über den Beitrag Evas und ihrer Nachfolgerinnen zu den Übeln der Welt enthüllt er Ansichten und Einflüsse, die ihn zu einer Art Parodie des heiligen Paulus machen. Hieronymus hatte etwas Absurdes, Perverses, Theatralisches, doch er hatte auf die Entwicklung des religiösen Lebens großen Einfluss und trug dazu bei, dass Frauen in den frühen Jahrhunderten der Kirchengeschichte dabei eine festumrissene Rolle spielten (siehe auch Kap. 11).

Saint-Martin-du-Canigou in den französischen Pyrenäen, Ansicht von Süden. Die wesentlichen Gebäude stammen aus dem 11. Jahrhundert (im 20. Jahrhundert restauriert).

Ende des vierten und Anfang des fünften Jahrhunderts breitete sich das Mönchtum über viele Provinzen des Römischen Reiches einschließlich Italiens und Galliens aus. In der allerersten Zeit stand dieses Mönchtum in Verbindung mit den Quellen aus dem Osten, aus denen es entstanden war: der exzentrische, gebildete, streitsüchtige heilige Hieronymus reiste zwischen Rom und Bethlehem hin und her, und Johannes Cassianus, einer der intensivsten Beobachter der Mönche der Wüste und ihr genauester Interpret, wurde in der Nähe des Schwarzen Meeres geboren, wuchs in Syrien und Palästina auf, absolvierte seine Lehrzeit als Mönch in Ägypten und ließ sich im südlichen Gallien nieder, kurz bevor die Barbaren über den Rhein hereinbrachen und das westliche Kaiserreich zu zerstören begannen. Diese Invasionen führten schließlich zur Trennung von Griechen und Lateinern, von Ost und West. Schon vor Cassian gab es Mönche in Frankreich; der berühmteste war der heilige Martin, zuerst Vorsteher einer Gruppe von Einsiedlern in der Nähe von Poitiers, später Bischof von Tours. So kam Cassian, als er um 400 die Provence erreichte, in ein Land, das für die Botschaft aus der Wüste aufnahmebereit war, und er kam genau zur rechten Zeit.

Cassian hatte zu Füßen der großen Äbte und geistlichen Führer Syriens und Ägyptens gesessen, und er beschloss sein Leben als Haupt einer Klostergemeinschaft in Marseille. Von seinem Sitz in der Provence aus verbreitete er im Westen das Wissen von der Lebensweise, die er im Osten studiert hatte; seine Hauptschriften sind *De institutis coenobiorum*, niedergeschrieben für eine Gemeinschaft, die sich kurz vorher in Apt, etwa siebzig Kilometer von Marseille entfernt, gebildet hatte, und die *Conlationes* oder *Collationes patrum*.

In *De institutis coenobiorum* wird der Rahmen des klösterlichen Lebens beschrieben, außerdem die wesentlichen Schritte auf dem Weg des Einzelnen zum Wissen über Gott. Der Novize wird belehrt:

Saint-Martin-du-Canigou, Hauptkirche.

„Die Furcht vor dem Herrn: führt zur
Reue des Herzens: führt zum
Verzicht auf alles, was der Seele eigen ist: führt zur
Demut: führt zur
Kasteiung des Willens: führt zum
Austreiben der Laster: führt zum
Gedeihen der Tugend: führt zur
Reinheit des Herzens: führt zu
vollkommener Nächstenliebe."[15]

Die ersten Stadien stellen das „aktive Leben" dar, aktiv im Streben nach der Tugend – die weiteren das beschauliche Leben. Das aktive Leben kennt die Zerstörung der acht Sünden, das sind die acht Versuchungen des Evagrius (ins Lateinische übertragen), die später in der westlichen Tradition durch die Zusammenfassung von Stolz und Eitelkeit auf sieben reduziert wurden. *De institutis coenobiorum* wurde schließlich durch die Regel des heiligen Benedikt als die grundlegende Darstellung des Klosterlebens im Westen ersetzt. Thema der *Collationes patrum* ist das kontemplative Leben. Hierbei handelt es sich um den am meisten ausgearbeiteten und am höchsten entwickelten Bericht der Lehre des vierten Jahrhunderts vom geistlichen Leben, eines der hervorragendsten Meisterwerke frühchristlicher Literatur, an Feinheit, Tiefe und Einsicht kaum übertroffen.[16] So war es richtig und selbstverständlich, dass das Buch zu einem viel gelesenen Klassiker wurde; jede Klosterbibliothek von einigem Rang besaß im hohen oder späten Mittelalter mindestens ein Exemplar. Es wurde zur üblichen Praxis in vielen Klöstern, vor der Komplet am Abend ein Kapitel der *Collationes patrum* zu lesen; als daraus eine Stunde der Erquickung wurde, wurde aus der Kollation – ursprünglich Herz und Kern des asketischen Lebens – auch eine Mahlzeit.

Die *Collationes patrum* sind Dialoge zwischen Cassian und einem anderen jungen Mönch und den großen Führern des Mönchslebens in Ägypten zur Zeit seiner Jugend. Sie stehen zu dem von den Eremiten Verkündeten in ziemlich dem gleichen

Verhältnis wie Platons Dialoge zu Sokrates' Lehre. Sie bringen den großen Respekt Cassians für seine Lehrer zum Ausdruck und die Tatsache, dass er noch immer die Inspiration der Wüste und die Berufung zu Einsamkeit und Kontemplation empfand. Doch sind sie alle seinem reifen Verstand entsprechend dargelegt und in eine gefällige literarische Form gebracht. Das erhabenste Leben, das Leben der Vollkommenheit, ist immer noch das des Kontemplativen allein in seiner Zelle; doch wird jetzt für alle die Vorbereitung in einer Gemeinschaft angeordnet, und für die meisten ist das die wahre Berufung. Er schreibt also für Zönobiten. Er hebt die Elemente von Mäßigung und gesundem Menschenverstand in der Lehre der Väter besonders hervor. Für die übertriebenen gymnastischen Übungen des Styliten Simeon und anderer Heiliger, die auf Säulen wohnten, hatte er kein Verständnis. Und dennoch weht ein heißer Wind aus der ägyptischen Wüste durch seine Schriften, und wir werden mit einem asketischen Ideal von großer Kraft und Tiefe konfrontiert. Dies ist um so eindrucksvoller, als der heutige Leser, so fern ihm auch Cassians Ideen und Ideale vorkommen mögen, einfach von seinem psychologischen Scharfblick und seinem Verständnis für die Natur des Menschen beeindruckt sein muss. Seine Analyse der Versuchung verhindert die Qualen eines überängstlichen Gewissens, greift aber mit äußerster Schärfe an die Wurzeln des Selbstbetruges. „Es ist kein Beweis dafür, dass an unserem Herzen nicht der Ehrgeiz nagt, wenn wir uns von weltlichen Tätigkeiten, die wir sowieso nicht ausüben könnten, zurückhalten ... sondern nur, wenn wir alles vermeiden, was zu unserer eigenen Macht beiträgt, selbst wenn es richtig erscheint." Und in seiner Studie über die Reinheit des Herzens geht er besonders darauf ein, „warum manche Menschen, die weltlichen Reichtum an Gold, Silber oder Ländereien weggegeben haben, sich später wegen eines Messers, eines Bleistifts, einer Nadel oder eines Federhalters aufregen."[17]

Das nächstliegende Ziel ist die Reinheit des Herzens; das Königreich des Himmels das Endziel. „Um dieses Zieles willen – unsere Herzen dauernd reinzuhalten – tun und ertragen wir alles, verschmähen wir Eltern, Heim, Stand, Reichtum und

Wohlbefinden und alle irdischen Vergnügungen ... Für diesen Zweck muss alles getan werden. Einsamkeit, Nachtwachen, Handarbeit, Nacktheit, Lesen und andere Aufgaben – wir wissen, dass ihr Sinn darin liegt, das Herz von den Schäden durch körperliche Leidenschaften zu befreien und davon freizuhalten. Sie sind die Sprossen, auf denen es die Leiter zu vollkommener Nächstenliebe emporsteigen soll."[18] Die *Collationes patrum* als Ganzes sind eine einprägsame Darstellung der Methoden, diese Leiter zu erklimmen, die in den Höhen der Vollkommenheit und in kontemplativem Gebet gipfeln. In der Erzählung des Evangeliums war Marta mit guten Werken beschäftigt und hatte vernünftigerweise um Hilfe gebeten, doch der Herr sagte ihr, dass Maria den besten Teil gewählt habe: „Du siehst, der Herr sah die Betrachtung Gottes als das Höchste an."[19] Dies ist eine unnachgiebige Feststellung und Forderung, dass das Klosterleben nach innen gerichtet ist, zunächst auf die Gemeinschaft, dann auf die Seele des Einzelnen; die Außenwelt ist nur Ablenkung. Doch war Cassians Ideal weder so individualistisch noch so selbstbezogen, wie es den Anschein haben könnte. Das Mönchsleben spielt sich innerhalb des sakramentalen Lebens der Kirche und nicht abseits davon ab. Cassian erwartet von seinen Mönchen nicht, dass sie Priester sind, aber er besteht auf regelmäßiger Kommunion; für die Eremiten der Wüste, die nie kommunizierten, hat er kein Verständnis. Des Weiteren folgt er einem Schema des Neuen Testaments in der Einteilung des Gebets in vier Grundformen: als erstes steht die Bitte, d. h. ein Ruf um Erbarmen, dann ein Akt der Hingabe, weiter Fürbitte und schließlich Danksagung.[20] Mit Fürbitte meint er ein Gebet „in Augenblicken der Inbrunst für andere Männer und Frauen – unsere Familie, den Frieden auf der Welt. Um mit dem heiligen Paulus zu sprechen, beten wir 'für alle Menschen, für die Könige und für alle Obrigkeit'... Aus jeder dieser vier Formen entwickeln sich weitere Gelegenheiten zu noch reicherem Gebet." Er fährt fort mit der Untersuchung des höchsten mystischen Erlebnisses in einer im Mittelalter nie wieder erreichten Reichhaltigkeit und Klarheit, abgesehen vielleicht von der mystischen Lehre und Erfahrung des 12. und 14. Jahrhunderts. Cassian ging immer davon aus, dass die Mönche Glieder des Leibes Christi sind und dass sie zum mystischen Leib der Kirche auf Erden und im Himmel gehören. Obwohl er sich als ein Lehrer der Mäßigung betrachtet, enthält sein Asketentum häufig eine kompromisslos strenge Note, und er erklärt jeglicher Ablenkung den Krieg. Abba Isaak wird angeführt, wie er den heiligen Antonius bei Sonnenaufgang murmeln hörte: „Warum störst du mich? Das Auftauchen deines Lichts lenkt meine Gedanken vom wahrhaften Licht ab!" – Ein Ausspruch, an den wir uns erinnern werden, wenn wir im 12. Jahrhundert auf den heiligen Bernhard stoßen, der aus den Kirchen seines Ordens jegliche Ablenkung, vor allem den Glanz juwelenbesetzter Schreine und bemalten Glases verwiesen hat.[21] Doch waren die Angriffe auf weltliche Ablenkungen bei Cassian oder der Puritanismus Bernhards nicht mit einem Misstrauen gegen sämtliche menschlichen Emotionen und Werte verbunden; beide waren im ursprünglichen Sinn des Wortes, in ihrem Interesse an den Glauben an die Fähigkeiten und Emotionen des Menschen Humanisten. So hatte Cassian in einer seiner Schriften sogar die Möglichkeit angedeutet, dass der erste Schritt auf dem Weg zur Vollkommenheit ohne Gottes großzügiges Geschenk der Gnade getan werden könnte, und wurde deswegen in einigen Gegenden nach seinem Tod als Ketzer verflucht. In Wahrheit handelte es sich hierbei um einen kleinen Fehler, denn sowohl er als auch Bernhard sahen den ganzen Vorgang der Vervollkommnung des Menschen als Teil der Gnade Gottes; doch dies vorausgesetzt, legte Cassian den Mönchen, die ihm folgten, ein Programm heroischer Anstrengung vor, ein äußerst energischer, jedoch durchführbarer Versuch, der erschreckenden Aufforderung Folge zu leisten: „Ihr sollt vollkommen sein."[22]

2 Die Regel des heiligen Benedikt

Das sechste Jahrhundert brachte die endgültige Trennung des griechischen Ostens vom lateinischen Westen und im Westen den vollkommenen Zusammenbruch dessen, was das Römische Reich ausmachte. Es brachte aber auch zwei bemerkenswerte Ergänzungen der monastischen Literatur. Die erste wurde wahrscheinlich kurz nach 500 irgendwo südwestlich von Rom geschrieben und ist allgemein als *Regula magistri* – „Regel des Meisters" oder „Magisterregel" bekannt.[1] Es handelt sich um ein langes, weitschweifiges Dokument voll beeindruckender Aussagen und asketischer Weisheit, das zwar nicht die Darstellungsform, Feinheit und Klarheit von Cassians *Collationes* besitzt, aber in seiner Art mehr einer Regel gleicht als dessen *De institutis coenobiorum.* Der Mönch der „Regel des Meisters" hatte sich einer Disziplin von persönlicher Armut, Keuschheit und absolutem Gehorsam zu unterwerfen; geführt wurde er von einem Abt mit der ganzen Macht eines römischen *pater familias,* das heißt, der Abt besaß unumschränkte Vollmacht und absolute Autorität bis zu seinem Tod; ein Abt, dessen Aufgabe darin bestand, seinen Mönch zu führen und gelegentlich auch mit ihm zu schimpfen und danach zu sehen, dass er „seine Nase auf eine Art putzte, die die anwesenden Engel am wenigsten beleidigte."[2]

Bald danach, wahrscheinlich um 530 und mit Sicherheit in Italien, in Monte Cassino südlich von Rom, schrieb Benedikt von Nursia die zweite und berühmtere dieser Regeln. Die einleitenden Kapitel der Regel des heiligen Benedikt sind eine gekürzte und bearbeitete Fassung der Einleitung der *Regula magistri,* Übernahmen und Anleihen findet man überall. Doch das Ergebnis ist viel mehr als eine „zweite Auflage", denn die

Der Anfang der Benediktsregel in einer Handschrift aus St. Gallen (Codex Sangallensis – frühes 9. Jahrhundert).

Lehre des „Meisters" ist in Prinzip und Praxis in vielen Punkten abgeändert, außerdem wurde das Ganze gestrafft und klarer in der Darstellung. Frühere Generationen gingen sogar davon aus, dass es sich bei dem Text Benedikts um den früheren handelt, während der Text des „Meisters", allgemein unterbewertet, eine Ableitung darstelle. Als 1937 zum ersten Mal die Lehrmeinung vertreten wurde, dass der „Meister" der erste gewesen sei und Benedikt der Nachahmer, war das ein großer Schock für die Klosterwelt. Das Ergebnis war eine Kontroverse. Nach den Worten von Dom David Knowles „war die Heide angezündet worden, und sowohl Feuerwehrleute als auch Brandstifter rannten zum Schauplatz."[3] Jetzt ist das Feuer gelöscht, am Schauplatz ist wieder Ruhe eingekehrt, und die Mehrheit der Wissenschaftler, Benediktiner ebenso wie Nichtbenediktiner, ist sich darüber einig, dass die neue Lehrmeinung richtig ist. Wäre Benedikt ein moderner Autor, den modernen Copyrightgesetzen unterworfen, würde er des Plagiats im weitesten Sinne angeklagt. In seiner eigenen Welt ist er einer Tat von außergewöhnlicher Demut überführt; und es bleibt die eigenartige und fesselnde Tatsache, dass seine Regel jenem Dokument, dem sie nachempfunden wurde, so weit überlegen sein sollte.

„Wir müssen eine Schule für den Dienst des Herrn errichten", sagt der „Meister" in seinem Vorwort; „wir müssen eine Schule für den Dienst des Herrn errichten", sagt Benedikt, „in der wir nichts zu Hartes, nichts zu Schweres geschaffen zu sehen hoffen ... Wenn wir unser Leben im Glauben leben, nachdem unser Herz erweitert wurde, wird der Weg der Gebote Gottes in der Süße einer nicht in Worte zu fassenden Liebe gegangen."[4] Obwohl in weiten Teilen viel kürzer als der „Meister" und im Allgemeinen zufrieden damit, seine Worte zu gebrauchen, gibt sich Benedikt Mühe, wesentliche Punkte hervorzuheben und die Botschaft überall zu verdeutlichen. Mäßigung, gesunder Menschenverstand und ein gewisses Maß an Organisation sind augenfällige Merkmale. Er erkennt an, dass es zwei Arten von Mönchen gibt: Zönobiten, jene, „die nach einer Regel und [oder] unter einem Abt in einem Kloster leben", und Anachoreten, „das ist eine Art von Eremiten, die nicht in der Inbrunst der ersten Zeit, sondern in langer Mühsal in einem Kloster am Beispiel vieler Männer gelernt haben, den Teufel zu bekämpfen, und aus den Reihen der Brüder voll ausgebildet hinausgehen können, um den einsamen Kampf in der

Einsiedelei aufzunehmen." Hier folgt Benedikt nicht nur der *Regula magistri*, und erweist sich, wie so oft, als Anhänger der Überlieferung und Lehre Cassians.[5]

„Wir haben diese Regel aufgestellt, um zu zeigen, dass jene, die sie in ihrem Kloster befolgen, in gewissem Maß Charakterstärke oder die Voraussetzungen für ein gutes Leben besitzen. Für alle, die auf das vollkommene Leben zustreben, gibt es die Lehren der heiligen Väter, deren Einhaltung einen Mann zum Gipfel der Vollkommenheit führt. Denn welche Seite oder welcher Satz der göttlichen Autorität des Alten und Neuen Testaments ist nicht eine höchst genaue Regel des menschlichen Lebens? Oder welches Buch der heiligen katholischen Väter wiederholt nicht das Wort, dass wir durch einen gradlinigen Lebensweg zu unserem Schöpfer kommen? Sind nicht die 'Collationes' und 'De institutis coenobiorum' der Väter und ihre Lebensgeschichte und die Regel unseres heiligen Vaters Basilius[6] Werkzeuge der Tugenden für Mönche, die ein gutes Leben in Gehorsam leben? Doch für uns, die wir mäßig sind oder ein schlechtes, gleichgültiges Leben führen, bedeutet jede Seite Scham und Verwirrung.

Wer du also auch bist, der du zu den himmlischen Gefilden strebst, befolge mit Christi Hilfe diese kleine Regel, die für Anfänger geschrieben ist – dann wirst du schließlich, mit Gottes Hilfe, die größeren Höhen des Lebens und der Tugend erreichen, die wir oben aufgeführt haben. Amen."

Die „kleine Regel für Anfänger" beschreibt ein Leben von tiefem Ernst und großer Strenge; für uns, die wir das Leben gewöhnlicher Sterblicher am Anfang des 21. Jahrhunderts leben, ist es ein Leben von unvorstellbarer Hingabe und Monotonie.

Doch die Geschichte zeigt, dass viel mehr damit verbunden ist; und auch heute gibt es noch viele Tausende, die der Regel des heiligen Benedikt gehorchen. Worin liegt das Geheimnis dieses erstaunlichen Erfolges? Hierauf gibt es keine einfache, einzige Antwort. Jener Historiker, der vorgibt, das Problem zu verstehen und eine knappe, klare Antwort auf diese Frage geben zu können, hat versäumt, zwei von Benedikts bemerkenswertesten Eigenschaften – seine Demut und seine praktische Vernunft – zu ermessen. Solange wir dieses Problem nicht persönlich in Angriff genommen haben, wird sich die Begeisterung über die Erforschung eines mittelalterlichen Klosters oder des Klosterlebens nicht einstellen.

Auf eigentümliche Weise scheint Benedikt seine eigenen Erfolge fast vorauszusehen: „Wer du auch bist ..." hat einen allumfassenden Klang;[7] und seine Anweisungen sind alle so bestimmt, so genau und konkret, dass es leicht ist, unter dem Eindruck seines Buches daran zu glauben, dass er wusste, es würde großen, fortdauernden und universellen Einfluss haben. Nichts ist weniger wahrscheinlich. Er sprach von einer verhältnismäßig schmalen Erfahrung aus und wich nie davon ab. Er stellte Regeln für den Klostertypus auf, der ihm bekannt war. Doch die Türen seines Geistes blieben wie die Türen seines Klosters Fremden nicht verschlossen.

Die „Regel für Anfänger" ist schlicht, fromm und praktisch; sie zeigt kluge und feinsinnige Einsicht in die menschliche Natur und verbindet unnachgiebige Forderungen von Gehorsam und Beständigkeit mit Mäßigung und Menschlichkeit. Sie ist kein Meisterwerk an einheitlicher Gesetzgebung, dennoch verbindet sie etwas von dem Genius des römischen Rechts mit der geistlichen Lehre Cassians, dem Vermächtnis einer anspruchsvolleren intellektuellen Welt, als die Benedikts es war. Auch sollte aus ihrer Schlichtheit nicht geschlossen werden, dass sie einfach war. Kernstück sind die Gebote des absoluten Gehorsams (ein genau einzuhaltendes Gebot), persönlicher Armut und Keuschheit; das beschriebene Leben ist karg, ernsthaft und einförmig. Spätere Mönchsgenerationen hielten es vielfach für unmöglich, sich Wort für Wort an die Regel zu halten. So musste sie neu interpretiert werden, um den jeweils veränderten Bedingungen und dem außerhalb Italiens raueren Klima gerecht zu werden. Die Regel einzuhalten ist nicht leicht; aber es ist nicht unmöglich, und darin zeigt sich ihre Genialität. Sie ist die Frucht eines Lebens, verbracht in dem Versuch, eine eigenwillige Gruppe von Mönchen unter Kontrolle zu bringen, die oft echte Frömmigkeit zeigten, selten jedoch von Natur aus mit Ausdauer begabt waren. Zur äußeren Ordnung war eine Reihe von Vorschriften erforderlich, streng und klar genug, um ihre widerspruchslose Hinnahme von allen Mitgliedern einer Gemeinschaft zu fordern. Der Mönch der Regel Benedikts verbringt den größten Teil des Tages in der Stille: seine Zeit ist ausgefüllt mit den gemeinsamen Gebeten in der Kirche (acht Gottesdienste oder Offizien und die Messe sind über den Tag verteilt), mit Meditation und geistlicher Lektüre in der Zurückgezogenheit oder mit handwerklicher Arbeit im Dienste der Gemeinschaft, mit Essen und Schlafen. Die hauptsächlichen psychologischen Gefahren einer solchen Lebensweise sind neurotische Extreme von Depression und Verzückung; und die Antwort darauf ist, menschlich gesprochen, auf Regelmäßigkeit und Frömmigkeit zu achten. Die Gleichmäßigkeit der Regel ist so unerbittlich wie die Vorschrift eines Arztes, und sie hat sich als sehr wirkungsvoll erwiesen.

Benedikt war tief beeinflusst von Cassian, und vieles in seinen Vorstellungen lässt sich auf die *Collationes patrum* oder *De institutis coenobiorum* zurückführen. Besonders deutlich zeigt sich das in der Mischung von Unerbittlichkeit und Milde, auf die Benedikt so großen Wert legt. Dem Abt schuldet der Mönch absoluten Gehorsam, und er muss ihm schließlich – nach einer Frist zur genaueren Prüfung – auch dann gehorchen, wenn er die Anordnung nicht für richtig hält. Benedikt betont jedoch zu Anfang, dass es die Aufgabe des Abtes sei, den Mönchen zu helfen; und die Abschnitte, in denen von Gehorsam und Autorität die Rede ist, sagen viel mehr über die Verantwortung des Abtes, über Hilfe und Zusammenarbeit als über seine letztlich diktatorische Macht aus. Die Idee des Gehorsams stammt von Cassian und das meiste im Kapitel über den Abt aus der *Regula magistri* – einschließlich der berühmten inständigen Bitte, immer an den Tag des Jüngsten Gerichts zu denken, und der Verantwortung des Abtes für seine Herde im

Angesicht des Richters.[8] In der Regel Benedikts folgt unmittelbar darauf ein Kapitel über das Sich-Beraten, zu dem sich in der *Regula magistri* nur ein vages Gegenstück findet. In kritischen Fragen soll der Abt die ganze Gemeinschaft zu Rate ziehen, „denn oft offenbart der Herr einem jungen Mann [oder den Jungen], was das Beste ist" (Kap. 3); in weniger wichtigen Dingen berät er sich nur mit den Älteren, gemäß dem Rat des Buches Jesus Sirach: „Tue nichts ohne Beratung."[9] Nachdem er sich beraten hat, bildet sich der Abt seine eigene Meinung, denn die Regel verpflichtet ihn dazu. Er kann seiner Verantwortung nicht ausweichen, sie auch nicht an andere weitergeben: In dieser Sicht des Abtes liegt ein großer Teil der Stärke – und auch der Schwäche der Regel. Es wird erwartet, dass er sowohl ein bemerkenswerter geistlicher Führer als auch ein Meister in der Behandlung menschlicher Beziehungen sei. Solche Männer sind selten.

Benedikt folgt Cassian darin, dass er das Gemeinschaftsleben zum notwendigen Fundament für alle Arten von Mönchen machte. Ob er glaubte, dass das Ideal der Anachoreten letztlich höher zu bewerten sei als das der Zönobiten, ist durchaus nicht klar. Seine Einführung, in der er behauptet, dass die Zönobiten die stärksten oder besten Mönche seien, scheint das zu verneinen; der Epilog – wahrscheinlich später als seine letzte Einsicht hinzugefügt – scheint einzuräumen, dass das Leben des Anachoreten eine höhere Berufung für eine Minderheit bedeutet, und empfiehlt nachdrücklich das Studium der Werke Cassians.

Hier enthüllt sich die Ungewissheit, die Spannung zwischen dem Ideal des Zönobiten und des Eremiten, die ein Charakteristikum des westlichen Mönchtums bleiben sollte. Was die andere weit verbreitete Unsicherheit in der Geschichte des Mönchtums betrifft, die Spannung zwischen dem Blick nach innen und dem nach außen, so war Benedikts Kloster ohne Zweifel eine kleine Welt für sich, eine Oase der (geistigen) Gesundheit in einem barbarischen Königreich. Die äußere Welt war jedoch nicht ausgeschlossen. „Alle Gäste, die ankommen, sollen so empfangen werden, wie Christus selbst empfangen werden würde ..." (Kap. 53), und es werden genaue Anweisungen zu ihrer Unterhaltung in bescheidener, aber passender Weise gegeben; dem Abt wird die Gastfreundschaft als besondere Aufgabe auferlegt. Die äußere Welt soll nicht vollkommen ignoriert oder vernachlässigt werden; ihr Vorhandensein soll sowohl praktisch wie auch geistlich, nämlich in den Gebeten des Mönchs, akzeptiert werden. Doch wird das Kloster dieser Regel als ein Ort dargestellt, wo es im Wesentlichen auf das gute Leben und die Rettung der Klosterbewohner selbst ankommt. Soziale und seelsorgerische Tätigkeit gehören nicht dazu; sie werden nicht einmal besonders erwähnt, um verworfen zu werden. Aus diesem Verschweigen haben sich viele Konsequenzen ergeben.

Auch wird davon ausgegangen, dass die Klostergebäude viel einfacher sind, als sie es später in vielen christlichen Gemeinschaften des Westens wurden. Die Kirche wird als Oratorium bezeichnet – ein schlichter Ort des Gebets, an dem sich die Gemeinschaft zur Messe oder zu den Offizien versammelt, wohin aber auch der Einzelne zum Beten gehen kann. Dies ist der Ort, wo Gottes Werk getan wird, genauso wie in der Küche und den Nebengebäuden die für das Kloster nötigen Arbeiten verrichtet werden. Die Mönche verbrachten ihr Leben mit der Arbeit für Gott und sich selbst, wozu einige Tätigkeiten in Haus und Garten gehörten, obwohl Benedikt Feldarbeit offensichtlich als Ausnahme ansah. Es entsteht ein lebhaftes Bild einer in sich abgeschlossenen Gemeinschaft im Herzen des barbarischen Italien. Doch ist Benedikts Vorstellung mehr als das; sie stellt ein Bindeglied dar zwischen dem frühen Mittelalter und unserer Zeit. Denn in allen Teilen der Welt gibt es heute Mönchsgemeinschaften, die sich nach ihm benennen, die nach seiner Regel leben, sie ununterbrochen studieren und nachvollziehen.

3 Die Entwicklung der monastischen Tradition

Von Benedikt von Nursia zu Benedikt von Aniane

Benedikt verordnete seinen Mönchen geistliche Lektüre und nannte ihren gemeinsamen Gottesdienst „Werk Gottes" – *opus Dei.* Doch er setzt weder besondere Gelehrsamkeit noch eine große Bibliothek voraus; und auch der Liturgie fehlte das kunstvolle Ritual und die Musik. Das Studium gehörte bei keinem religiösen Orden und keiner größeren Klostergruppe des Mittelalters zu den charakteristischen Eigenheiten. Dennoch wurde die Klosterbibliothek ebenso wie die Bibliothek der Bischofskirchen zu einem Ort, wo ein Teil des Vermächtnisses der antiken Literatur erhalten blieb; und Männer mit Gelehrtenverstand, die im Kloster aufwuchsen, konnten gelegentlich das für sie Notwendige griffbereit finden. Auf ähnliche Weise war auch die zunehmende Verfeinerung der Liturgie zunächst sporadisch und unregelmäßig, doch schließlich wurde sie zum normalen und unvermeidlichen Merkmal aller Klöster des 9., 10. und 11. Jahrhunderts.

Die geistige Tradition begann mit Cassiodorus, einem pensionierten Staatsbeamten, der seine letzten Jahre in einem Kloster mit dem Namen Vivarium, noch weiter südlich in Italien als Monte Cassino, verbrachte. Er war der letzte große Gelehrte der antiken Welt, der sich ernsthaft darum bemühte, dem Westen Gedankengut und Literatur der Griechen zu vermitteln. Seine Bibliothek war die letzte wirklich große Büchersammlung der alten Welt. Sowohl das Kloster als auch die Bibliothek verschwanden bald nach seinem Tod, doch wurden einige Bücher nach Rom gebracht, und dem ist es wahrscheinlich zu verdanken, dass Meisterwerke der alten Literatur erhalten blieben.

Schon vor seinem Tod waren seine *Institutiones,* eine Abhandlung über Prinzipien und Techniken des Studiums der heiligen Schrift, bis in die Ewige Stadt gelangt. Während der zweite Teil dieser Abhandlungen eine vollständige Aufstellung des Unterrichts in den wichtigsten römischen Disziplinen – Grammatik, Rhetorik und so weiter – ist, die der gebildete Mann als wesentliche Voraussetzung für das Studium der Bibel ansah, umreißt der erste Teil die grundsätzliche Einstellung zur Bibel. Dieses bemerkenswerte Unterfangen verlangte in den darauffolgenden Jahrhunderten von fast allen Lesern, mit Ausnahme einer kleinen Anzahl Gelehrter, zu viel. Schließlich ist es ein Symptom für das Misslingen von Cassiodors Absichten, dass die beiden Teile mehrere hundert Jahre lang unabhängig voneinander kursierten. Als im 11. und 12. Jahrhundert sich die Gelehrsamkeit endlich wiederbelebte, bedeutete seine Zusammenstellung eines der wesentlichen Fundamente für eine neue gegenseitige Annäherung zwischen kirchlicher und weltlicher Gelehrsamkeit, zwischen dem literarischen Wissen der Römer und dem christlichen theologischen Wissen, das auf dem Studium der Bibel beruhte.

Cassiodor war einer der hervorragendsten einer Gruppe von Männern, die versuchten, das Wichtigste aus der antiken Wissenschaft umfassend zusammenzutragen, ehe der Mangel an Ausbildung und die Überfälle der Barbaren alles zerstörten. Einer der beweglichsten und fähigsten Köpfe in dieser Hinsicht war Papst Gregor der Große (590–604), nicht so gebildet wie Cassiodor, auch nicht so bescheiden wie Benedikt und mehr ein Mann der Tat als beide: Im kirchlichen Leben gab es kaum ein Gebiet, das nicht von seinem umfassenden Genius und seinen organisatorischen Fähigkeiten geprägt wurde. Seine Reformen der Liturgie wurden zunächst in den Kirchen und Klöstern Roms eingeführt und hielten auf diese Weise, neben Cassiodors Büchern, Einzug in die Klostertradition. Er empfand eine große Bewunderung für den heiligen Benedikt, dessen Loblied er sang, während er dessen Wunder im zweiten Buch seiner *Dialoge* aufzeichnete. Die Regel empfiehlt er wegen ihrer tiefgreifenden

Weisheit und Klarheit *(discretione praecipuam, sermone luculentam)*.[1] Zwar scheint dies erstaunlich wenig Einfluss auf seine eigenen Schriften und Lehren gehabt zu haben, doch der Satz blieb haften und trug zur Berühmtheit der Regel bei. Vor allem wurde die Regel im Laufe des 7. Jahrhunderts nach England gebracht, und einige Mönche der zweiten Generation in England, vor allem der heilige Wilfrid von Ripon, York und Hexham und der heilige Benedikt Biscop, Gründer der Klöster Bedas in Monkwearmouth und Jarrow, achteten sie besonders hoch. Das für diese frühen Jahrhunderte charakteristische monastische Regelbuch umfasst eine Anthologie, manchmal sogar ein halbes Dutzend Regeln; noch im 9. Jahrhundert war Benedikt von Aniane, auf dessen Werk der einzigartige Stellenwert der Regel im späteren Mönchtum zurückzuführen war, der Autor einer solchen Anthologie. Zweifellos gab es in vielen Teilen Europas Klöster, die sich schon sehr viel früher der Regel Benedikts verschrieben hatten und sein Andenken in Ehren hielten. Die älteste erhaltene Handschrift der Regel, jetzt in der Bodleian Library in Oxford, zeigt möglicherweise deren besondere Verehrung durch den heiligen Wilfrid.[2] Ein weiteres Zentrum des benediktinischen Lebens entstand im 7. Jahrhundert in Fleury in Frankreich. Nach Benedikts Tod hatten die Langobarden Monte Cassino zerstört; der Rest seiner Anhängerschaft floh mit seinen Gebeinen. Nach langer Wanderschaft und mehreren Generationen fanden sie Ende des 7. Jahrhunderts in Fleury an der Loire ihre letzte Ruhestätte, wo sie bis heute verehrt werden. Dort steht noch immer die berühmte Abteikirche von Saint-Benoît-sur-Loire mit ihrem mächtigen Westwerk und den für die das Grab besuchenden Pilger großräumig angelegten Säulenhallen, Seitenschiffen und dem Chorumgang.

Im Britannien Wilfrids und Benedikt Biscops entwickelte sich eine andere, von Benedikt von Nursia unbeeinflusste Klostertradition. Columban (Columcille) und Aidan waren im 6. und 7. Jahrhundert in Schottland und England die berühmtesten Vertreter jener monastischen Bewegung, welche von der irischen Kirche in den dem Tod des heiligen Patrick (wahrscheinlich Ende des 5. Jahrhunderts) folgenden Generationen Besitz ergriffen hatte.[3] Das Zentrum dieser Bewegung in Irland befand sich im 6. Jahrhundert in Durrow und Bangor; und obwohl sie kontinentalen Einflüssen und Anregungen viel verdankt, ist sie doch auch tief im heimatlichen Boden verwurzelt. Diese asketische Bewegung ist vollkommen anders als die im 4. Jahrhundert in Ägypten entstandene. Sie entwickelte sich in einer unzivilisierten, kaum oder nur teilweise bekehrten Gesellschaft, und sie enthielt von Anfang an ein stark missionarisches Element. Das irische Mönchtum brachte wohl auch strenge Asketen hervor und die unbarmherzigste Verleugnung des menschlichen Körpers, welche die katholische asketische Literatur des Westens bis zum 11. Jahrhundert kennt, doch konnte das von der Natur der Sache her kein Protest gegen lasche Einstellung sein, denn die Iren waren (verglichen mit den Ägyptern) arm und erst in jüngster Zeit bekehrt. Tatsächlich war das Mönchtum in Irland außerordentlich vielfältig und entsprach darin dem Entwicklungsstand auf dem Kontinent im 6. und 7. Jahrhundert; und so waren die irischen Mönche, ebenso wie die Mönche Gregors des Großen, eifrige Missionare. Ihr strengster Führer war Columban, der Bangor verließ und Luxeuil in Gallien und Bobbio in Italien gründete; seine Anhänger brachten den Einfluss des keltischen Mönchtums bis nach St. Gallen in der heutigen Schweiz. Weniger ungestüm und bereiter zur Anpassung an die heimischen sozialen Gegebenheiten waren Columban, Gründer der Klöster von Durrow und Iona (Schottland), und Ionas berühmtester Sohn der nächsten Generation, der heilige Aidan, der von noch sanfterer Wesensart als Columban war und uns in einem der schönsten Porträts von Beda Venerabilis geschildert wird.[4] Columban verachtete den Körper; doch lässt sich unter den Eremiten und Mönchen Irlands eine außergewöhnliche Hingabe an die Schönheit der Natur feststellen. Eine ähnliche Vielfalt zeigt sich in ihrer Einstellung zur einheimischen Lebensweise, sie reicht von vollkommener Ablehnung bis zum untrennbaren Aufgehen (vor allem im 7. und 8. Jahrhundert) in der keltischen Herkunft. Die irische Lebensweise mit dem christlichen Glauben zu vereinigen war zunächst eine bemerkenswerte Errungenschaft gewesen. Doch im Laufe der Zeit scheinen ganze Familien dem Namen nach monastisch geworden zu sein; während manche Familienmitglieder ein tief religiöses Leben führten, heirateten andere oder wurden verheiratet und leiteten das Kloster, als handle es sich um eine weltliche Gemeinschaft. Eine ähnliche Entwicklung lässt sich auch in England zur Zeit Bedas feststellen; das Verschwinden spezifisch monastischer Charakteristika in Mönchsgemeinschaften war in mehr als einer Epoche zu beobachten. Der Versuch, derartigen Verfall aufzuhalten und ein klares Rahmenwerk klösterlicher Disziplin zu schaffen, sollte der Regel des heiligen Benedikt im 9. und 10. Jahrhundert zu neuem Ruhm verhelfen. In den dazwischen liegenden Jahrhunderten war der Boden für die benediktinische Bewegung in besonders sichtbarer Weise bereitet worden in Northumbrien, der Heimat Bedas (gest. 735), und in den deutschen Klöstern, die zu Anfang und in der Mitte des 8. Jahrhunderts von den Missionaren (unter denen viele Engländer waren) gegründet wurden. Am einflussreichsten war hier der heilige Bonifatius, der 716 in Friesland begann, bald danach nach Deutschland kam und 722 vom Papst persönlich zum Bischof für Deutschland geweiht wurde. Vor seinem Märtyrertod im Jahr 754 legte er – in Organisation und geistlichem Leben – die Fundamente der deutschen Kirche und leitete auch die Kirchenreform im westlichen Frankenreich (Frankreich und das Rheinland) ein. Für Bonifatius als englischen Mönch war es selbstverständlich, eine Gruppe von Klöstern zum Zentrum seines Lebens und Wirkens zu bestimmen, sie in eine enge Beziehung zum Papst zu bringen und sie einer auf den heiligen Benedikt zurückgehenden Disziplin zu unterwerfen. Einige seiner Mitbrüder studierten das Klosterleben im vor kurzem wieder erstandenen Monte Cassino und anderswo in Italien. Aus Spanien oder dem südlichen Gallien kam der heilige Pirmin, Gründer der Abtei Reichenau, die, auf der kleinen Insel westlich von Konstanz sehr sicher gelegen, bald zum Mittelpunkt des Klosterlebens in Süddeutschland wurde. Die Abtei Reichenau übernahm in Süddeutschland die Rolle, welche die Abteien des Bonifatius weiter im Norden spielten; hier war Fulda das Zentrum und blieb ein Mittelpunkt klösterlicher Observanz und Wallfahrt, nachdem Bonifatius dort begraben worden war.

Für einen englischen Mönch war es auch selbstverständlich, für seine Arbeit nach weiblicher Hilfe Ausschau zu halten. Von den vielen bedeutenden englischen Äbtissinnen der vorhergehenden Generation ist die heilige Hilda von Whitby am bekanntesten, von der Beda ausführlich und mit Bewunderung gesprochen hatte und die einer großen Gemeinschaft von Nonnen und Mönchen vorstand. Ein solches Doppelkloster entstand in Deutschland zur Zeit Bonifatius' in Heidenheim, zunächst unter der Leitung von Bonifatius' Vetter Wunibald, dann von dessen Schwester Walburga. Weitere Angelsächsinnen, vor allem Lioba und Thekla, gründeten in Franken Frauenklöster und legten dadurch den Grundstein zu einer Tradition des weiblichen Engagements im klösterlichen Leben, das in Deutschland mehr Bestand hatte und üppiger gedieh als in England (siehe Kap. 11).

Die Reste der Klöster Bedas in Northumbrien vermitteln uns immer noch einen gewissen Eindruck von den winzigen für das 8. Jahrhundert charakteristischen Klosteroratorien. Fleury dagegen wurde im 11. Jahrhundert gegründet und zeigt die neuen Formen der Romanik (siehe Kap. 7). Zugleich wird ein entscheidender Unterschied in den Größenverhältnissen sichtbar, was auf zwei Bewegungen hinweist: auf die liturgische Bewegung, die um 600 in den römischen Basiliken begann und im 9. und 10. Jahrhundert zu einem allgemeinen Merkmal des westlichen Klosterlebens wurde, und auf die weit verbreitete religiöse Bewegung, die vom Beginn des 11. Jahrhunderts an Scharen von Pilgern zu Kirchen wie Saint-Benoît führte. Hinter diesen Bewegungen stand die Arbeit von Benedikt von Aniane im 9. Jahrhundert und das Wiederaufleben des Mönchtums im 10. Jahrhundert.

Die Bemerkungen über den Einfluss Cassians, Benedikts und Cassiodors zeigten uns, dass die Erhaltung und Verbreitung der antiken Literatur über christliche Frömmigkeit und Theologie sowie der klassischen Bildung den Sammlungen in Klosterbibliotheken zu verdanken ist; hier liegen die Quellen für das Wiedererwachen geistigen Interesses an alten Büchern zu verschiedenen Zeiten des Mittelalters. Daher ist es nur natürlich, nach einem neuen Interesse am Studium der Regel Benedikts in der „karolingischen Renaissance“ Ausschau zu halten.

Die Kaiserkrönung Karls des Großen am Weihnachtstag des Jahres 800 in Rom kennzeichnete die Allianz von römischer Tradition und fränkischer Monarchie und die Tatsache, dass man das römische Kaiserreich im Westen immer noch für lebendig hielt. Doch es war in Aachen, dem neuen Rom nördlich der Alpen, wo Karl der Große das Zentrum eines Reiches schuf, in dem sein von Gott eingesetztes Königtum, seine Militärmacht, die zentrale Administration – wie sie im 9. Jahrhundert bestand –, die religiöse und monastische Reform und das intellektuelle Wiederaufleben ihren Mittelpunkt fanden. Der Kaiser selbst gab der Bewegung Kraft und Macht; in der Mitte seines Lebens fühlte er sich in alles, was sich weiterentwickelte, mit einbezogen, und in seiner Pfalzkapelle nahm er von seinem prächtigen Thron aus aktiv am Gottesdienst teil. Das intellektuelle Klima wurde jedoch von Männern wie Alkuin geprägt, von einer Anzahl Gelehrter mit maßvollem, aber entschiedenem Respekt vor der Antike und einer klaren Vorstellung davon, wie die Reichtümer der antiken Literatur mit den Erfordernissen der zeitgenössischen Schulen in Einklang gebracht werden konnten. Ihr Hauptanliegen war das Auffinden und Kopieren unveränderter und genauer Texte der Bibel, der Kirchenväter, der Klassiker, außerdem von Liturgien und Kirchenregeln. Diesen Bemühungen verdankt die moderne Welt die Erhaltung einer Reihe von literarischen und wissenschaftlichen Werken der Antike und die genaue Textwiedergabe von vielen anderen. Charakteristisch für die Errungenschaften von Alkuin und anderen Mönchen ist die Tatsache, dass zwar der älteste erhaltene Text der Regel Benedikts im 7. Jahrhundert in England entstand, der beste aber vom Hof Karls des Großen stammt. Es handelt sich hierbei um eine viele Jahrhunderte lang in St. Gallen aufbewahrte Handschrift, den *Codex Sangallensis.*[5] Früher hielt man ihn für eine direkte Abschrift des Originalmanuskriptes, das nach Benedikts Tod und der Auflösung seiner Gemeinschaft in Rom aufbewahrt wurde. Heute wird seine Geschichte als nicht so einfach und befriedigend angesehen; klar ist jedoch, dass es sich um eine getreue, von karolingischen Gelehrten angefertigte Abschrift einer dem Text Benedikts sehr nahe kommenden Vorlage handelt, getreu genug, um die entartete Orthographie und Syntax der lateinischen Sprache des 6. Jahrhunderts deutlicher wiederzugeben als jene Kopien, die wir heute kennen.

Der Nachfolger Karls des Großen, Ludwig der Fromme, beschloss, dass Maßnahmen einer tief greifenden Neuorganisation in Gang gebracht werden müssten, sollte das Klosterleben in seinem Reich den von ihm erwünschten Aufschwung nehmen. Hierfür verpflichtete er den zweiten heiligen Benedikt, Benedikt von Aniane, Erzabt aller Klöster des Frankenreiches – oder genauer aller Klöster, die in seinem Einflussbereich lagen oder für eine Reform geeignet waren. Die Verbreitung der Regel Benedikts und die Berufung Benedikts von Aniane waren großartige Anstöße, deren praktisches Ergebnis zu jener Zeit freilich außerordentlich beschränkt war. Doch sie waren die Samenkörner, aus denen das traditionelle Mönchtum mit all seinen Verzweigungen im 10. und 11. Jahrhundert wachsen sollte.

Von dem früheren Ort Aniane in Südfrankreich, Benedikts Geburtsort, ist nichts geblieben; in nächster Nachbarschaft jedoch ist mit Saint-Guilhem-le-Désert ein bemerkenswertes Monument seiner Mönchsgeneration erhalten. Denn hier, in einer zerklüfteten Schlucht in den Bergen oberhalb von Montpellier, suchte ein hoher Adliger aus den Tagen Karls des Großen, Wilhelm von Aquitanien (Guillaume d'Orange), Zuflucht. Seine Einsiedelei wurde zum Zentrum eines schönen Klosters, das wuchs und gedieh, nachdem der heilige Wilhelm die Pilger zu seinem Schrein zog und Wilhelm, der Held, zu epischen Gedichten anregte, deren bedeutendstes Wolfram von Eschenbachs *Willehalm* ist.[6]

Auf die Frage, wann der Benediktinerorden gegründet wurde, ist die erste, schlichte, unausweichliche Antwort: nie, oder noch nicht. Die Geschichte der benediktinischen Gemeinschaften war die Geschichte eines langen Kampfes zur Erhaltung jener Unabhängigkeit, die von jeher als wesentliches Merkmal des benediktinischen Mönchtums galt. Eine Abtei dieser Regel ist eine eigene Welt, und die Mönche Benedikts wollten es im Allgemeinen nicht anders haben. Im 11. Jahrhundert entstanden die ersten Klostergruppen unter gemeinsamer Oberleitung, manchmal sehr große Gruppen, die aber weiterhin der Regel Benedikts folgten. Im 12. Jahrhundert entstanden klar gekennzeichnete Orden mit Satzung und zentraler Verwaltung, von denen einige der Regel folgten. Im 13. Jahrhundert brachten ein mächtiger Papst und ein großes Konzil (das Vierte Laterankonzil von 1215) zu Papier, dass alle unabhängigen Klöster unter der Regel Benedikts sich zu Kongregationen auf Provinz- oder nationaler Ebene zusammenschließen sollten; aber diese Anordnung stand in den meisten Fällen eben nur auf dem Papier. In England wurde im 13. Jahrhundert die erste Kongregation gebildet; doch erst viele Jahrhunderte später war jede Benediktiner-Gemeinschaft in irgendeine übergeordnete Verbindung gedrängt worden, und erst Ende des 19. Jahrhunderts, unter Papst Leo XIII., wurde ein einziger Abtprimas, ein einziges Oberhaupt für den ganzen „Orden" eingesetzt. Trotzdem werden die Benediktiner noch immer nicht von einem Primas geführt oder in einem einzigen, autoritativen Orden zusammengefasst; der Abtprimas hat einen Vorrang der Ehre, nicht der Macht.

Eine frühere Generation von Historikern, die sich mit den Benediktinern befassten, betrachtete die frühen Bemühungen um Zentralisation mit merklicher Kühle, und dies erklärt den vergleichsweise schlechten Ruf von Benedikt von Aniane und einigen seiner bedeutendsten Nachfolger bis hin sogar zu Cluny selbst. Doch selbst der große Gelehrte Edmund Bishop, ein ausgesprochener Verfechter des traditionellen benediktinischen Lebens, gab zu, dass „nach dem großen Gründer, Benedikt von Nursia, kein Mann das westliche Mönchtum weitreichender beeinflusst hat als der zweite Benedikt, jener von Aniane."[7] Von Temperament hart und puritanisch, autoritär in der Absicht, bemerkte Benedikt von Aniane, dass die Welt, in der er lebte, und die auf seinen Schultern ruhende Verantwortung zunehmend sowohl seinen Puritanismus als auch seine Strenge milderten. Bei einer bedeutenden Versammlung in Aachen 817 war er die Zentralfigur bei der Verkündigung einer Reihe von traditionellen Regeln für das klösterliche Leben, die zusammen mit der benediktinischen Regel die Basis für das Mönchtum bilden sollten. Die wesentlichsten Punkte bezogen sich auf die Liturgie. Der Gottesdienst, das *opus Dei* der Regel, war nicht mehr lediglich Teil eines in mehrere Abschnitte unterteilten Tagesablaufs, sondern wurde der eigentliche Zweck des Klosterlebens; und es entstand eine immer weiter ausgearbeitete Liturgie, der neuen Bedeutung entsprechend – neu oder teilweise neu, denn in gewissem Maß war dies die Vollendung jener Ergänzungen zum benediktinischen Leben, die in den Basiliken Roms kurz nach dem Tod Benedikts von Nursia begonnen hatten. Doch noch wichtiger als die Erweiterung der Liturgie war die Hervorhebung der benediktinischen Regel selbst. Die Regel des heiligen Benedikt war nun nicht mehr wie zu Bedas Zeit ein verehrtes Modell, eines von vielen, sondern wurde zur grundlegenden Norm – die studiert und auswendig gelernt wurde wie keine andere Regel und kein anderes Modell.

Das 10. Jahrhundert

Als Benedikt von Aniane 821 starb, fielen seine Pläne in sich zusammen, und das 9. Jahrhundert bedeutete vielleicht den tiefsten Punkt in der Geschichte der klösterlichen Observanz seit dem sechsten. Es gibt jedoch Ausnahmen. Hier und da in Europa gediehen große Abteien, auch war es das goldene Zeitalter der Reichenau und St. Gallens. Aus beiden Klöstern sind verehrungswürdige Bücher der Verbrüderung erhalten, aus denen hervorgeht, dass schon im 9. Jahrhundert jedes dieser Klöster mit einer Gruppe von Klöstern in Südwestdeutschland und der Schweiz Gebetsverbrüderungen hatte.[8] Diese Verbrüderungen hatten keinen institutionellen Charakter wie später die Orden, doch schufen sie Verbindungen, die in mancher Hinsicht den Kongregationen jüngerer Zeit gleichen und die dazu beitrugen, dass das Wissen über das Mönchtum der Karolingerzeit den Zusammenbruch des Karolingerreiches überlebte. Die Gebäude der Reichenau sind heute vielleicht das eindrucksvollste Monument dieser Epoche der Klostergeschichte; Mittelzell, die Hauptabteikirche, hat einen Kern aus dem 9. Jahrhundert und wurde an der Wende vom 10. zum 11. Jahrhundert wesentlich erweitert. Schon im 9. Jahrhundert war diese Abtei ein Zentrum des Lebens und der Bildung gewesen und hatte sogar St. Gallen mit fähigen Malern ausgestattet. Doch Zentren dieser Art waren die Ausnahme; im Wesentlichen war das 9. Jahrhundert eine Periode des Verfalls sowohl in der klösterlichen Observanz als auch auf dem Gebiet der Klosterkunst.

Zwischen 909 und 940 wurden die Fundamente für die echte Wiederbelebung des Mönchtums gelegt, und das in einem großen Gebiet. Es reichte von Cluny in Burgund (909/10) im Nordosten bis Brogne (ca. 920) und Gorze in Lothringen (ca. 933), dann westlich über Fleury, wo die Reliquien des heiligen Benedikt von neuem über die irdische und geistige Wiederbelebung seiner Herde wachten, bis nach Glastonbury in England (940–946): In diesem weiten Raum fanden die Regel des ersten Benedikt und die Verordnungen des zweiten ihren praktischen Niederschlag. Das Klosterleben entstand von neuem und gedieh in mehreren hundert Klöstern in Frankreich, Deutschland, England, Italien und Spanien. Ausmaß und Vielfalt der Formen des Klosterlebens wurden im 12. Jahrhundert erheblich erweitert, als die Zahl der Klöster in die Tausende ging. Vom 10. bis zum Ende des 12. Jahrhunderts wurde die Gründung, Ausstattung und Erhaltung von Klöstern aller Art zum äußeren Zeichen aller Bestrebungen der Frommen, der Laien wie der Geistlichen; viele Männer von bescheidenem

Reichtum und herkömmlicher Frömmigkeit investierten große Summen, oft einen wesentlichen Teil ihres Vermögens, in die Gründung oder Erweiterung eines Klosters, in dem Mönche oder Nonnen bis zum Jüngsten Tag für ihr Seelenheil beten konnten. Hierbei handelt es sich um Tatsachen von großer und dauerhafter Bedeutung sowohl für die gesellschaftliche, kulturelle und wirtschaftliche Geschichte Westeuropas und – wie wir sehen werden – für das Verständnis der politischen Entwicklung als auch um Fakten der Religionsgeschichte.

Cluny und Gorze im 10. und 11. Jahrhundert

Jene Klöster, die sich im 11. Jahrhundert weiterentwickelten, waren zum größten Teil im 10. Jahrhundert gegründet oder neu gegründet worden; alle betrachteten die Regel Benedikts von Nursia und die Gesetzgebung Benedikts von Aniane als Basis ihres Lebens; alle gingen von einer viel ausgedehnteren Liturgie und von viel weniger Handarbeit aus, als der erste Benedikt vorausgesehen hatte. Zwei im 10. Jahrhundert entstandene Strömungen wirkten auch im 11. und 12. Jahrhundert weiter. Hier in erster Linie der von Cluny ausgehende Einfluss, dessen Bedeutung unaufhaltsam mit jedem Kloster, das seine Bräuche annahm, wuchs; Cluny gedieh unter einer Reihe von außergewöhnlich fähigen und heiligmäßigen Äbten, die außerdem sehr lange lebten: so umfassten der heilige Odilo (994–1049) und der heilige Hugo (1049–1109) zusammen das ganze 11. Jahrhundert. Unter Clunys Einfluss wurden zahlreiche Abteien reformiert. Meistens baten die Prioren Odilo oder Hugo um Mönche, Bücher und Rat; manchmal ergriffen auch die Mönche selbst die Initiative und wandten sich nach Cluny. In den meisten Fällen blieb die Abtei für einige Zeit unter der Zuständigkeit von einem der führenden Männer Clunys oder des Abtes selbst. Schließlich wurden sie, gegen Mitte des 11. Jahrhunderts, wieder unabhängig. Doch obwohl diese Abteien, unter Clunys Schutz reformiert, dem Mutterhaus keine Untertanentreue schuldeten, waren sie von ihm geprägt worden. Ein Besucher erkannte in den Bräuchen, in Liturgie, Musik, manchmal auch in Architektur und Ornamentik Anzeichen dafür, dass Mönche aus Cluny da gewesen waren. Seit der Mitte des 11. Jahrhunderts begann Cluny, große und kleine Klöster anzugliedern, die dann ihre Unabhängigkeit verloren, so dass bis zum Ende des 12. Jahrhunderts für den größten Teil Westeuropas mit Ausnahme von Deutschland in der cluniazensischen Allianz eine Gemeinschaft von vielen hundert Klöstern entstanden war. Dies bedeutete, dass der Abt von Cluny selbst das Oberhaupt aller Gemeinschaften war; ihm mussten die Mönche das Gehorsamsgelübde ablegen. Die von anderen Orden im 12. und 13. Jahrhundert festgelegte konstitutionelle oder parlamentarische Struktur war der unkomplizierten Hierarchie von Cluny fremd.

Rekonstruktionszeichnung der (dritten) Kirche von Cluny (1088 begonnen). Von dieser damals größten Kirche der Christenheit sind nur Teile des Querschiffs mit einem der Türme erhalten.

Viel vom Einfluss Clunys wirkte indirekt, durch Schüler von Äbten oder durch von Cluny reformierte Klöster, die ihre Unabhängigkeit bewahrt oder wiedererlangt hatten. Am deutlichsten lässt sich das in Italien und Spanien erkennen. In beiden Ländern unterhielt Cluny Tochterhäuser. Doch in Italien kam der stärkste Einfluss durch den heiligen Wilhelm von Volpiano, Abt von Fruttuaria. Er war der Führer einer entscheidend von Cluny beeinflussten Bewegung, die die Ordnung und das Gemeinschaftsideal des traditionellen Mönchtums in die Lombardei, vor allem nach Sant' Ambrogio in Mailand, nach Süden bis Farfa und von da bis nach Rom brachte. Dieser Einfluss setzte sich weiter fort nach Dijon, wo Wilhelm bereits Abt von Saint-Bénigne war, von da zur Normandie, wo er die bemerkenswerte Renaissance des Klosterlebens anregte und anführte, deren Zentrum in Fécamp und Jumièges lag, die auch in der Entstehung begriffene Klöster wie Mont-Saint-Michel beeinflussten (siehe S. 236 f.). In Italien hatten die Äbte von Cluny, als Wilhelm mit seiner Arbeit begann, bereits in mehreren Klöstern, darunter in San Paolo fuori le Mura, ihre Bräuche eingeführt. Durch Wilhelm wurde das Gebiet, in dem Clunys Einfluss vorherrschte, entscheidend vergrößert und erweitert. Unter dem direkten Einfluss des Abts von Cluny wurde im Laufe des 11. Jahrhunderts in Italien eine Reihe von Klöstern wiedergegründet oder wiederhergestellt. Aber die am weitesten verbreiteten Bewegungen der cluniazensischen Reform waren von der Autorität Clunys unabhängig: Monte Cassino selbst, Heimat des heiligen Benedikt, wurde unter Abt Desiderius, am Ende seines Lebens Papst Viktor III. (1086–87), ein Mittelpunkt von monastischem Einfluss und Künstlertum. Nach der Bildung des normannischen Reiches in Süditalien und Sizilien Mitte und Ende des 11. Jahrhunderts entstand in La Cava dei Tirreni, nicht weit von Salerno, ein neues monastisches Zentrum, von Cluny zwar beeinflusst, aber nie davon abhängig. Anfang des 12. Jahrhunderts zählten zu dieser Kongregation etwa 75 Klöster, darunter einige, die an die Stelle der griechischen Gemeinschaften in Süditalien getreten waren, und solche, wie San Paolo in Rom, die vorher unter dem Einfluss von Fruttuaria gestanden hatten.

Ein ähnliches Aufeinandertreffen von direkten oder indirekten Einflüssen Clunys und anderer Hauptzentren klösterlicher Bewegung weiter im Norden finden wir im 10. und 11. Jahrhundert in den christlichen Königreichen Nordspaniens und im spanisch-französischen Grenzland. So wurden zum Beispiel Ende des 10. Jahrhunderts die Abteien Lézat und Cuxa (heute Südfrankreich), auf unterschiedliche Art bereits von Cluny beeinflusst, Zentrum einer unabhängigen Kongregation, und Anfang des 11. Jahrhunderts verband sich Cuxa mit Ripoll zur Oberleitung eines kleinen Klosterreiches, geführt von Oliba, Abt beider Klöster, auf den die Gründung von Saint-Martin-du-Canigou und Montserrat zurückgeht. Kurze Zeit später verpflichtete der König von Navarra einen in Cluny vorbereiteten Abt für San Juan de la Pena. Später im 11. Jahrhundert gewannen Cluny und das Tochterkloster Moissac in Südfrankreich, eines der größten cluniazensischen Klöster, einen direkten Einfluss in Spanien; doch die wirkliche Nachfolge von Olibas Kongregation trat jene an, die in den 70er und 80er Jahren des 11. Jahrhunderts unter Bernard de Rodez, Abt von Saint-Victor in Marseille, und seinem Bruder Richard, der ihm als Abt folgte und Kardinal wurde, entstand. Beide bewunderten Cluny, waren aber nicht von Hugo abhängig. Aber Richard ging in seinem Streben nach Ausdehnung seiner Herrschaft zu weit, und einige der von ihm abhängigen Klöster in Spanien erlangten ihre Unabhängigkeit wieder; die Mehrzahl blieb für einige Zeit bei Saint-Victor, das große Kloster Ripoll sogar bis zum Ende des 12. Jahrhunderts. Wir sehen, wie in Spanien genau wie in Italien die direkte oder indirekte Einflussnahme von Cluny zur Bildung einer Reihe von lokalen Zentren und Kongregationen führte, die jene Art des Klosterlebens lebendig erhielten, der Cluny seinen Ruf verdankte.

So hat die Bezeichnung „cluniazensisch“ zwei unterschiedliche Bedeutungen: sie wird korrekt bei jenen Klöstern ange-

Cluny, Gesamtansicht nach einem Stich des 18. Jahrhunderts. Der größte Teil der Gebäude wurde bald nach der Aufhebung der Abtei während der Französischen Revolution zerstört.

wandt, die Cluny unterstanden; die Bezeichnung ist jedoch genauso korrekt bei jenen Klöstern, die ihre Unabhängigkeit bewahrten oder wiedererlangten, aber dennoch die Bräuche Clunys aufgenommen hatten.

Die andere prägende Strömung ging von Lothringen aus, vor allem von dem großen Kloster Gorze in der Nähe von Metz. Anfang des 12. Jahrhunderts waren über 160 Klöster von Gorze und seinen Tochterhäusern reformiert worden. Indirekt reichte die Bewegung freilich noch weiter, und in der monastischen Wiederbelebung Mitte und Ende des 10. Jahrhunderts in England trafen Bräuche und Einflüsse von Cluny und Gorze aufeinander. Dort vermischten sie sich im Werk der heiligen Dunstan, Ethelwold und Oswald mit lokalen Bräuchen und heimatlicher Tradition, doch hatte das Mönchtum von Glastonbury, Abingdon, Winchester und Worcester sichtlich das gleiche Grundmuster wie das von Cluny und Gorze.

Von England abgesehen, ist es im Großen und Ganzen richtig, dass bis etwa zum Jahr 1050 die damalige Grenze zwischen Frankreich und Deutschland den Einflussbereich Clunys von dem von Gorze trennte. Der wesentliche Grund hierfür scheint politischer Natur gewesen zu sein. Die Gönner fast aller dieser Abteien waren Könige oder Fürsten. Erst Ende des 11. und im 12. Jahrhundert war es auch für weniger hoch stehende Männer wie Barone, Ritter und Bürger üblich, Klöster zu gründen und die Rolle des Patrons zu spielen. Im 10. Jahrhundert hielten die deutschen Könige bzw. Kaiser ihre Abteien fest in der Hand, während jene außerhalb ihrer Grenzen, vor allem Klöster wie Cluny, die abseits jeglichen Machtbereichs eines Königs oder Fürsten in Frankreich lagen, eine traditionelle Unabhängigkeit entwickelt hatten. Cluny selbst besaß von Anfang an ein beträchtliches Maß an weltlicher Freiheit und machte sich nach und nach von jeglicher Macht mit Ausnahme der des Papstes frei; anders ausgedrückt, das Kloster wurde in direkter Abhängigkeit vom Papst gegründet und war im Laufe der Zeit in der Lage, aus seinem Status die nahe liegenden Konsequenzen zu ziehen. Die deutschen Könige unterhielten eine enge persönliche Beziehung zu den Äbten Odilo und Hugo, doch das Schema cluniazensischer Unabhängigkeit war ihnen fremd. Deshalb richteten sie hinsichtlich ihrer eigenen Klöster den Blick nach Lothringen, das Teil ihres Reiches war. Gorze und seine Anhänger entwickelten ein System von äußeren Beziehungen, das von König und Fürsten wesentlich abhängiger war, als das bei Cluny der Fall war.

Eine zentrale Gestalt des Mönchtums in Deutschland war an der Wende vom 10. zum 11. Jahrhundert der heilige Godehard, Abt von Niederaltaich und Tegernsee, der durch die Lauterkeit seiner Observanz auf viele weitere Klöster einwirkte. Gegen Ende seines Lebens ließ er sich in Niederaltaich nieder, um, wie sein Biograph berichtet, dort seine Tage zu beschließen. Eines Nachts, nachdem er viele Stunden in Gebet und Andacht verbracht hatte, zog er sich bei Tagesanbruch in seine Zelle zurück und legte sich für eine kurze Ruhepause auf sein Lager. Sein Schlaf wurde von einem Traum gestört, in dem er in der Mitte des Klostergartens einen großen Olivenbaum sah, unter dem er selbst lesend saß; bald kamen Boten von König Heinrich II. (1002–24), die aussagten, ihr Herr habe sie geschickt, um den Baum auszugraben und für ihn fortzuschaffen. Obwohl sie auf außergewöhnlich tiefe Wurzeln und andere Schwierigkeiten stießen, wachte der Abt mit dem Empfinden auf, dass er sich bald selbst entwurzelt fühlen werde. Und so war es, Heinrich II. bestand darauf, dass er Bischof in Hildesheim würde, und als Bischof diente er sowohl dem Mönchtum seiner Zeit als auch dem König. In der Verbindung dieser beiden Rollen erwies sich Godehard als ein treuer Schüler von Gorze und des deutschen Mönchsethos seiner Zeit; so waren die Beziehungen zwischen König und Klosterreformern unter Heinrich II. besonders eng.

Seit der Mitte und gegen Ende des 11. Jahrhunderts bedeutete die französisch-deutsche Grenze nicht mehr die Trennung von Cluny und Gorze; es entstand von Cluny aus eine der mächtigsten klösterlichen Reformbewegungen des Jahrhunderts mit dem Zentrum in Hirsau im Schwarzwald, dessen Gründer ein Schüler des heiligen Hugo von Cluny war. Doch bedeutete der Einfluss Wilhelms von Hirsau nicht notwendigerweise das Abflauen der von Gorze ausgegangenen älteren Tradition, denn in vielen Teilen Deutschlands hieß Untertanenpflicht dem König gegenüber immer noch Festhalten an der von Godehard angeregten Art des Mönchtums; so wandte sich jener loyale Graf, der 1093 Maria Laach gründete, wegen der zur Gründung erforderlichen Mönche und Klosterbräuche an St. Maximin in Trier, ein nach dem Muster von Gorze geformtes Kloster.

Die Unterschiede zwischen Cluny und Gorze waren hauptsächlich äußerlich. Ihr inneres Leben spiegelte immer noch die auf der Regel des heiligen Benedikt basierenden Bräuche des 9. und 10. Jahrhunderts wider.

4 Klosterleben: Arbeit und Gebet

Der Tagesablauf

Was taten die Mönche? Wie verbrachten sie ihr Leben? In erster Linie widmeten sie einen großen Teil ihrer Zeit dem gemeinsamen Gottesdienst in der Klosterkirche; in einigen Epochen war das in manchen Gemeinschaften fast die ganze Zeit, die neben Essen und Schlafen übrig blieb. In allen Gemeinschaften, die sich in irgendeiner Weise dem heiligen Benedikt und seiner Regel verpflichtet fühlten, wurde der Tagesablauf vom Gottesdienst beherrscht. Von kurz nach Mitternacht bis zum späten Abend läutete die Glocke alle ein bis zwei Stunden, um die Mönche zum Offizium zu versammeln, zur Rezitation von Psalmen, Hymnen, Gebeten und zu Bibellesungen: nachts zur *Matutin*[1], in den frühen Morgenstunden zur *Prim*, etwa zwei Stunden später zur *Terz* (der „dritten Stunde"), um Mittag zur *Sext* (der „sechsten Stunde"), am frühen Nachmittag zur *Non* (der „neunten Stunde"), am frühen Abend zur *Vesper*, etwas später zur *Komplet*. Die Zeiten sind hier absichtlich ungenau angegeben. Es wäre zwar möglich, die Tageszeit, zu der die Gebetsstunden entsprechend der Regel abgehalten werden sollten, genau anzugeben, was aber diese Zeiten in den Jahrhunderten, ehe die Uhr (wie wir sie kennen) erfunden wurde, wirklich zu bedeuten hatten, lässt sich nicht sagen; außerdem haftet allen Bräuchen des Mittelalters eine naturgegebene Unbestimmtheit an. Es gab damals Sonnenuhren und Stundengläser, doch wie weit sie benutzt wurden, ist ein unlösbares Rätsel. In der Praxis zeigte für die meisten Mönche fast immer die Glocke die Stunde des Tages an, und es wäre falsch, von Genauerem als diesem ziemlich regelmäßigen

Glockenschlag auszugehen, der einen sehr gleichmäßigen Tagesablauf bestimmte.

Im Winter kann ein Klostertag etwa zwischen 2 Uhr morgens und 6.30 Uhr abends angesetzt werden.[2] Dies bedeutete auf jeden Fall einen frühen Beginn und einen langen, jedoch nicht ungebührlich langen Tag. Es bedeutete frühes Aufstehen, aber ein Ende des Tages bald nach Sonnenuntergang, wenigstens in den Mittelmeerländern. Der Einfluss des Südens macht sich im Sommerstundenplan noch deutlicher bemerkbar, denn von Ostern bis Mitte September war in der Regel am frühen Nachmittag eine Siesta vorgesehen, dafür der Abend länger. Der vielleicht eigenartigste Punkt ist die Einteilung der Mahlzeiten. Im Winter und zur Fastenzeit war nur eine erlaubt, gegen zwei Uhr nachmittags im Winter, am Abend (um halb sechs oder sechs Uhr) in der Fastenzeit; im Sommer gab es zwei Mahlzeiten, mittags und abends. Die Grundnahrungsmittel waren Eier, Fisch und Käse, Bohnen, Milch und Honig, mit vielen Abwandlungen je nach Zeit und Ort. Fleisch hatte der heilige Benedikt verboten, doch war die Ansicht weit verbreitet, dass er Vögel in dieses Verbot nicht eingeschlossen hatte; und bis zum 11. Jahrhundert hatte sich bereits eine Reihe besonderer Erleichterungen eingeschlichen. Man ließ gelten, dass sehr junge Mönche und solche, für die das Fasten ernsthafte Schwierigkeiten bedeutete, frühstückten oder wenigstens zwischen Terz und Sext ein Getränk erhielten. Gelegentliche Extramahlzeiten kamen in vielen Klöstern an Sonn- und Feiertagen und bei verschiedenen anderen Gelegenheiten hinzu, die im Laufe der Jahrhunderte immer mehr zunahmen. Am Tisch des Abtes und in der Krankenstation – d. h. dort, wo besondere Gäste und die Kranken verpflegt wurden – war Fleisch im Allgemeinen erlaubt.

Im Refektorium wurde damals wie heute von einer Kanzel oder einem Lesepult aus ein erbauliches Buch vorgelesen. Die Mönche durften nicht sprechen – das Schweigegebot galt für den ganzen Tag, ausgenommen zu gewissen Zeiten an bestimmten Orten und bei Gebet, Lobgesängen und Belehrungen in Kirche, Kapitelsaal, Refektorium und Kreuzgang. So musste eine komplette Zeichensprache erfunden werden, damit sich die Mönche untereinander verständigen konnten, ohne das Schweigen zu brechen. Das übliche Zeichen für Brot war ein aus Daumen und zwei Fingern beider Hände gebildeter Kreis, denn Brot (so heißt es) war meist rund; ein Finger unter das Auge gelegt bedeutete Kirschen.

Mit Ausnahme der kurzen Periode für die Mahlzeiten war der Tag des Mönches zwischen Gebet, gemeinschaftlichem und privatem, und Arbeit aufgeteilt. „Müßiggang ist der Feind der Seele", schrieb Benedikt, „deshalb sollen sich die Brüder zu gewissen Zeiten mit manueller Arbeit, zu anderen Zeiten mit geistlicher Lektüre beschäftigen" (Kap. 48). Es wird klar, dass er von einer Ordnung ausging, in der sich gemeinsamer Gottesdienst, private Gebete und Lektüre und manuelle Tätigkeiten in etwa die Waage hielten; und mit der Interpretation dieses schlichten Satzes beschäftigt sich in der Klostergeschichtsschreibung eine Vielzahl von Passagen.

Gehen wir zunächst von drei möglichen Betrachtungsweisen der Arbeit aus.[3] Man kann sie ganz einfach als eine zu erledigende Tätigkeit, wie Kochen oder Abspülen, ansehen; etwas, was für das Bestehen eines jeden Haushalts wesentlich ist, aber nicht unbedingt mehr als das. Man kann eine Art des Zeitvertreibes darin sehen, um Langeweile oder Müßiggang zu vermeiden. Oder man sieht darin etwas Heiliges: Hand und Verstand werden in den Dienst einer erhabenen Sache gestellt. Nun wird auch klar, dass die Worte des heiligen Benedikt, geht man von der dritten Annahme aus, von überragender Bedeutung sein müssen. Ebenso klar ist aber auch, dass es Benedikt nie in den Sinn kam, die Arbeit auf eine solche Weise zu interpretieren. In dem Abschnitt wird Arbeit als das Vermeiden von Müßiggang beschrieben, auch ist sie offensichtlich dazu gedacht, etwas Abwechslung in den Tag zu bringen, um die tiefe Monotonie zu verhindern, die ein zu gleichmäßiger oder starrer Tagesablauf nach sich ziehen kann. Doch Benedikt versteht die Arbeit auch als etwas, was notwendig ist, was getan werden muss; und es scheint, dass er dabei hauptsächlich an die Aufgaben einer Gemeinschaft denkt. Er dachte dabei nicht daran, dass die Mönche sich vollkommen selbst erhalten, also das Land bestellen, die Wolle selbst gewinnen, das Garn spinnen und den Stoff für ihre Kleidung weben sollten. Es lag ihm daran, dass die notwendigen Aufgaben erledigt wurden und dabei etwas Abwechslung in den Klostertag kam.

Wenn man sich von den kleinen, armen Gemeinschaften, für die Benedikt geschrieben hatte, zu den großen, vielseitigen und reichen Abteien des 11. Jahrhunderts wendet, so wird ohne Weiteres klar, warum dieses Kapitel auf eine Weise interpretiert wurde, die sich von Benedikts Absicht wesentlich unterschied. Ein großes Heer von Klosterbediensteten und eine verhältnismäßig große Zahl von Spezialisten für die verschiedenen administrativen und Routinearbeiten in der Gemeinschaft vorausgesetzt, blieb für die Mehrzahl der Mönche wenig wirklich notwendige Arbeit übrig. Gleichzeitig musste durch die Entwicklung einer ausgedehnteren Liturgie und Kirchenmusik ein größerer Teil des Tages in der Kirche verbracht werden.

Über diesen Ablauf gibt es aus dem 11. Jahrhundert viele Zeugnisse, von denen aber keines vollkommen ist und alle Lücken aufweisen; mit Abstand das Beste sind hierbei die Beschreibungen der Bräuche von Cluny. Um 1075 besuchte ein Mönch aus Cluny namens Ulrich die Abtei Hirsau; er wurde von Abt Wilhelm eifrig über die Bräuche von Cluny ausgefragt. Nach seiner Rückkehr schrieb Ulrich den ausführlichsten der erhaltenen Berichte über Clunys Bräuche nieder. Für uns ist er in doppelter Hinsicht interessant, da er nicht nur praktisch alle Aspekte des klösterlichen Lebens in der Abtei beleuchtet, sondern auch sehr deutlich zeigt, wie ein Kloster das andere beeinflusste, wie die Bräuche des traditionellen Mönchtums weitergegeben wurden.

Ein großer Teil von Ulrichs Buch beschäftigt sich mit der Beschreibung von Ritual und Liturgie in Cluny. Zunächst beschreibt er die festen Zeiten von dem Augenblick an, wenn mitten in der Nacht die Glocke zur Matutin läutete, wenn die

Mönche aufstanden, sich anzogen und durch das Kloster in die Kirche gingen; er beschreibt, wie das Offizium gesungen wurde, wie einer der Brüder mit einer Laterne herumging, um nachzuprüfen, ob keiner in seiner Zelle weiterschlief. Dann behandelt er den weiteren Verlauf des Tages, die Vorbereitungen zur Messe, das heißt für die beiden Messen, an denen die ganze Gemeinschaft teilnahm, und die privaten Messen jener Mönche, die Priester waren. Danach wendet er sich dem Kirchenjahr zu und schildert die Vielfalt von Festen und Fastentagen, angefangen von der Karwoche durch das Jahr bis zur nächsten Fastenzeit. Die rituelle Prachtentfaltung gleicht einem Pendel, das vom Extrem des Prunks der großen Feste zum anderen Extrem der Schlichtheit in der Fastenzeit schwingt. In dieser Zeit wurden Zierat, Kruzifixe, Kandelaber und Reliquienschreine hinter Vorhängen verborgen, und das prächtige goldene Antependium des Hochaltars wurde mit einem Tuch aus weißem Leinen verhängt. Am Abend des Karsamstages wurde die Kirche mit Wandbehängen und Teppichen verkleidet und aller Schmuck wieder an seinen Ehrenplatz gebracht; an Ostern und Weihnachten wurden fast 500 Kerzen angezündet, der Altar mit Kerzen und Ornamenten verziert.

Ulrich gibt unumwunden zu, dass der Gottesdienst in der Kirche einen großen Teil von Tag und Nacht in Anspruch nahm. Die Offizien oder Horen bestanden im Wesentlichen aus der Rezitation von Psalmen mit Antiphonen (einer Art Kehrvers), dazwischen Hymnen, Gebete und Lesungen oder Belehrungen. Starb ein Mönch während der Wintermonate, wurde in der darauffolgenden Nacht der ganze Psalter rezitiert; starb er im Sommer, wurde sein Andenken mit 100 Psalmen ausreichend in Ehren gehalten. Selbst wenn man davon ausgeht, dass der Gesang kaum langatmig war – in mittelalterlichen Verfügungen werden die Klosterchöre immer wieder gerügt, weil sie zu schnell seien –, so war das doch eine Marathonübung. Das gleiche galt für manche Lesungen: Ulrich berichtet, dass er das ganze Buch Jesaja einmal in der Adventszeit in sechs Nächten gehört habe. Auf diese Art blieb für manuelle Arbeit wenig Zeit, und nicht einmal viel für private Gebete und geistliche Lektüre.

Es ist klar, dass die Grenze zwischen dem *opus Dei,* dem gemeinsamen Gottesdienst, und den Tätigkeiten des Einzelnen, sei es Lektüre oder Arbeit mit den Händen, neu gezogen worden war. Die Gründe hierfür werfen ein helles Licht auf den Charakter des mittelalterlichen Klosterlebens. Die Gemeinschaft in Cluny zählte in der Mitte des 11. Jahrhunderts etwa hundert Mitglieder; als Hugo 1109 starb, war die Zahl auf dreihundert angewachsen. Alle Bücher wurden damals auf Pergament von Hand geschrieben, waren daher sehr teuer und für unsere Begriffe auch sehr knapp. Im Mittelalter bedeuteten tausend Bände eine große Bibliothek, und wenn hundert oder zweihundert Mönche dasselbe Buch lesen wollten, war das nur durch gemeinsame Lesungen zu erreichen. Die gemeinsamen Lesungen spielten daher im Leben der Mönche eine weit wichtigere Rolle, als wir uns das im Allgemeinen vorstellen. Dadurch wird der Sinn der langen Stunden der Matutin und der feierlichen Lesungen im Refektorium zu den Mahlzeiten klarer. Es gibt sogar eine Liste von Büchern, die während der Fastenzeit in den vierziger Jahren des 11. Jahrhunderts für private Lektüre an 64 Mönche ausgegeben wurden, und diese Liste stellt einen faszinierenden Querschnitt der Zusammensetzung der Bibliothek und des Interesses der Mönche dar: Die Bibel, der heilige Augustinus, Cassian und Gregor der Große stehen für den Grundstock der Literatur des mittelalterlichen Mönchtums; weitere Kirchenväter und Klassiker des frühen Christentums, wie Isidor von Sevilla, sind gut vertreten; außerdem enthält die Liste Biographien von Heiligen, einige geschichtliche Werke einschließlich der Kirchengeschichte von Josephus bis Beda und ein rein weltliches Geschichtswerk, die *Römische Geschichte* des Livius, ein in Klosterbibliotheken freilich selten vertretenes Werk.[4]

Dies zeigt, dass die Lebensordnungen in Cluny ein praktisches Element enthielten und dass die Lesungen im Advent der ganzen Gemeinschaft ermöglichten, Jesaja gleichzeitig zu „lesen", was auf andere Art nicht hätte erreicht werden können. Doch lockerten solche Lesungen die cluniazensische Ordnung nur unwesentlich auf. Denn die religiös bestimmte Lebensform prägte sich in allen Bereichen des Klosterlebens aus, und die Auswirkungen zeigen sich in den Bauten aus dem 11. und 12. Jahrhundert sehr deutlich. Für die Privatsphäre war im Leben dieser Zeit weder bei Reichen noch bei Armen Platz. Ein Bauer lebte mit seiner Familie gedrängt in einem kleinen Haus oder einer Hütte mit nur einem einzigen Raum; der reiche Städter oder Ritter konnte sich etwas mehr ausbreiten, aber höchstens in zwei Räumen; selbst ein großes Schloss bestand im Wesentlichen aus zwei Haupträumen und einer Kapelle ohne irgendwelche Privatzimmer. Lediglich ein Palast umfasste eine Vielzahl an Räumlichkeiten verschiedener Größe, und das nicht deshalb, weil Könige mehr Privatbereich hatten als ihre Untertanen – das war selbst zur Zeit Ludwigs XIV. in Versailles noch kaum so –, sondern wegen der Vielfalt der Verpflichtungen, die wahrgenommen werden mussten. Auf den ersten Blick ist ein Klosterkomplex einem Palast ähnlicher als jedes andere Bauwerk jener Zeit. Dies hing im Wesentlichen mit der Vielfalt an Menschen und Aufgaben zusammen, für die ein Kloster da sein musste. In einem Kloster mussten für Gott, die Heiligen, die Mönche und sie besuchende Laien Bereiche vorhanden sein, in übergeordneter Einheit miteinander verbunden und doch getrennt und klar unterschieden. Zentrum der Wirtschaftsgebäude war der Kreuzgang, in dem viele der Arbeiten erledigt wurden. Es war mit Sicherheit ein Arbeitsraum, aber auch ein rituelles Zentrum. An hohen Feiertagen zog die Gemeinschaft in einer Prozession durch den ganzen Kreuzgang. Jeden Tag zogen die Mönche von der Kirche zum Kapitelsaal. Im Kapitelsaal hörten sie jeden Tag ein Kapitel aus der Regel – daher der Name des Raumes –, hier bekannten sie gewissenhaft ihre Verfehlungen gegen die Gemeinschaft, sie führten Geschäfte formaler Art, gelegentlich hielten sie Diskussionen ab oder hörten einen Vortrag des Abtes oder eines Seniors über das geistliche Leben. Zur Essenszeit versammelten sie sich an der Waschstelle, häufig als Brunnenhaus großartig angelegt und verziert, zur zeremoniellen Handwaschung, der eine ausführliche Danksagung im Refektorium und eine Mahlzeit folgten, die gleichermaßen von der Zeremonie wie von den Speisen beherrscht wurde. Liturgie und Arbeiten waren ineinander übergegangen und der für notwendige Arbeiten zugemessene Teil des Tages war wesentlich gekürzt worden.

Besondere Ämter und die Wirtschaft des Klosters

Immer mehr wurde es üblich, viele Aufgaben Spezialisten zu übertragen und eine Anzahl Mönche aus den vollen liturgischen Verpflichtungen zu entlassen, damit sie sich anderen Erfordernissen widmen konnte. Benedikt war von einer kleinen Zahl von Offizialen unter der direkten Leitung des Abtes ausgegangen: ein Provost oder Prior als Stellvertreter des Abtes, Dekane (wörtlich Männer, denen jeweils zehn Mönche unterstanden) zur Beaufsichtigung einer Gruppe von Mönchen, ein Cellerar (Ökonom), der für alle körperlichen Bedürfnisse zuständig war, und ein Türhüter zur Beaufsichtigung der Tore und der Klausur. Zur Zeit Ulrichs waren diese Offizialen in Cluny zahlreicher und unabhängiger geworden. Der Abt musste häufig abwesend sein, um Tochterklöster zu besuchen, einen Auftrag des Papstes zu erledigen oder sich um Angelegenheiten der Abtei zu kümmern. In seiner Abwesenheit mussten zwei oder mehrere Prioren handlungsbereit sein: einer für die allgemeine Verwaltung der ganzen Klostergruppe, ein zweiter als Klosterprior, zuständig für die wirtschaftlichen Angelegenheiten von Cluny, später außerdem (aller Wahrscheinlichkeit nach) eine ganze Hierarchie von Prioren, an die der Abt seine Verpflichtungen delegieren konnte. Die Dekane von Cluny waren externe Offiziale, die mehrere Güter verwalteten und sich um Nahrungsmittel und Geld für den allgemeinen Fundus der Abtei kümmerten, ferner um das körperliche und geistige Wohl der Klosterbewohner. Dem Klosterprior unterstand eine Gruppe von *circatores,* deren Aufgabe es war, im Kloster herumzugehen, um zu sehen, ob jeder Mönch sich den ihm zugewiesenen Aufgaben widmete. Eine der bedeutendsten Aufgaben hatte der Lehrer, der die jungen Mönche unterrichtete. Die Liturgie der Tagzeiten wurde vom Vorsänger geleitet, er verwaltete auch alle Bücher, nicht nur die Gesangbücher, sondern auch jene in der Bibliothek – im Bücherschrank, wie sie genannt wurde, was uns wieder daran erinnert, welch bescheidenen Raum eine Bibliothek sogar in einer so großen Abtei wie Cluny in jener Zeit einnahm. Der Kämmerer und seine Gehilfen kümmerten sich um Kleidung, Waschen und Rasur der Mönche. Der Kleiderstoff wurde schon gewebt und eingefärbt gekauft[5] und in der Abteilung des Kämmerers zugeschnitten und genäht. Er überwachte auch die gelegentliche Wäsche der Mönchsgewänder. Die Rasiermesser wurden, unter seiner Aufsicht von einem Mönch in einer Kiste eingeschlossen, im Kreuzgang neben der Tür zum Dormitorium aufbewahrt. Zur vereinbarten Zeit stellte er eine Gruppe von Mönchen in zwei Reihen auf, eine, die rasierte, und eine, die rasiert wurde; begleitet wurde dieser Vorgang von der Rezitation von Psalmen. Normalerweise rasierten sich die Mönche einmal wöchentlich. „Zum Baden", sagte Ulrich offen, „können wir nicht viel sagen, denn wir baden nur zweimal im Jahr, vor Weihnachten und vor Ostern."[6]

Die wichtigste Person in der Verwaltung der Abtei und für das irdische Wohlergehen war eindeutig der Cellerar, der über die größte Gehilfenschar verfügte: ein Hauptassistent oder Hilfscellerar; ein Vorratsmeister, der sich um die Belieferung der Nahrungsmittelvorräte und ihre Lagerung kümmerte und für das Brotbacken zuständig war; ein Verwalter des Weins, der den Transport des Weines aus den ausgedehnten Weingütern der Abtei sowie Lagerung und Verwendung innerhalb der Abtei beaufsichtigte; der Gärtner und der Verwalter des Fischteichs; der Küchenmeister war für Küche und Mahlzeiten zuständig, weitere Offizialen leiteten Gästehaus und Stall. Auch die Aufgaben von zwei weiteren wichtigen Offizialen werden von Ulrich beschrieben: die des Almosenpflegers und des Krankenpflegers. Der Almosenpfleger war für die Armenfürsorge in der Umgebung der Abtei zuständig, und da ein Großteil ihrer Einkünfte aus dem Zehnten der unter ihrer Verfügungsgewalt stehenden Gemeinden stammte und der Zehnte sowohl zur Unterstützung der Armen als auch für den Unterhalt der Geistlichkeit gedacht war, sollte der Almosenpfleger wenigstens theoretisch nicht unerhebliche Mengen an Geld, Nahrungsmitteln und Kleidung zur Verfügung gehabt haben.[7] Wie viel es wirklich war, lässt sich heute unmöglich sagen; in Zeiten der Knappheit und in späteren Jahrhunderten wurde aus den verschiedensten Gründen hier immer schnell eingeschränkt. Auch mit dieser Aufgabe wurde ein Element des Rituals verbunden: Aus dem Brauchtum der meisten Klöster geht hervor, dass es ebenso Aufgabe des Almosenpflegers war, arme Männer für die rituelle Fußwaschung und Bedienung durch die Mönche am Gründonnerstag zu finden, wie praktische Hilfe zu leisten. Immerhin hat Ulrich über praktische Angelegenheiten viel zu berichten, und man kann davon ausgehen, dass der Almosenpfleger eine schwere und wichtige Aufgabe hatte, da in einer derartigen Gesellschaft viele Menschen von der Barmherzigkeit abhängig waren, und dass die Barmherzigkeit in Cluny zur Zeit des heiligen Hugo groß geschrieben wurde. Im Krankensaal lebten kranke Mönche und einige andere, die aus verschiedenen Gründen vom vollen Klosterleben befreit waren; zudem hatten alle Mönche etwa einmal im Monat einen Aderlaß und einen Ferientag, an dem sie die weniger strenge, entspanntere Lebensform des Krankensaales genießen konnten, wo es Fleisch zu essen gab und man sich nur an verkürzten Gebetszeiten beteiligen musste.

So umfangreich dieser Verwaltungsapparat im Vergleich zu den in Benedikts Regel beschriebenen Offizialen auch erscheint, so ist der von Ulrich aufgestellte Katalog doch unvollständig. Denn er sagt wenig über den Mesner, der für die Kirche, deren Textilien und Zierat zuständig war – was darauf hindeutet, dass diese bescheidener waren als jene, die später in großen benediktinischen und cluniazensischen Gemeinschaften in Gebrauch waren. Es ist überdies klar, dass es sich bei den Offizialen in Cluny zur Zeit Ulrichs nicht um unabhängige Gutsherren handelte, wie es später oft üblich war.

Auch eine gewisse Einfachheit im Wirtschaftsleben Clunys in jener Zeit ist interessant zu betrachten. Als Grundbestand wurden gebraucht: Getreide, vor allem Weizen, Bohnen, Milch,

Butter, Käse und Honig; Wachs für Kerzen; Stoff für Bekleidung; Schaf- und Schweinshaut für Pergament; Holz und Stein für Bauten und Möbel. In Weinbaugebieten, wie zum Beispiel im Herzen des Mâconnais oder, für Hirsau, am Rande des Schwarzwaldes, gab es Weinberge und Trauben. Von den großen Gütern in der Nähe der Abtei kamen Getreide und Wein in den zur Versorgung einer großen Gemeinschaft nötigen enormen Mengen; die Produkte von weiter entfernt liegenden Gütern erreichten die Abtei in Form von Geld, mit dem andere notwendige Dinge gekauft werden konnten. Bohnen und jene Gemüse, die man im 11. Jahrhundert kannte – zum Beispiel Zwiebeln und Lauch, nicht aber Kohl und Kartoffeln, die später entdeckt wurden –, wurden im Klostergarten und auf den eigenen Bauernhöfen gezogen; Milch in begrenzter Menge kam wahrscheinlich von Kühen und Ziegen aus der Umgebung, ebenso Butter und Käse. Bei der Erforschung der wirtschaftlichen Verhältnisse von Cluny war man über das Fehlen von Schafen oder anderen Viehherden erstaunt.[8] Dies scheint zum Teil mit dem Fehlen von Fleisch auf dem Speiseplan zusammenzuhängen und mit der Gewohnheit der benediktinischen und cluniazensischen Gemeinschaften im 11. und 12. Jahrhundert, Stoff fertig zu kaufen; das bedeutete aber auch, dass der Großteil der Tiere, deren Haut das Pergament lieferte, gekauft werden musste, und das zweifellos zu einem hohen Preis. Kerzen für die Klosterkirche wurden im Mittelalter wahrscheinlich aus reinem Bienenwachs hergestellt, und Honig wurde ausgiebig zum Süßen der Speisen verwendet, ehe im 15. Jahrhundert die Zuckereinfuhr begann; deshalb waren Bienen und Bienenstöcke für die Versorgung des Klosters wichtig. Lebenswichtig waren in jeder großen Gemeinschaft auch die Fischteiche, die eine Abwechslung zum gesalzenen Fisch boten, der auf dem Speisezettel des Klosters eine wichtige Rolle gespielt zu haben scheint – allerdings wären die Fischteiche wahrscheinlich sehr schnell geleert gewesen, hätte gesalzener Fisch aus weiter entfernten Gewässern nicht zur Verfügung gestanden; denn selbstverständlich konnte frischer Fisch damals nicht über weite Strecken transportiert werden.

a. Gastfreundschaft:
Fußwaschung bei einem Engel.

b. Bauen mit Hilfe der Engel.

c. Unterricht.

d. Predigt.

Szenen aus dem Mönchsleben – aus der Lebensbeschreibung des Mönches Cuthbert (7. Jahrhundert) von Beda Venerabilis (gest. 735).

Die größte Last trug der Sakristan: Ihm oblag die Betreuung des Kirchengebäudes, des Schatzes und der Ausstattung der Kirche. Er hatte auch die Verantwortung für eine der größten Einkommensquellen: die Spenden von Besuchern, Wallfahrern, Freunden und Gönnern. Betrachten wir seine Arbeit und stellen uns das Heer von Gehilfen vor, das er gebraucht haben muss, als die große Kirche neu gebaut wurde, und betrachten wir die vielfältigen Beziehungen zwischen dem Mesner und den vielen anderen führenden Mönchen, den Zimmermeistern und all jenen, die Holz zusägten, Steine trugen, alle anderen nötigen Materialien brachten, anpassten und in das neue Bauwerk einfügten, dann sind wir fast versucht zu glauben, dass das sichtbare Gebäude so gewichtig geworden war, dass viele Mönche dadurch von Gottesdienst und Gebet – und dafür war das ja alles da – abgelenkt wurden.

Cluny, das neue Mönchtum und die „Renaissance des 12. Jahrhunderts"

Freilich wäre eine solche Deutung eine oberflächliche Betrachtungsweise der Dinge, denn das Gefühl von Frömmigkeit, die Bedeutung und Ausstrahlung von Cluny wurde von vielen Besuchern im 11. und 12. Jahrhundert tief empfunden. Ohne Zweifel war es durch die starke Zunahme an Mitgliedern in Hugos späteren Jahren nicht leicht, diesen Wertmaßstäben weiterhin gerecht zu werden. Außerdem folgte kurz nach Hugos Tod im Jahr 1109 eine Krise der Abtei, denn sein Nachfolger, Abt Pontius, erwies sich als Versager. Die katastrophale Entwicklung unter Abt Pontius fiel zusammen mit der wachsenden Herausforderung durch eine neue monastischen Bewegung des frühen 12. Jahrhunderts, und sein Nachfolger Petrus Venerabilis (1122–56) hatte an zwei Fronten zu kämpfen – einmal gegen Zerrüttung und Verfall im Innern, dann gegen heftige Kritik von außen. Kritik kam vor allem von den neuen Orden, und Bernhard von Clairvaux ergoss in seiner jugendlich leidenschaftlichen *Apologia* seinen ganzen Zorn über Cluny.[9] Bernhard wirft den Cluniazensern vor, zu reich zu sein, zu gut zu leben, ihre Kirchen mit absurden Ornamenten zu schmücken und die Berufung ihrer Novizen nicht zu prüfen oder sie vor der Aufnahme nicht ausreichend zu belehren. Dies ist zweifellos eine kurze und vergröberte Darstellung eines großen Streites, doch sie gibt unmittelbar einige wesentliche Elemente Clunys wieder, wie es unter Hugo gewesen und unter Petrus geblieben war. Zunächst herrschte auch in Cluny eine herkömmliche Lebensweise, im Lebensstandard nicht so sehr verschieden von der harten, unbequemen Welt des 11. Jahrhunderts. Als der Lebensstandard im 12. Jahrhundert anstieg, zeigte sich der Unterschied zwischen den asketischen Zisterziensern und der luxuriöseren Lebensweise der weltlichen Aristokratie deutlicher, die Cluniazenser dagegen waren in gewissem Maß versucht, letzterer nachzueifern. Das Leben der Cluniazenser hatte eine traditionsgebundene Form, zwar auf der Regel Benedikts basierend, jedoch mehr noch auf Brauchtum und einem weitläufigen Ritual aufgebaut, das den meisten Mitgliedern wenig Zeit ließ, ein Leben des Gebets oder des Geistes zu führen.

Fragen wir jedoch, wer die besseren Argumente hatte, Bernhard oder Petrus, so muss die Antwort lauten: beide. Petrus Venerabilis leitete eine Reihe von Reformen ein, um Bernhards scharfer Kritik dort zu begegnen, wo sie nicht zu widerlegen war; Bernhard war seinerseits von der grenzenlosen Güte und dem diplomatischen Geschick des Petrus angetan, so dass sie eine enge, ja vertraute Freundschaft verband.

Vielleicht sollte man annehmen, dass Vielfalt und Zahl der nach Cluny kommenden Novizen zu Beginn des 12. Jahrhunderts zurückgingen. Das Kloster war nicht mehr seiner Zeit voraus, gehörte nicht mehr zu den Führern monastischer Bewegungen; es repräsentierte die alte Welt. Wenigstens scheint es uns so. Doch das Gegenteil ist richtig. Im 11. Jahrhundert war Cluny berühmt gewesen für seine Pracht und seine Frömmigkeit; unter dem heiligen Abt Hugo hatte es einen machtvollen Aufschwung erlebt. Doch hatte es bis zum Ende des

Jahrhunderts keinen Ruf als ein Zentrum von Literatur oder Kunst; diesen Ruf gewann Cluny erst für eine gewisse Zeit in Hugos späteren Jahren und unter Petrus. Jedoch sollte das Kloster wohl mehr als Förderer denn als Zentrum der Kunst gelten; das wenige, das von Cluny erhalten ist, und die Schätze von Vézelay geben einen Aspekt der Erneuerung im 12. Jahrhundert großartig wieder (siehe S. 122–126). Cluny war in den Jahren um 1070 kein bedeutender geistiger Mittelpunkt; es war Ausgangspunkt einer bestimmten Lebensweise von großem Ruf, und bei den aus Cluny stammenden Büchern, wie dem Ulrichs, handelt es sich um praktische Abhandlungen über diese Lebensweise. 1140/41 wurde Cluny die letzte Zuflucht für Abaelard; obgleich dessen Theologie mit Cluny und dem Klosterleben wenig zu tun hatte, ist es sowohl für das weit reichende Interesse wie für die Güte von Petrus Venerabilis kennzeichnend, dass Abaelard nach dem Unglück seiner letzten Verurteilung hier einen sicheren Hafen fand.

Petrus Venerabilis war ein Theologe von beachtlichem Format. Wie er in seinem ausgefüllten Leben, zwischen der aufreibenden Tätigkeit in Cluny und seinen langen Reisen durch die cluniazensische Welt, vor allem in Frankreich, Italien und Spanien, überhaupt zum Schreiben Zeit fand, scheint ihn ebenso gewundert zu haben, wie es uns überrascht. Er hatte keinen schöpferischen, aber einen umfassenden Verstand; als Theologe studierte er intensiv den Islam – er gab die erste Übersetzung des Korans ins Lateinische in Auftrag – und Irrlehren jener Zeit. Sein Ziel war, Moslems und Ketzer zu widerlegen; bemerkenswert ist dabei jedoch, dass er sich in jener Zeit überhaupt die Mühe machte, sich mit ihnen zu beschäftigen, und dass auch ihnen gegenüber etwas von jener Güte zum Ausdruck kam, durch die er die Freundschaft von Bernhard von Clairvaux und Peter Abaelard gewonnen hatte.

Das Großartige an seinem menschlichen Einführungsvermögen kommt vor allem in den Briefen von Petrus Venerabilis zum Ausdruck. Sie sind wortreich und überladen, erinnern an Bernhards Darstellung von Clunys Speiseplan und lassen sich daher nur schwer übersetzen. Doch lässt sich in den endlosen Passagen ein Geist voll außergewöhnlichem Mitgefühl und Verständnis erkennen. Am eindrucksvollsten ist ein langer Brief, fast eine Abhandlung, an Bruder Gilbert, einen Eremiten, der in enger Verbindung zu Cluny oder einem seiner Tochterklöster stand. In jedem Punkt zeigt Petrus Verständnis sowohl für die Unterschiede als auch für das Gemeinsame im Eremitenleben und dem Leben in einer großen Gemeinschaft. Beide Formen sieht er im Wesentlichen als Ausdruck des geistlichen Lebens, das zwischen Erde und Himmel angesiedelt ist. Er umreißt vier Elemente im Leben des Eremiten – Gebet, Meditation, geistliche Lektüre und Arbeit. Der Einsiedler kann keine Bäume pflanzen, nicht seine Pflanzen gießen oder sich auf andere Art der Landwirtschaft widmen; denn er ist in seiner Zelle eingeschlossen. So widmet er sich der nützlicheren Aufgabe (*quod est utilius*) des Bücherabschreibens und pflegt damit die Früchte des Geistes und das erhabene Brot der Seele.[10]

Die Eremiten, die in Verbindung mit Cluny lebten, gaben dem Klosterleben Vielfalt und fügten in den Augen mancher seinem Charakter und seiner Anziehungskraft eine neue Dimension hinzu. Für andere bedeutete der scharfe Gegensatz zwischen der Lebensweise einer Einsiedelei und einer Gemeinschaft eine Herausforderung, die sie nach neuen Formen des religiösen Lebens suchen ließ. So wuchsen die ersten Triebe des neuen Mönchtums dort weiter, wo der Einfluss der Eremiten tiefgreifend und verbreitet war.

5 Die Eremiten

Der Einfluss Italiens im 11. Jahrhundert

Das Leben in Cluny war ein kontinuierlicher Kreislauf von Arbeit und Gebet in Gemeinschaft: Alles geschah regelmäßig und würdevoll, jedoch ohne Privatsphäre und ohne große Möglichkeiten zu individueller geistlicher Entwicklung oder persönlichem Bemühen. In der Praxis zeigt sich durch die Verschiedenartigkeit der Männer, die unter dem Einfluss Clunys standen, eine größere Vielfalt der Lebensweise, als die Bräuche vermuten lassen. In den Hügeln der Umgebung gab es Einsiedeleien für jene, die sich zu einem Leben in der Einsamkeit berufen fühlten.

Jede Klostergemeinschaft, die von der antiken Literatur über das religiöse Leben Notiz nahm, musste wissen, dass es in der Wüste begonnen hatte und dass Cassian und Benedikt in ihren Lebensregeln auch Raum für jene wenigen gelassen hatten, die sich der göttlichen Allgegenwart auf einsamere und heroischere Art nähern wollten. Das Ideal der Anachoreten war nie ganz in Vergessenheit geraten; in fast allen Gebieten Westeuropas, wo im Mittelalter das Klosterleben in Blüte stand, gab es Eremitengruppen – in Irland, England, Frankreich, Deutschland und der Schweiz; vor allem aber in Italien.

Die Wüste Ägyptens oder Nordafrikas war für sie zwar nicht erreichbar, doch ist mit dem Begriff Wüste im Sinne von Einöde jeder abgeschiedene, unbewohnte Ort gemeint, und so suchten und fanden die Mönche die Einöde auf den Gipfeln der Berge, in Tälern, auf kleinen Inseln und in anderen abgeschiedenen Gegenden Westeuropas. Der Beitrag Italiens zu den monastischen Bewegung im Hochmittelalters ist leicht zu unterschätzen. Die meisten Klöster, nach denen die religiösen Orden benannt wurden, standen in Frankreich oder (so wie damals die Grenzen verliefen) in Deutschland. Assisi und der heilige Franziskus haben alle früheren Klostergründer Italiens seit Benedikt in den Schatten gestellt. Doch verdankt das traditionelle Mönchtum italienischen Mönchen des 11. Jahrhunderts viel von seinem Einfluss, vor allem dem heiligen Wilhelm von Volpiano und den Schöpfern von La Cava; außerdem kam aus Italien die Erneuerung des anachoretischen Ideals.

Romuald und Petrus Damiani – Camaldoli und Vallombrosa

Im späteren Mittelalter gab es Einsiedeleien in jedem Land, in jeder Ecke der westlichen Christenheit, in unzähligen abgeschlossenen Tälern und auch an gar nicht abgelegenen Orten; denn der Mensch muss leben, und selbst ein Eremit musste, um zur Schenkung von Almosen und Nahrungsmitteln anzuregen, das Interesse der Öffentlichkeit bis zu einem gewissen Grad auf sich lenken. Doch je weiter man nach Norden kommt, desto schwächer wird der Einfluss der Wüste. Vorläufer der Bewegung waren im 10. Jahrhundert Nilus, ein Grieche aus Süditalien, und Adalbert aus Böhmen.[1] Sie kamen im dritten Viertel des 10. Jahrhunderts nach Rom und begannen mit der Neubelebung der dortigen Klöster und der Gründung von neuen in der Umgebung. Adalbert starb 997 als Bischof von Prag und Apostel der Tschechen; Nilus starb 1005 in der Nähe von Rom, immer noch ein vergleichsweise unbekannter Mönch. Ihr Werk wurde von einer dramatischeren Persönlichkeit, dem rastlosen, heroischen heiligen Romuald, übernommen, der als cluniazensischer Mönche begann und schließlich das Kloster Camaldoli gründete. Camaldoli war ein Beispiel für den Versuch, das letzte Kapitel der Regel Benedikts wörtlich zu interpretieren. In einem abgeschiedenen Tal in der Nähe von Arezzo gründete er ein benediktinisches Kloster für Anfänger; auf der darüber liegenden Bergkuppe eine Gruppe von Einsiedeleien, zu der die im

Gemeinschaftsleben lange und sorgfältig vorbereiteten Mönche aufsteigen konnten, um das Leben der Wüste auf ihre Weise zu erneuern. Das Klosterleben im Allgemeinen wurde von seinen hervorragendsten Verfechtern als ein unablässiges Streben angesehen, „du kannst nicht stehen bleiben ... du gehst hinauf, du gehst hinunter; willst du stehen bleiben, bist zu zerstört", wie der heilige Bernhard gesagt hatte.[2] Eine ähnliche Einstellung lässt sich bei Romualds jüngerem Zeitgenossen, Johannes Gualbertus, erkennen, der eine noch wildere Gegend in der Nähe von Florenz wählte und in Vallombrosa ein abgelegenes kontemplatives Haus gründete, streng zönobitisch, jedoch von der Wüste tief beeinflusst. Beide wurden Mittelpunkt kleiner Gruppen oder Orden ähnlicher Klöster, und beide überlebten, klein, aber dauerhaft, bis in die moderne Zeit. Zu ihren Nachkommen gehörten französische Klöster und Orden, vor allem Grandmont und La Grande Chartreuse, die von den Schülern Romualds und dem Ruf der italienischen Einöde stark beeinflusst waren. Um der Bewegung näher zu kommen, bleiben wir zunächst noch in Italien und widmen uns dem bedeutendsten Vertreter der Bewegung, dem heiligen Petrus Damiani.

Petrus Damiani war Eremit und Intellektueller. Er hatte die beste Ausbildung genossen, die italienische Schulen in jener Zeit zu bieten hatten, und es fehlte trotz aller Wechselfälle in Italien nach dem 10. Jahrhundert nie an Schulen, in denen ein verhältnismäßig kultiviertes Latein und ein ziemlich breites Wissen des Grundstocks antiker Gelehrsamkeit erworben werden konnten. In Petrus Damiani selbst erkennen wir mehr als das – er schrieb ein qualifiziertes Latein und zeigte Verständnis der antiken Literatur in einem Ausmaß, das ihn zu einer der ersten bemerkenswerten Gestalten der Renaissance des 12. Jahrhunderts machte, obwohl er im 11. Jahrhundert lebte (ca. 1007–1072). Seine Anregung erhielt er zum Teil von Romuald, gleichermaßen, wenn nicht noch stärker, aber auch durch ein intensives Studium Cassians, des Lebens der Väter und der asketischen Literatur der Patristik. In seinem Hass auf weltliche Bindungen, vor allem auf die Heirat, in seiner großen Gelehrsamkeit und mit seinem exzentrischen Temperament, vor allem aber in seiner Bewunderung der Mönche des Ostens war er fast ein neuer heiliger Hieronymus. Wie bei Hieronymus können seine Schriften zugleich inspirierend und absurd sein. Im Ganzen gesehen mochte er seine Mitmenschen nicht, er hasste ihre Schwächen und Versuchungen, erinnerte sich aber doch noch daran, dass sie alle Geschöpfe Gottes waren und dass Jesus für ihre Rettung gestorben war, um sie alle zu Mönchen zu machen. Er ließ sich in einer Einsiedelei in Fonte Avellana nieder, die Camaldoli vergleichbar und ebenfalls von Romuald beeinflusst war; dort lebte er das von ihm angestrebte Leben eines Einsiedlers, im Gebet abgeschieden, gelegentlich mit einem heftigen Traktat oder einer Predigt hervortretend, meistens jedoch der Welt verborgen.

Es war ihm jedoch nicht vergönnt, in der Abgeschiedenheit zu bleiben. Als der neue Geist der Kirchenreform Rom in der Person des deutschen Papstes Leo IX. erfasste, war Damiani einer in der kleinen Gruppe bedeutender Persönlichkeiten – begeisterte, widersprechende, streitsüchtige Mönche zumeist –, die Christen Mitte des 11. Jahrhunderts veränderten. Damiani wurde schließlich Bischof von Ostia und war als päpstlicher Legat häufig unterwegs in der näheren und weiteren Umgebung von Rom. Einmal ging er mit seinem „heiligen Satan", dem zukünftigen Papst Gregor VII. (siehe S. 106 f.) nach Mailand; dabei gelang es Damiani, durch seinen Charakter, seine geschliffene Sprache und seine vollkommene Gleichgültigkeit gegenüber dem, was man ihm antun könnte, einen gefährlichen Aufruhr zu schlichten. Schließlich kehrte er in seine Einsiedelei zurück, zuvor hatte er aber zur Entstehung einer der bemerkenswertesten Bewegungen innerhalb der päpstlichen Reform beigetragen, zum Versuch, alle Geistlichen zu Mönchen oder Quasi-Mönchen zu machen, woraus später die Kanonikerorden entstanden (siehe Kap. 8).

In der Zwischenzeit war Damiani durch seine Schriften und die mit seinem Aufgabenbereich verbundene Möglichkeit, zu reisen und zu predigen, ein wirkungsvoller Propagandist des Eremitenlebens geworden, was seinen Vorgängern nicht möglich gewesen war. „Das Leben in Einsamkeit ist die Schule der Lehre Gottes, das Übungsfeld himmlischer Fähigkeiten. Alles, was dort gelehrt wird, ist Gott. Er ist der Weg, auf dem man geht, der einen zur Kenntnis der erhabensten Wahrheit führt: Denn eine Einsiedelei ist ein Garten himmlischer Freuden; ebenso wie man in einem Garten den Geruch verschiedener Kräuter finden kann oder den Duft süßer Blumen, so füllt in einer Einsiedelei der Wohlgeruch der Tugenden die Luft mit einem süßen Duft. Dort leuchten die Rosen der Barmherzigkeit rosenrot, die Lilien der Keuschheit strahlen in ihrem schneeweißen Gewand; auch die Veilchen der Demut erfreuen sich ihres niederen Wuchses und können von keinem Sturm umgeweht werden. Die reine Myrrhe der Kasteiung gedeiht dort üppig, es erhebt sich unaufhörlich der Weihrauch der unaufhörlichen Gebete ...“[3] Damiani vergleicht die Zelle des Eremiten mit einem Laden, in dem irdische Güter gegen ewige getauscht werden; mit dem Zelt eines Soldaten im Lager Gottes; mit dem Heiligen Grab, wo die Sünde starb und der Tote wiederauferstand.

Die Kartäuser

Die Schriften des Petrus Damiani trugen dazu bei, dass das Wissen vom eremitischen Ideal im Besonderen und vom monastischen Ideal im Allgemeinen sich in Italien und über die Alpen bis nach Frankreich und die Niederlande ausdehnte. Lokale, zum Teil von Damiani und anderen italienischen Vorbildern inspirierte Bewegungen entstanden in verschiedenen Gebieten Nordeuropas. In den Wäldern von Colan in Ostfrankreich stand Robert von Molesme Ende der siebziger und Anfang der achtziger Jahre des 11. Jahrhunderts einer Gruppe von Mönchen und Eremiten vor; ihre Vorstellungen und Ideale regten ihn später zur Gründung von Cîteaux an. Etwa 1080 schloss sich ihm Bruno, ein gebildeter Lehrer aus Reims, an. 1084 zog Bruno mit zwei Gefährten weiter, um in einer noch wilderen und abgeschiedeneren Gegend eine eigene Einsiedelei zu gründen; mit der Hilfe des Bischofs von Grenoble ließen sie sich in einem bewaldeten Hochgebirgstal nieder und richteten die erste Eremitage an jenem Ort ein, der später als La Grande Chartreuse bekannt wurde. Bald zog Bruno nach Rom weiter, wo er für den Papst arbeitete; er starb 1101 in Süditalien, im Begriff, eine weitere Eremitengruppe zu gründen. Doch seine Eremitage in der Chartreuse bestand weiter und entwickelte sich zum Zentrum eines kleinen, aber beständigen Ordens. Gründer des Kartäuserordens als einer organisierten, geregelten Lebensform war Guigo I., der die Grande Chartreuse von 1110 bis 1136 als Prior leitete: der Orden kennt keinen Abt. Er schrieb die Bräuche nieder und legte die Grundlagen der Institution fest, die seither nie wesentlich geändert wurden. Vor allem wurde die Liturgie entscheidend eingeschränkt, so dass genügend Zeit für private Gebete, für Meditation, geistliche Lektüre und Arbeit blieb. Für die frühen Kartäuser war das Kopieren von Büchern charakteristisch, wodurch ihre Priorate schöne Bibliotheken besaßen. Obwohl sie in Gruppen und Gemeinschaften lebten und eine Reihe von Gemeinschaftsgebäuden, wie eine Kapelle und einen Kapitelsaal, besaßen, verbrachten die Mönche doch von Anfang an den größten Teil des Tages in ihrer Zelle, sie bildeten Eremitengruppen, das heißt, sie lebten in rund um einen Klosterhof gebauten dauerhaften Zellen. Doch erst von der zweiten Hälfte des 12. Jahrhunderts an wissen wir über ihr Leben wirklich Bescheid.

Eines Tages Mitte des 12. Jahrhunderts, etwa 1163, kam ein junger Kanoniker aus der Diözese Grenoble, von vornehmer Herkunft und strenger Lebensweise, Hugo von Avalon, zu Besuch nach La Grande Chartreuse. Dort fühlte Hugo den dringlichen Ruf, ein tiefes Bedürfnis, dieser Gemeinschaft „fast in den Wolken … weit ab von der Unruhe der Welt", beizutreten. Er näherte sich einem der älteren Mönche, „mit Seufzern und Tränen", um ihn um Rat zu fragen. „Mein Sohn, wie kannst du es wagen, das überhaupt zu erwägen? Die Männer, die du hier in diesen Felsen siehst, sind härter als Stein und haben weder mit sich selbst noch mit denen, die mit ihnen leben, Mitleid. Schon der Anblick des Ortes ist Furcht erregend, doch unsere

Lebensweise ist noch härter. Das raue, härene Gewand, das du tragen müsstest, würde dir durch Haut und Fleisch bis auf die Knochen schneiden. Die Empfindsamkeit, die ich in dir sehe, würde dich unter der Härte unserer Lebensweise vollkommen zusammenbrechen lassen." Diese Entmutigung, so sagt sein Biograph, steigerte lediglich Hugos Verlagen – ähnlich wie beim heiligen Laurentius der Anblick der Folterinstrumente, mit denen er gemartert werden sollte, zog ihn die schreckliche Darstellung des altes Mannes noch mehr zum Leben der Kartäuser hin. Es war wirklich nicht leicht. Sein eigener Superior, der Vorsteher seines Kanonikerstiftes, setzte ihn auf alle möglichen Arten unter Druck, damit er nicht ginge. Der Wechsel von einer weniger strengen in eine strengere Gemeinschaft kam zu jener Zeit häufig vor und muss Anlass zu vielen menschlichen Problemen und Trennungen dieser Art gewesen sein; doch Hugo wurde bald bei den Brüdern der Grande Chartreuse eingeführt und blieb dort in stiller Kontemplation, im Gebet und beim Studium der heiligen Schriften und der großen Bibliothek, die die Gemeinschaft aufgebaut hatte.[4]

„Während dieser Zeit kam Petrus, der sehr ehrwürdige Erzbischof von Tarentaise, ein Zisterzienser, häufig zur Grande Chartreuse und blieb dort mehrere Monate allein in einer Zelle unter dieser heiligen Gemeinschaft wie eine geschäftige Biene, die in ihrem Bienenstock Honig macht.[5] Man kann ihn auch mit der freundlichen, sanften Taube vergleichen, die sicher und ungestört mit Noah in der Arche lebte, vor den Unruhen der Welt wie vor dem Herannahen der Fluten fliehend, die fast die ganze Erdoberfläche unter sich begraben sollten. Die Zeit in Meditation und Gesprächen über geistliche Fragen mit diesen heiligen Männern verbringend, glaubte er sich wie Paulus im Paradies zu befinden und wurde oft auf den Flügeln der Kontemplation in den dritten Himmel hinaufgetragen.

Die Aufgabe, ihm zu dienen, wurde Hugo zugewiesen. Wer wäre als Gefährte eines solchen Mannes besser geeignet gewesen?... Beim Anblick des alten und des jungen Mannes zusammen konnte man glauben, dass Petrus und Johannes zurückgekehrt und wieder vereint seien ...

Es gibt immer noch auf der Seite des Berges, auf dem Weg von den Mönchszellen zu den Behausungen der Laienbrüder einen als Ruheplatz für den heiligmäßigen Bischof geschaffenen Sitz, wenn er vom häufigen Weg hinauf und hinunter müde und erhitzt war. Er ritt selten, wenn er dort war, da es dem Prior verboten war. Der Sitz sah so aus: Zwei große Fichten wuchsen nebeneinander mit einem Abstand dazwischen. In diese wurden waagrechte Einschnitte gemacht, in die eine eckige, nicht sehr breite Stange aus Eibenholz eingefügt wurde. Dies war der einzige Sitzplatz für den Bischof."

In späteren Jahren, nachdem er Bischof von Lincoln geworden war (1186–1200), besuchte Hugo wenigstens noch einmal die Grande Chartreuse, und sein Biograph hatte ihn dorthin begleitet:

„Manchmal sahen wir Hugo auf diesem Sitzplatz, und er erzählte uns voll Wärme diese oder jene Geschichte von jenem früheren Erzbischof, der nun im Himmel war, während er sich den Schweiß von seinem ehrwürdigen Gesicht wischte, denn der Aufstieg machte ihm Mühe [Hugo war klein und dick]. Auch für uns, die wir diese Geschichten von ihm hörten, war es ein Vergnügen, auf diesem erhabenen Thron zu sitzen. Wir waren erstaunt, dass die Holzplanke durch das Wachsen der Bäume so fest verankert wurde, dass die durch den Einschnitt hinterlassenen Narben kaum noch zu sehen waren. Auch schien wundervoll, dass der Sitz, obwohl die Bäume in mehr als 14 Jahren kräftig gewachsen waren, nicht höher geworden war, sondern dem Boden nahe genug blieb, dass ein kleiner Mann bequem darauf sitzen konnte. Er wirkte immer noch so frisch, als wäre sein Saft noch nicht getrocknet."

Die bemerkenswerteste Gestalt in der Grande Chartreuse zu Hugos Zeit (nach Hugos Lebensbeschreibung zu urteilen) war

Moissac in Südwestfrankreich, Kreuzgang.

Gerard, vom Biographen als ehemaliger Graf von Nevers bezeichnet, der zwar die Welt aufgegeben hatte, nicht aber seinen angeborenen Verstand und seine unverblümte Redeweise. Auf die Frage, ob er glaube, dass König Salomo im Himmel sei, erwiderte er fest, dass er dort sei – denn Jesus nannte David seinen Vater, und David würde zweifellos darauf geachtet haben, dass sein anderer Sohn ordentlich behandelt werde. Ein anderes Mal besuchte er Ludwig VII. von Frankreich (1137–80), der ein frommer Mann war und keineswegs ein Feigling, aber voller Ehrfurcht vor Bruder Gerard. Das Schachspiel, bei dem sich der König entspannt hatte, wurde schnell weggeräumt, als man Gerard ankündigte, doch nicht schnell genug; kühl bemerkte Gerard, dass die Zeit besser dazu genutzt würde, sein Versagen als König wieder gutzumachen, statt „zu diesen überflüssigen Zerstreuungen".[6]

La Grande Chartreuse in den französischen Alpen, Kreuzgang.

Gerard enthüllt ein bemerkenswertes Resultat des monastischen Lebens. Es wurde häufig angenommen, dass seine Strenge und Uniformität zu Konformismus führt, individuelle Züge und Eigenheiten abschwächt. Das ist nicht ganz falsch: Gemeinschaften tragen häufig einen einheitlichen Stempel, und das Gemeinschaftsleben hat zweifellos gewisse gemeinsame Eigenschaften hervorgerufen. Dennoch hat jemand, der heute von außen kommend eine lebendige Gemeinschaft besucht, häufig den entgegengesetzten Eindruck: dass nämlich das Gemeinschaftsleben die Individualität des Einzelnen ausgeprägt und gestärkt hat. Dies kann in einem noch größeren Maße für abgeschiedener lebende Mönche gelten; Bruder Gerard und, auf andere Art, auch Hugo selbst sind deutliche Beispiele dafür.

Das eremitische Ideal entstand neu in einer Welt, in der das Gegenteil, das Gemeinschaftsleben, wie nie zuvor in Blüte stand. Die Bedeutung dieses Kontrastes kommt in Bauwerken wie den Dormitorien in Eberbach (bei Wiesbaden) oder in Sénanque in der Provence deutlich zum Ausdruck. Sie sind nüchtern, schlicht und zisterziensisch; doch sind sie typisch für Dormitorien von Klöstern mittlerer Größe. Heute sind sie frei zugänglich, kahl und unmöbliert. Doch wir brauchen uns lediglich zwei Reihen von Strohsäcken und raues Bettzeug hinzuzudenken. Später wurde diese Art von Dormitorien mit Holzverkleidung und abgetrennten Schlafstellen ausgestattet; die Mönche mancher Klöster zogen sogar in angenehmere Räumlichkeiten um; nach und nach wurde es üblich, den Mönchen abgeteilte Schlafstellen zur Verfügung zu stellen. Privatsphäre oder die Benutzung kleiner Räume war im 11. und 12. Jahrhundert weder im Kloster noch in der Außenwelt üblich.[7] Ein Beobachter unserer Zeit, an seinen Privatbereich gewöhnt, ist durch das Bild von Kreuzgang, Refektorium und Dormitorium in einem Kloster ohne weiteres von der Anziehungskraft des Eremitenlebens überzeugt. Ein kurzer Besuch der berühmtesten Eremitagen des Mittelalters – La Grande Chartreuse, Camaldoli und Carceri oberhalb von Assisi, jede in einer Lage von großer Naturschönheit und Stille angesiedelt, umgeben von Wäldern, Flüssen und Berggipfeln – lässt einiges von der eindeutigen Anziehung des Eremitenlebens erkennen. Nicht alle Eremiten lebten jedoch an solchen Orten; erstaunlicherweise errichteten die Mönche der Grande Chartreuse und von Camaldoli Häuser mitten in Städten, so in Pisa und Bologna. Doch ihre Heimat und die Landschaft, die ihre Gründer inspiriert hatte, waren Berge und Wälder. Es waren die Einsamkeit und der Friede dieser Gebiete, welche die Eremiten zunächst angezogen hatten. Hätten sie in der Natur eine Versuchung oder Ablenkung gesehen, würden sie solche Orte ohne Zweifel abgelehnt haben. So erschien es wohl Milton, als er die Bäume von Vallombrosa zählte:

Sie lagen dicht wie Herbstlaub hingestreut
auf Vallombrosas Bäche, wo die Schatten
Etruriens sie umlauben –[8]

und sie mit einem Heer von Teufeln verglich. Doch wenn die Gründer von La Grande Chartreuse, Camaldoli und Vallombrosa den Gedanken zurückwiesen, dass die Naturschönheiten ihrer neuen Heimstatt eine Versuchung sein könnten, waren sie dennoch auf jeden Fall von einer abwechslungsreichen Landschaft sehr beeindruckt. Die Eremitagen in Italien liegen auf Bergkuppen, Ausdruck eines elementaren Symbolismus – nicht, um dem Himmel näher zu sein, ein nicht ihren Vorstellungen entsprechender, wenngleich nahe liegender Gedanke, sondern um oberhalb der Behausungen der Menschen zu leben, wie es auf dem Berg Sinai oder dem Berg Horeb gewesen war. Was hingegen noch wichtiger war, sie eiferten den Taten der Wüstenväter nach, deren Lebensweise, nüchtern betrachtet, ohne die Ausschmückungen in den Lebensbeschreibungen, häufig ein heldenhafter Kampf gegen Naturgewalten war, so unnatürlich hart gemacht wie nur möglich.

Das Leben der Kartäuser war immer nur eine Berufung für ganz wenige. Von Anfang an gab es einige, die sich oberflächlich berufen fühlten, die Härten erfuhren und flohen. Von ca. 1180–1186 war der heilige Hugo Prior von Witham, dem ersten Kartäuserkloster in England; sein Biograph berichtet, wie Alexander, einer seiner Mönche, nach einer bitteren Anklage aus Witham floh.

„Unglücklicher, du hast uns getäuscht ... du hast uns in diese wilde, einsame Gegend gebracht, uns weggeführt von unserer freundlichen Umgebung und einer zivilisierten Lebensweise. Du hast uns gezwungen, uns zwischen wilden Tieren und Dornen zu verbergen, als gäbe es keinen Platz für klösterliche Zurückgezogenheit in der Welt. Das ganze Land ist voll von Mönchsgemeinschaften, und die gegenseitige Hilfe, die das Gemeinschaftsleben bietet, dient uns als ausreichendes Beispiel für religiöse Vervollkommnung. Hier, allein und ohne Gesellschaft, wurden wir apathisch und dumm vor Langeweile, weil wir tagelang niemanden sahen, dessen Beispiel uns anspornt, und nur die Wände anschauten, die uns umschließen. Deine angeblich unwiderlegbaren Argumente können uns nicht überzeugen, denn alles, was du sagst, steht immer im Gegensatz zu unserem gesunden und ausgezeichneten Urteil. Das Joch der neuen Regel, das deiner Ansicht nach getragen werden muss, als wären alle Christen mit Ausnahme der Kartäuser verdammt [eine Doktrin, an der Hugo vollkommen unschuldig war] und der Weg zur Erlösung nur ganz wenigen offen, ist in dieser Welt fast unerträglich. Da wir es besser wissen, dürfen und können wir diese unergiebige und beschränkte Lebensweise nicht länger ertragen. Wir werden etwas Vernünftigeres suchen und weigern uns entschieden, noch länger hier zu bleiben."[9]

Alexander wurde cluniazensischer Mönch und bat später, wieder zurückkehren zu dürfen, doch Hugo lehnte ab.

Die in der Biographie beschriebene Bewegung verlief meist in der anderen Richtung, obwohl Witham, wie der Kartäuserorden überhaupt, immer nur eine bescheidene Größe hatte und sein Ruf immer nur wenigen galt. Bemerkenswert ist jedoch, dass der Orden gedieh, als andere erlahmten; vor allem in England erfreute er sich im 14. und 15. Jahrhundert einer späten Blüte, als sein berühmtestes Haus, das Kartäuserkloster in London, die Stille bis an den Stadtrand brachte und das Priorat Mount Grace in Yorkshire, das einzige englische Kartäuserkloster, dessen Überreste noch besichtigt werden können, gegründet wurde.[10]

6 Das Kloster und die Welt

Klöster als Besitztum von Königen und Fürsten

Zwischen 900 und 1050 breiteten sich die benediktinischen Bewegungen, die in Cluny, Gorze und Glastonbury ihren Anfang genommen hatten, weiter aus und entwickelten sich. In dieser Periode erreichte der monastische Einfluss im politischen und gesellschaftlichen Leben Westeuropas seinen Höhepunkt. Dennoch war die Zahl der Klöster und Mönche vergleichsweise bescheiden; das Wachstum der Mitgliederzahl und auch der Vielfältigkeit liegt im Jahrhundert nach 1050. Zwischen 1050 und 1150 steigerte sich die zahlenmäßige Stärke in unerwartetem Ausmaß, doch der Rang der Mönche im kirchlichen Leben und in der Welt dehnte sich nicht im gleichen Verhältnis aus. Das westliche Christentum war eine reichhaltigere, vielschichtigere, komplexere Welt, und die Mönche mussten ihren Platz unter einer Reihe von aktiven, einflussreichen sozialen Gruppen einnehmen. Die Zahl der Klöster und Mönche stieg zwischen 1150 und 1300 weiter an, und die neu auftretenden Bettelorden verliehen der Ordensbewegung eine neue Dimension. Lässt man die Bettelorden jedoch außer Betracht, so ließ der monastische Einfluss in Gesellschaft und Kultur stark nach. Der Unterschied zwischen diesen beiden Kurven – zwischen der Kurve der mindestens bis Anfang des 13. Jahrhunderts weiter steigenden Zahl der Klosterbewohner und der Kurve des monastischen Einflusses, die, zunächst steil ansteigend, einen unregelmäßigen Verlauf nahm, ehe sie Ende des 12. und im 13. Jahrhundert steil abfiel – muss vor dem Hintergrund zunächst des europäischen wirtschaftlichen und gesellschaftlichen Lebens, dann des kulturellen Lebens der „Renaissance des 12. Jahrhunderts“ gesehen werden.

Von der Warte vieler Jahrhunderte später aus gesehen, ist es leicht, die Auswirkungen der Veränderung zu unterschätzen. Die Gesellschaft wurde immer noch von Kaisern, Königen und Kriegern beherrscht; eine zur Kriegführung erzogene feudalistische Aristokratie herrschte in vielen Teilen Europas fast noch genauso wie im Jahr 1000 oder gar 900. Eine Bauernschaft unter Lehnsherrschaft kämpfte immer noch gegen die Armut – manchmal sogar gegen Hungersnot – in langen Stunden mühevoller Arbeit. Die mittelalterliche Gesellschaft war in vieler Hinsicht unbeweglich, der Feudaladel und die landwirtschaftlichen Techniken beweisen es; dennoch änderten sich Struktur und Wert des Lebens in diesen Jahrhunderten in mancher Hinsicht unerwartet stark. Ausgang dieses Wandels war die urbane Erneuerung, durch die Klein- und Großstädte überall in Europa eine Blüte erlebten, wie sie seit dem Niedergang Roms nicht mehr da gewesen war. Die erste Periode monastischer Ausdehnung ist sehr eng mit dem herkömmlichen Muster königlicher und feudaler Macht verbunden. Ein herkömmliches und doch in gewisser Hinsicht auch neues Muster: denn die reiche Ausstattung und das Sozialprestige der unter dem Schutz von Gorze und seinen Nachfolgern reformierten Klöster in weiten Bereichen des deutschen Königreiches zeigen die zunehmende Macht der sächsischen Kaiser und Könige, der Ottonen und ihrer Nachfolger. Es weist auch auf die ersten schöpferischen Bestrebungen im 11. und 12. Jahrhundert hin, das Streben eines bedeutenden, wenn auch noch kleinen Teiles der Bevölkerung nach einem friedlichen und kultivierten Leben. Die Anfänge der meisten weit greifenden geschichtlichen Bewegungen sind nur sehr undeutlich zu erkennen, und die monastische Bewegung macht hierin keine Ausnahme. Jede Untersuchung von Ursachen und Einflüssen muss gleichermaßen Gönner und Ordensleute in Betracht ziehen, denn ohne Gönnerschaft mussten die Mönche hungern, und ohne Berufene oder Novizen hatten sie nicht genug Männer, um die vorhandenen Gemeinschaften zu erhalten, und keinen Überschuss, um die verfallenden wiederzubeleben oder neue zu schaffen.

Die religiösen Vorstellungen des späten 10. und frühen 11. Jahrhunderts waren vorherrschend monastisch. Auch Ende des 11. Jahrhunderts war die Ansicht noch weit verbreitet, dass nur Mönche eine einigermaßen berechtigte Hoffnung auf Erlösung haben konnten.[1] Dies nun veranlasste viele, zu allen Zeiten des Lebens im Kloster Zuflucht zu suchen; es veranlasste Reiche und Könige zur Stiftung von Klöstern, wo inbrünstige und ununterbrochene Gebete für einen sicheren Zugang zum Himmel angeboten werden konnten. In Deutschland waren Otto der Große (936–973) und seine Nachfolger, vor allem der später heiliggesprochene Heinrich II. (1002–1024), und in England König Edgar (959–975) Zentralgestalten dieser königlichen Gönnerschaft. Auf der Basis hochherziger monarchischer Grundsätze waren die Ordensmänner, die für die Könige beteten, gleichsam ein wesentlicher Teil ihrer Kronjuwelen. Zu ihren sozialen Vorstellungen gehörte der feste Glaube, dass es ihre Aufgabe war, den Frieden in ihren eigenen Gebieten dadurch zu sichern, dass sie den Nachbarn den Krieg brachten – wenigstens aber durch ausreichende Vorsorge für diesen Fall. Klöster und Klostergüter waren Orte des Friedens in sonst von Aristokratien von Kriegern oder Lehnsherren beherrschten Ländern. Andererseits konnten ihre ausgedehnten Güter von der königlichen Autorität viel genauer kontrolliert werden als jene von weltlichen Persönlichkeiten, und sie konnten zur Unterstützung der Truppen, vor allem der schwer bewaffneten deutschen Reiterei, benutzt werden. Weniger deutlich sind in England auch schon vor der normannischen Eroberung und der Ansiedlung der normannischen Ritter im 11. Jahrhundert Spuren ähnlicher Anordnungen zu erkennen. Auf diese Weise wurden die kaiserlichen Armeen Deutschlands wesentlich aus den Untergebenen der Bischöfe und Äbte rekrutiert, und die großen Klostergüter bildeten in der Struktur der politischen Macht und des sozialen Lebens in Deutschland ein entscheidendes Element. Denn es waren nicht nur Kaiser ihre Gönner, auch der Adel wurde ermutigt, seine Spenden denen ihrer Herren hinzuzufügen; doch war es in Deutschland und England für ein großes Kloster immer noch üblich, den König als Herrn und Gönner anzusehen; eine nennenswerte Zahl von unter dem Schutz von Lehnsherren oder Baronen stehenden Klöstern gab es erst im 11. Jahrhundert. In Frankreich und Italien war die Struktur anders, denn die königliche Macht war in Frankreich nicht sehr ausgeprägt, in Italien schwach und zeitlich unregelmäßig. In Frankreich waren die Kapetinger im Grunde nur bedeutende Fürsten, die über eines der vielen Fürstentümer in ihrem Königreich herrschten. Dennoch kennzeichnet das die Situation nicht genau, denn im 11. und 12. Jahrhundert reichte die königliche Hand bei Bischöfen und Klöstern bedeutend weiter als bei weltlichen Fürsten. Auf jeden Fall waren in Frankreich unter den Gründern und Gönnern von Klöstern weit häufiger weltliche Fürsten zu finden als Könige; in Cluny selbst und bei einigen seiner Tochterklöstern war eine neue Form der Unabhängigkeit von lokaler weltlicher Kontrolle entstanden. Die Äbte von Cluny standen oft in enger persönlicher Verbindung mit den Fürsten der Umgebung – sogar mit Kaisern – und mit den Bischöfen Burgunds; doch sie lebten im Grenzland, im Mâconnais, wo es immer noch unklar war, ob man dem König von Frankreich Untertanentreue schuldig war. Ihre Abtei war auf dem Boden Burgunds von einem Herzog von Aquitanien gegründet worden.[2] Daher war es für ihren Gründer selbstverständlich, sie frei zu machen von weltlichen Verpflichtungen gegenüber einer rivalisierenden Dynastie. Im Laufe der Zeit erreichten sie vom Papst, ihrem irdischen und geistlichen Herrn, Befreiung von irdischer und geistlicher Kontrolle mit Ausnahme derjenigen Roms selbst. Sie waren, im Prinzip, von den Anweisungen der Könige und Bischöfe ausgenommen. In der Praxis war jedoch eine enge Verbindung mit vielen Fürsten und Bischöfen nötig, um die ausgedehnten Güter und die vielen Kirchen, die schließlich unter Clunys Leitung standen, zu erhalten. Und bei den von Cluny reformierten oder im 11. und 12. Jahrhundert unter seine Leitung kommenden Klöstern wurde ein vielfältiges Geflecht der Beziehungen zu Königen, Fürsten und Bischöfen geschaffen. In Italien war die Vielfalt noch größer, denn die Könige von Deutschland waren auch Könige von Italien, aber nur selten dort. Ortsansässige Adlige und die wiederentstehenden Städte spielten in Wirklichkeit schon Anfang des 11. Jahrhunderts im Schicksal der Klöster eine wesentlich größere Rolle als Kaiser und Könige.

Gemeinsam war den Klöstern in Deutschland und England und bis zu einem gewissen Grad auch in Frankreich und Italien, dass der weltliche Herr seine Klöster auf eine ganz besondere Weise als sein Eigentum betrachtete; gemeinsam war allen außerdem der krasse soziale Gegensatz und der Unterschied in der Aufgabe zwischen den Mönchen, die beteten, und den Bauern, die sie mit Nahrungsmitteln und den materiellen Grundlagen des Lebens versorgten.

Ein Klosterkomplex konnte nie Teil eines Besitztumes sein. Ein König oder Fürst war kein Priester oder Bischof, die Aufgaben der Mönche und Priester in Chor und Kreuzgang waren Tätigkeiten, die er selbst nicht ausüben konnte und nur unvollkommen verstand; in Wahrheit war die Klostergemeinschaft eine geistliche Macht, die fürstliche Macht ergänzend und nicht ihr untergeordnet. Weiterhin wurden die Klostergüter, die die Bauern und Soldaten, die Mönche und ihre Hilfskräfte wirtschaftlich trugen, von einer Vielfalt von komplexen juristischen und gesellschaftlichen Regeln geleitet, welche die Rechte unter ihnen aufteilten, so dass die ganze gesellschaftliche Hierarchie unterhalten, beschützt und geleitet wurde und alle untereinander verbunden waren als Begünstigte in den Gebeten der Mönche. Und doch betrachteten Könige, Fürsten und weniger hoch stehende Männer Kirchen, Abteien und Bistümer andererseits als Teil ihres Besitzes genau wie die Kleider, die sie trugen, und die Hunde, denen sie bei der Jagd folgten. Waren sie ausgesprochen weltlicher Gesinnung, wie der Anglo-Normanne Wilhelm Rufus (1087–1100), sahen sie die Klöster als Teil weltlicher Besitztümer, wie Rittergüter, an, war ihre Einstellung mehr geistlich, wie bei Heinrich II., so waren die Klöster Teil des ganzen Systems königlicher Autorität, über das der König als Stellvertreter Christi herrschte.[3] Der in englischen Formelsammlungen von Elisabeth I. Ende des 16. Jahrhunderts gebrauchte Ausdruck „oberster Herrscher dieses Reiches ... ebenso wie in allen geistlichen oder kirchlichen Angelegenheiten oder Streitsachen auf Lebenszeit" gibt sehr genau die Einstellung Edgars, der Ottonen oder Heinrichs II. von Deutschland wieder, mit der Ausnahme, dass darin in keiner Weise – wie bei Elisabeth – die geistliche Oberherrschaft des Papstes angezweifelt wurde. Heinrich II. war der Ansicht, dass er Klöster gründen und aufheben konnte, Äbte einsetzen und absetzen, organisieren und umorganisieren konnte, wie es ihm passte. Die Klöster waren in einem ganz direkten Sinn die Juwelen in seiner Krone, denn sie waren sein Besitz und die Symbole seiner sakralen Herrschaft.

Es war eine Gesellschaft, in der die Freiheit der Wahl außerordentlich begrenzt war. Von Söhnen eines Barons oder eines Ritters wurde erwartet, dass sie die Kunst des Krieges und die Freuden der Jagd, die Leitung eines Gutes und einer Frau erlernten, aber sie wurden nicht geistig ausgebildet. Die Söhne der Bauern sollten arbeiten wie ihre Väter und auf dem Land ihrer Väter. Doch die Güter von Bauern und Fürsten waren häufig außerordentlich unflexibel und nicht in der Lage, auf einen Wandel in der Bevölkerung zu reagieren; im 11. und 12. Jahrhundert war die Bevölkerungszunahme einer der wesentlichen Gründe für tiefgreifende Veränderungen in der Gesellschaft; schon in dieser frühen Periode war es nicht mehr ungewöhnlich, dass die Gutsituierten ihre jüngeren Söhne im Kloster unterbrachten.

Ein wesentliches Element des traditionellen Mönchtums war die Tatsache, dass es für viele die einzige Lebensform bedeutete, die sie schon als Kinder annahmen und – mit Ausnahme der Abtrünnigen oder jener, die zu einem strengeren oder höheren Platz aufstiegen und Eremiten oder Bischöfe wurden – erst auf dem Weg zum Friedhof wieder verließen. Für uns ist es vielleicht das überraschendste Merkmal vieler Klöster des frühen 11. Jahrhunderts, dass eine große Zahl der Mönche nicht aus eigenem Willen dort war, wenigstens zunächst nicht.

In der British Library befindet sich eine Handschrift, zur Zeit König Knuts (1016–35) in Winchester geschrieben, mit einer berühmten Zeichnung von König und Königin beim Überreichen eines herrlichen Kreuzes an die Mönche des Neuen Münsters, jener Abtei, die unmittelbar neben der Kathedrale lag und später an den genehmeren Ort Hyde außerhalb der Stadt verlegt wurde.[4] Die Handschrift enthält eine Liste der Gemeinschaft und aller ihrer Freunde und Gönner, einschließlich Königen, Grafen, Bürgern von Winchester und auch der Mönche des Alten Münsters, der Gemeinschaft bei der Kathedrale, und noch anderer Abteien. So steht uns hier eine vollständige Liste aller Mönche des Neuen Münsters seit seiner Gründung im Jahre 964 zur Verfügung, die, vielleicht nicht ganz exakt, bis zur Auflösung des Klosters Anfang des 16. Jahrhunderts weitergeführt wurde. Am interessantesten ist jener Teil, der nicht nur über die Namen, sondern auch über die Zusammensetzung der Gemeinschaft in den ersten beiden Jahrhunderten Aufschluss gibt. Die Liste beginnt mit den Namen jener Mönche, die zur Zeit, als das Buch geschrieben wurde (um 1031) alt oder schon tot waren. Sie sind meist als Priester oder Diakone aufgeführt. Es hat den Anschein, dass bereits im 10. Jahrhundert etwa die Hälfte der Gemeinschaft dem Priesterstand angehört haben könnte, doch wurde es erst im 12. und 13. Jahrhundert üblich, dass alle Mönche das Priesteramt anstrebten und alle Priester jeden Tag die Messe zelebrierten.[5] Manche werden lediglich als *monachi,* Mönche, aufgeführt, was ohne Bedeutung sein, aber auch heißen kann, dass sie nie einen Rang angestrebt hatten. Der achtundvierzigste Novize ist der erste, der mit *puer,* Knabe, bezeichnet wird – der erste, der (nach Ausweis des Eintrags) der Gemeinschaft als Kind übergeben worden ist. Von dem Augenblick an, als die Aufstellung auf dem Laufenden gehalten ist und man einigermaßen sicher sein kann, dass die Namen bei der Ankunft der Mönche eingetragen wurden, herrschen die *pueri* vor. Zu einem Zeitpunkt nach 1030 gibt es eine Folge von Knaben mit kaum einem erwachsenen Novizen dazwischen.

Von 1030 bis etwa 1072 sind einundvierzig Namen eingetragen, davon fünfunddreißig *pueri*, zwei ohne nähere Angaben, zwei Diakone, ein Priester und einer mit der Bezeichnung „Bekehrter und Priester". Der Bekehrte in diesem Zusammenhang war ein Erwachsener, der aus eigenem Entschluss kam. Sicher, strenggenommen konnte der Knabe feierliche Gelübde erst dann ablegen, wenn er im Mannesalter war; doch war sein Platz im Leben einer Klostergemeinschaft schon lange vorher durch die Wahl seiner Eltern bestimmt worden. Kehrte er in die Welt zurück, stand ihm nicht so ohne weiteres eine Existenzmöglichkeit offen. Man ging allgemein davon aus, dass Mann oder Frau genau zu dem berufen waren, was die Eltern bestimmt hatten. Ab 1072 änderte sich dieses Muster. Männer, die als Bekehrte, Laien oder Priester eintraten, wechseln mit den Knaben ab, und es tritt eine Klasse von „jungen Männern", *iuvenes*, in Erscheinung, eine Bezeichnung mit vielen Bedeutungen. Um 1150 sind die *conversi*, die Bekehrten, gegenüber den *pueri* bei weitem in der Überzahl; doch die letzte Gruppe mit diesen Bezeichnungen, von Anfang bis Mitte der achtziger Jahre, enthält immer noch drei Knaben gegenüber fünf Bekehrten. Diese Tatsachen sind äußeres und sichtbares Zeichen einer Periode raschen gesellschaftlichen Wandels.

Gesellschaftlicher Wandel zwischen 1050 und 1150

Ende des 11. und Anfang des 12. Jahrhunderts ließ der außerordentliche Pessimismus der heiligen Petrus Damiani oder Anselm hinsichtlich der Meinung, dass wohl nur die Mönche den Martern der Hölle entgehen konnten, allmählich nach. „Die Verheirateten sind nicht verdammt, doch die Enthaltsamen werden leichter errettet", war die Ansicht Abaelards um 1130.[6] Zu diesem Zeitpunkt war er Eunuche und Mönch und stellte Regeln zur Führung von Nonnen auf; seine Ansicht ist dennoch weit weniger streng als die Anselms. Nachdem der Himmel erreichbarer geworden war, könnte man annehmen, dass das Klosterleben einiges von seiner Anziehungskraft verloren hätte; dennoch ist es eindrucksvoll, dass mit der Zunahme der Zahl der Laien, von denen angenommen wurde, dass sie in den Himmel kommen könnten, die Zahl der Klöster und ihrer Bewohner gleich schnell wuchs.

Soweit man sehen kann, hatte um 1050 der allgemeine Anstieg der Bevölkerung Westeuropas, ein so markantes Merkmal seiner gesellschaftlichen und wirtschaftlichen Geschichte zwischen dem Ende des 10. Jahrhunderts und dem 13. Jahrhundert, bereits begonnen. Im 12. und 13. Jahrhundert nahm die Bevölkerung stark zu, blieb um 1300 gleich und nahm, als die Pest um 1340 zuschlug, wieder stark ab. Wir können nicht hoffen, die wesentlichen Ursachen für diesen Anstieg herauszufinden. Selbst in jüngerer Zeit ist die bedeutende Zunahme der europäischen Bevölkerung Ende des 18. und Anfang des 19. Jahrhunderts immer noch ein ungelöstes Rätsel, über das sich die Experten streiten; es bestehen also geringe Aussichten, mit einiger Genauigkeit die Ursachen des Anstiegs im Mittelalter darzustellen. Es scheint klar zu sein, dass die meisten Länder des Westens etwas friedlicher und die Menschen Ende des 11. und im 12. Jahrhundert etwas einfallsreicher geworden waren. Zunahme nur in der Zahl hätte wohl lediglich zu weit greifender Knappheit und Hunger geführt; zweifellos war in manchen Gegenden zu manchen Zeiten der Hunger eine echte Bedrohung, vor allem vielleicht im 13. Jahrhundert, als der Zuwachs hier und da größer war als die Fähigkeit des unterentwickelten Europa, das kultivierte Land zu erweitern oder die Techniken den Erfordernissen anzupassen. Auffallend ist jedoch, dass das Ansteigen der Bevölkerung mit einer sehr wesentlichen Zunahme des Reichtums in vielen Teilen Europas zusammenfiel, außerdem mit einer ausgeprägten kulturellen und gesellschaftlichen Bewegung, die viel zur Vielschichtigkeit von Kunst, Literatur, Tätigkeiten, Möglichkeiten und Gelegenheiten für Männer und in gewissem Maß sogar für Frauen beitrug.

Es war eine der bemerkenswerten schöpferischen Perioden

der europäischen Geschichte. Der Bevölkerungszuwachs machte zweifellos neue Arbeitskräfte frei für neue Betätigungen und war eine Herausforderung für jene, die Nahrungsmittel erzeugten, wesentlich mehr zu erzeugen; dies kann aber nicht als Ursache für diesen Wohlstand angesehen werden – eher war das eine Folge, denn der wirtschaftliche Fortschritt, wie begrenzt auch immer, reichte aus, um erheblich mehr Münder zu füttern als bisher. Tatsächlich ist es besser, einfach zu sagen, dass es sich hierbei um ein entscheidendes Element des Wandels in einer Gesellschaft handelte, die, mit unseren Augen gesehen, überaus unbeweglich war.

Der Wandel war am augenfälligsten in zwei für diese Periode des Mittelalters besonders charakteristischen Institutionen: in den Klöstern und in den Städten.[7] In Italien waren die Städte nie in dem Ausmaß verfallen wie die Städte des Nordens nach dem Einfall der Barbaren. Im 11. und 12. Jahrhundert zeigten die italienischen Städte eine spektakuläre Erneuerung: Sie waren wieder stark bevölkert und reich. Als sich Ende des 11. und im 12. Jahrhundert der Griff der Kaiser und der alten Aristokratie lockerte, stritten die reichen Städter mit den Bischöfen darüber, wer deren Erbschaft antreten sollte. Ende des 12. und im 13. Jahrhundert wurden viele Städte von Oligarchien, Adelsgruppen ortsansässiger Landeigner und Kaufleute regiert, die häufig eng miteinander verwandt waren. Selbst nördlich der Alpen, wo wenige Städte entweder den Reichtum oder die Unabhängigkeit von Orten wie Pisa, Lucca, Florenz oder Siena erlangten, änderte die urbane Renaissance die Struktur des Lebens grundlegend – änderte sie durch die Wiedereinführung der Stadt als eines Elementes der gesellschaftlichen Szenerie, mit Märkten, auf denen die Stadtbewohner und jene, die ihre Nahrungsmittel nicht mehr selbst anbauen konnten, Getreide kaufen konnten. So entstanden die Grundlagen zur Schaffung einer weiten Welt des Handels, welche das gesamte soziale Leben beeinflusste. Geld begann eine führende Rolle in den Angelegenheiten sowohl der Bauern als auch ihrer Herren, von Kaufleuten und Handwerkern, von Geistlichen und Mönchen zu spielen.

Der Bevölkerungsanstieg allein erklärt nicht den Zuwachs in den Klöstern, denn der übertraf bei weitem die allgemeine Zunahme. Es ist sehr schwer, genaue Zahlen anzugeben, doch wurden sie bei den Klöstern Englands mit einiger Genauigkeit ermittelt. Zwischen 1066 und 1154 (Thronbesteigung Heinrichs II. von England) stieg die Zahl der Männerklöster von etwas unter fünfzig auf etwa fünfhundert an; diese Zahlen können mit relativer Genauigkeit belegt werden.[8] Weniger sicher, aber vermutlich nicht allzu falsch, ist die Berechnung, dass die Bevölkerung der englischen Klöster, die Zahl von Mönchen und Nonnen, in demselben Zeitraum von etwas weniger als hundert Jahren um das Sieben- oder Achtfache zunahm.

England war verhältnismäßig reich, und die normannische Eroberung brachte Entwicklungen mit sich, die in mancher Hinsicht für Klosterstiftungen besonders günstig waren, doch haben wir keinen Grund anzunehmen, dass die Bedingungen anderswo wesentlich anders waren. In Spanien bot die rasche Ausdehnung des Bereiches, der unter christlicher Herrschaft stand, ähnlich günstige Bedingungen wie in England, auch wenn die Zahl der Klosterbewohner in dieser Periode immer viel kleiner war. Deutschland war im 12. Jahrhundert im Vergleich zu früher weniger wohlhabend; in den westlichen Gebieten waren zwar früher überreichlich Stiftungen entstanden, doch die Ausdehnung dort war vermutlich langsamer als in England. In Ostdeutschland und jenen Ländern Mittel- und Osteuropas, die Teil der westlichen Christenheit geworden waren, vor allem Polen, Ungarn (zu einem guten Teil) und Böhmen, ging die Ausbreitung des Mönchtums vor der Mitte des 12. Jahrhunderts außergewöhnlich langsam voran; danach ging es jedoch schnell (siehe S. 254 ff.). Vor allem Italien und Frankreich waren die beiden Zentren der Kirche und der kulturellen und geistigen Bewegungen des 11. und 12. Jahrhunderts, und dort, vor allem in Frankreich, haben wir keinen Grund, anzunehmen, dass die Zunahme der Klosterbevölkerung langsamer vor sich ging als in England. Es ist jedoch unmöglich, zu glauben, dass die Zunahme zwischen 1050 und dem Ende des

12. Jahrhunderts irgendwo in der siebenfachen Größenordnung lag; selbst eine Verdoppelung in einem Jahrhundert stellt unsere Vorstellungskraft auf eine harte Probe.

Der Anstieg in den Klöstern kann nicht auf Kosten irgendeines anderen Gebietes der Gesellschaft erzielt worden sein. Es mag sein, dass selbst mit der Zahl von Mönchen und Geistlichen um 1150 das Element des Zölibats unter den europäischen Völkern nicht stark genug war, um den Bevölkerungszuwachs nennenswert zu beeinflussen. Doch in jedem Lebensbereich – unter den Baronen und Rittern, den Städtern und Bürgern, Reichen und Armen und unter den Bauern – ging der Zuwachs, mit örtlichen Unterschieden und unter Einbeziehung all unserer Unkenntnis, stetig und für eine unterentwickelte Gesellschaft ziemlich schnell weiter.

In älteren Klöstern blieb die Zahl der Knaben, soweit wir beurteilen können, vergleichsweise konstant oder nahm im 12. Jahrhundert nur unwesentlich ab, während die Zahl der älteren Novizen, jener Männer, die ihrer eigenen Berufung folgten, schnell anstieg. In den neuen Orden dieser Periode waren die neuen Mitglieder im Wesentlichen Erwachsene. Auch wenn wir davon ausgehen können, dass ein Teil der Zunahme an Mönchen auf Väter zurückging, die nicht mehr wussten, wie sie die vielen Kinder in einer Welt versorgen sollten, wo zunehmende Bevölkerung zunehmende Konkurrenz bedeutete, so muss dennoch bei den Erwachsenen jener Zeit nach einer Erklärung gesucht werden.

Ohne Zweifel waren zu einem gewissen Grad gesellschaftlicher Impuls und Mode verantwortlich dafür; Erfolg vervielfacht den Erfolg. In einigen Teilen Europas breitete sich zu diesem Zeitpunkt ein Phänomen aus, das unter den Damen der deutschen Aristokratie schon im 10. und 11. Jahrhundert geläufig gewesen war (siehe S. 190 ff.), nämlich dass die Hochgeborenen einige Klöster monopolisierten; dies wurde in den darauffolgenden Jahrhunderten ein dauerhaftes Merkmal. Es blieb vor allem in Deutschland so, einige Fälle gibt es jedoch auch in Frankreich, Spanien und Italien. Zur allgemeinen Erklärung des

Zulaufs zu den Klöstern tragen die Interessen der Aristokratie nichts bei, denn obwohl Mönche und Nonnen hauptsächlich (soweit wir wissen und soweit die Zeugnisse diesen Schluss zulassen) aus den Kreisen der Wohlhabenden kamen, verhielt sich doch gerade in dem Land, in dem das Wachstum am genauesten belegt ist, in England, die Aristokratie anscheinend am gleichgültigsten. Selbst in England gab es in jedem Zeitalter einige Frauen und Männer vornehmster Herkunft, die sich dem religiösen Leben verschrieben, wie zum Beispiel Leofric (gestorben 1066), Neffe des Grafen von Mercia und Abt von etwa fünf Klöstern unter der milden Herrschaft Eduards des Bekenners, oder Heinrich von Blois, Lieblingsneffe von Heinrich I., Bruder König Stephans, der ab 1126 Abt von Glastonbury und ab 1129 auch Bischof von Winchester war. Doch als Klasse wollte die englische Aristokratie während des ganzen späteren Mittelalters mit den geistlichen Berufen nichts zu tun haben. Im 12. Jahrhundert verschwendeten sie Geld und Land und zeigten später auch gelegentlich großzügige Gönnerschaft; doch ihre Söhne und Töchter wurden selten Mönche bzw. Nonnen.

Wenn wir noch einmal zurückgehen zu dem in der Klostergeschichte fast analogen Zeitalter, dem 4. Jahrhundert, so erinnern wir uns daran, dass ein ähnlich bemerkenswertes und unerklärbares Wachstum mit zwei Eigenheiten der zeitgenössischen Welt zusammenfiel: mit einem intellektuellen und spirituellen Streben nach Askese, gefördert von Männern wie Origenes und seinen Schülern in den der Zeit des heiligen Antonius unmittelbar vorausgehenden Generationen, und einem steigenden Lebensstandard, allgemeinem Wohlstand und einer weltlichen Gesinnung der christlichen Gemeinden, als sie begannen, gesellschaftsfähig, dann offiziell zugelassen und schließlich die Religion des Römischen Reiches zu werden. Die Übereinstimmung mit dem 11. und 12. Jahrhundert kann nicht exakt sein, doch sie ist wenigstens hilfreich. Cluny und seine Freunde wie auch seine klösterlichen Rivalen hatten in den weit reichenden Bewegungen religiöser Erneuerung des 10. und 11. Jahrhunderts eine führende Rolle gespielt; dann wurde Mitte des 11. Jahrhunderts, geführt von Mönchen und Männern, die dem Mönchtum nahe standen, die Reform ins Herz der kirchlichen Hierarchie, in das Papsttum selbst hineingetragen. Gleichzeitig führte ein rasches Wohlstandswachstum bei zumindest einem Teil der Bevölkerung zu einem Umschwung, in der Wirtschaftsgeschichte nicht ungewöhnlich, und die berühmten Seligpreisungen – „Selig die Armen … Selig die Friedensstifter" – klingen in allen religiösen Bewegungen dieser Zeit immer wieder an.

Je reicher die Menschen wurden, desto mehr befürchteten sie, für sich oder auch für ihre Nachbarn, die Höllenqualen des reichen Prassers (vgl. Lukas 16,19–31). Doch bedeutete materieller Wohlstand allein für Christen weder damals noch heute einen solchen Umschwung der Gefühle. Größerer Reichtum trug wesentlich zu dem für Klostergründungen zur Verfügung stehenden Fundus bei, und es wurde in einer Gesellschaft, in der Silber und, weit im Süden, sogar Gold in größeren Mengen zur Verfügung stand als in den vergangenen Jahrhunderten, zunehmend leichter, einem Fonds für Kirchenbauten Pfennig um Pfennig hinzuzufügen oder durch ein Syndikat von Honoratioren ein neues Kloster zu gründen. Gönnerschaft war nicht mehr das Monopol von Königen und Adligen; sie war für jeden erreichbar, der auf der Erde einen Überschuss hatte, mit dem er im Himmel einen Schatz anhäufen konnte.

Die Reform des Papsttums und das Voranschreiten der Geldwirtschaft – eigenartige Verbündete des monastischen Aufschwungs im 11. und 12. Jahrhundert – wirken sich auf unsere Geschichte auf verschiedenartige Weise aus. Die großen Päpste von Leo IX. (1048–1054) bis zu Gregor VII. (1073–1085) glaubten fest daran, dass die Geistlichen ein asketisches Leben führen sollten und dass so viele wie möglich Mönche werden oder wenigstens einer Regel entsprechend leben sollten. Kern ihres Programms war die Trennung der Geistlichkeit von den Verlockungen der Welt, vor allem von Frauen und Geld; und in enger Verbindung mit diesen Forderungen stand ein Beharren auf der

Autorität des Heiligen Stuhls als Vertreter Gottes für die Regeln und Reformen der Kirche. Leo kam aus einem vom Kloster Gorze und seinen Tochterklöstern tief beeinflussten Milieu; Gregor – wo auch immer er Mönch gewesen sein mag[9] – zählte den heiligen Hugo von Cluny zu seinen engsten Freunden; und sein Nachfolger, Urban II. (1088–1099), war unter dem heiligen Hugo Mönch in Cluny gewesen. Diese Bande waren von großer Bedeutung; wichtiger noch war die enge Verbindung zwischen den Reformpäpsten und vielen Führern der Klosterreform, ihr Anteil an der asketischen Leidenschaft charakteristisch für jene Zeit. Die Reformpäpste waren praktische Männer. Doch waren sie auch Träumer, Theologen und in gewissem Maß auch Juristen; denn ihr Programm strebte an, geistliche Erneuerung mit der Durchsetzung wesentlicher Elemente des alten Kirchenrechts, wie zum Beispiel des Gesetzes des Zölibats der Geistlichkeit, zu verbinden. Daher war die Neubelebung des Studiums von Theologie und Rechtswissenschaft wesentlich für die Papstreform und die monastische Bewegung jener Zeit.

Das 11. und 12. Jahrhundert waren besonders kreativ. Reichtum breitete sich weiter aus und veränderte die für Klosterstiftungen verfügbaren Mittel; die päpstlichen Reformer unterstützten das Investieren in Klostergemeinschaften, sowohl auf Grund ihres eigenen starken Glaubens an das Gericht Gottes über die Sünde der Menschen, vor allem der Laien, als auch wegen ihrer Bemühungen, geistliche Stiftungen in kirchlichen Händen zusammenzuhalten. Im 10. und Anfang des 11. Jahrhunderts hatte der Großteil des Reichtums der Klöster in Ländereien bestanden. Doch schon von der Zeit Karls des Großen an und noch verstärkt in dieser Periode wurden erhebliche Mittel in Form von Zehnten für angeblich geistliche Zwecke gesammelt. Der Zehnte war nun, jedenfalls für Grundbesitzer, obligatorisch, und im Grunde ging ein Zehntel von jedermanns Einkommen an von der Kirche organisierte karitative Einrichtungen – zur Hilfe für Arme und Kranke und (zu diesem Zeitpunkt) zur Unterstützung der Geistlichkeit. In Wirklichkeit nahmen Gutsbesitzer, die Kirchen besaßen oder Kirchen bauten, um ihr Besitztum zu vergrößern und für ihr eigenes geistliches Wohlergehen und das ihrer Pächter vorzusorgen, häufig einen nicht unerheblichen Teil der Zehnten wieder ein. Diesen Missbrauch zu beenden war eines der Ziele der Reformpäpste; doch wie vieles andere in dem alten System von Kirchen in Eigenbesitz (Eigenkirchen) war dieser Vorgang tief in der Tradition verankert, als er ausgemerzt werden sollte, und direkte Appelle hatten wenig Erfolg. Des Weiteren waren die karitativen Zwecke, welche die Kirche unterstützen wollte, zunehmen vielschichtiger, und einen großen Raum bekamen hier die Mönche zugewiesen, die Armen Gottes – auch wenn die Klöster, denen sie dienten, häufig als solche reich waren. Ursprünglich war man davon ausgegangen, dass Mönche als Landeigner den Zehnten bezahlen sollten; auch sollten sie, da sie weder verarmt noch in der Seelsorge tätig waren, keinerlei Abgaben erhalten. Diese Doktrin wurde im 11. und Anfang des 12. Jahrhunderts ins Gegenteil verkehrt – nicht ohne Widerspruch und Schwierigkeiten. Das Papsttum kam zunehmend mehr zu der Ansicht, dass das einzige Heilmittel für die weltliche Kontrolle geistlicher Angelegenheiten darin bestand, die Kontrolle in die einflussreichen Hände der Klosterführer zu legen. Außerdem bedeutete der Versuch, alle Geistlichen zu Mönchen oder Quasi-Mönchen zu machen, dass sich Mönche an den Aktivitäten der übrigen Geistlichkeit beteiligten, indem sie in Pfarrgemeinden Dienst taten, sich vielleicht sogar mit der Seelsorge beschäftigten. Auf die Dauer sah man dies nicht als Teil der Aufgaben eines Mönchs an – der Mönch gehörte ins Kloster.[10] Doch in dieser Periode wurde dieses Vorgehen hingenommen und war weit verbreitet, soweit wir wissen. Wie dem auch sei, Zehnte und Beihilfen der Kirche, dazu die Gaben, welche die Gläubigen auf die Altäre legten, gelangten häufig in die Hand der Klöster. Diese Spenden spiegelten die starke Zunahme des Gebrauchs von Geld – von Silbermünzen – im 11. Jahrhundert in ganz Westeuropa wider. Die Mittel, die aufgebracht wurden, waren zum Teil durchaus erheblich. Ein Großbrand zerstörte im 11. Jahrhundert Saint-Benoît-sur-Loire zweimal; die Mönche machten sich daran, einen Großteil ihrer Kirche und andere Gebäude so wiederaufzubauen, dass sie dem Feuer standhielten; bis heute hat es ihm widerstanden.[11]

Es erscheint uns erstaunlich, dass eine solche religiöse Gemeinschaft, wie gut unterstützt sie auch gewesen sein mag, die immensen Kosten des zweimaligen Wiederaufbaus der Kirche innerhalb eines Jahrhunderts tragen konnte – vor allem, da die Abtei in den folgenden Jahrhunderten weiterbestand und die Kirche nach 1200 kaum verändert werden musste. Noch überraschender ist vielleicht die große Zahl von neuen Abteien und neuen Kirchen in dieser Periode, was, so sollte man annehmen, die Mittel einer hoch entwickelten Wirtschaft auf dem Gipfel des Wohlstandes stark in Anspruch nehmen würde; und doch war es in Wahrheit das Produkt unterentwickelter Gesellschaften, die Höhen und Tiefen hinnehmen mussten, gutes Wetter und schlechtes. Die Konzentration der Mittel auf Bauten wie diese hat viele moderne Beobachter überrascht. Manche haben diese Vorgänge als Verschwendung verurteilt – da es bedeutete, Geld für Stein, Farbe und Reliquiare aufzuwenden, mit dem man hätte die Armen versorgen können; um so mehr waren andere davon beeindruckt, wie Mittel und Fähigkeiten einer heiligen Sache geweiht wurden. In einer landwirtschaftlich orientierten Gesellschaft gibt es wohl wenige, die ganz arbeitslos sind, aber viele, die außerhalb der Erntezeit nur wenig zu tun haben; und große Bautätigkeit kann, damals wie heute, die so nötigen Arbeitsmöglichkeiten schaffen. Es ist wichtig, dies zu beachten und zu betonen; dieser Punkt ist ungebührlich vernachlässigt worden. Doch war dies eindeutig nicht der erste Gedanke bei der Planung dieser Vorhaben, nicht einmal die erste wesentliche Überlegung. Die Frage muss allgemein gelautet haben: Wie kann solch ein Vorhaben finanziert werden? Nicht nur die Zahl, sondern auch die Größe dieser Bauten ist erstaunlich. Von dem größten, der dritten Kirche in Cluny, ist nur ein Fragment erhalten; doch dieses Fragment beherrscht die kleine Stadt noch immer.

In den späteren Jahren des heiligen Odilo (994–1049) und den ersten Jahren des heiligen Hugo (1049–1109) hing die Wirtschaft der Abtei fast ausschließlich von ihren Ländereien ab.[12] Von den Gütern in der Nähe kamen Nahrungsmittel und Pacht; von allen kamen Zahlungen unterschiedlichster Art. Eine größere Gemeinschaft war ausreichend, aber nicht im Überfluss versorgt (siehe S. 71 ff.). Mitte und Ende des 11. Jahrhunderts wurden zahlreiche abhängige Klöster dem Mutterhaus übergeben, woraus das entstand, was wir den Orden von Cluny nennen, und obwohl jedes dieser Klöster seine wirtschaftlichen Angelegenheiten unabhängig von der großen Abtei erfolgreich zu lösen hatte, schickten sie alle Abgaben und Steuern. Vor allem aber gab es einen kontinuierlichen Fluss von Geschenken an die Abtei, Spenden von bedeutenden und weniger bedeutenden Besuchern, Gaben und Zahlungen aus ganz Europa. Cluny liegt im Osten des heutigen Frankreich, doch hatte es besondere Privilegien der Freistellung von weltlicher Kontrolle (siehe S. 57 ff.). Besonders reiche Spenden sandten die Könige von León-Kastilien, und Anfang des 12. Jahrhunderts wetteiferte König Heinrich I. von England mit ihnen. Als die dritte Kirche fertiggestellt war (1088–1121) und das eingestürzte Schiff wiederaufgebaut war (um 1125–1130), konnte Abt Petrus Venerabilis sagen, dass die Könige von Kastilien und England mehr als alle anderen dazu beigetragen hatten.[13] Heinrich hatte das zum Teil deshalb getan, weil er (obwohl an sich geizig) die großartige Geste liebte, zum Teil, weil er sich schrecklicher Sünden bewusst war, und schließlich auch, weil Cluny einen seiner Lieblingsneffen, den Sohn seiner Schwester Adela Gräfin von Blois, beherbergte. Der junge Heinrich von Blois wurde dann nach England geschickt, um Abt von Glastonbury zu werden. Bald wurde er zum Bischof von Winchester ernannt, behielt aber seine Abtei, so dass er das Einkommen eines Multimillionärs hatte. Er verlor nie seine Zuneigung zu Cluny, und so halfen in seinem späteren Leben sein großer Reichtum und seine finanziellen Möglichkeiten, diese Abtei vor der Verarmung zu bewahren und ihre Schulden zu verringern. Um 1140 und 1150 – eigentlich sogar schon vorher – hatte der Geschenkezufluss aufgehört, der Reichtum der Abtei verringerte sich, die Zahl der Bauten und die Größe der Gemeinschaft hatten sie mit Schulden belastet, und Abt Petrus Venerabilis (siehe S. 76 ff.), ein Mann von großem diplomatischen Geschick, Mut und Weisheit, aber kein großer Finanzmann, kämpfte mannhaft, aber erfolglos dagegen an, bis die Rückkehr des Fürst-Bischofs Heinrich von Blois das Kloster wieder auf den Weg der Genesung führte. Wirtschaftlich gesehen, lebten die Klöster wie im 11. Jahrhundert; jetzt mussten sie lernen, von ihren großen Ländereien zu leben, denn die Tage des Überflusses waren für immer vorbei. Unzählige Klöster des 11. und 12. Jahrhunderts erfreuten sich der reichen Gaben, die für dieses Zeitalter charakteristisch waren. Die Spender kamen manchmal als Pilger zu einem Schrein, manchmal als Besucher einer Kirche oder einer Klostergemeinschaft; manchmal kamen sie überhaupt nicht, sondern sandten Boten. Auf jeden Fall setzten die Gaben voraus, dass sie als hoch geehrte Gäste empfangen würden, wenn sie es wünschten. Der Fluss der Spenden und das daraus resultierende reichhaltige Ergebnis zeigen, dass zwischen der weltlichen Gesellschaft jener Zeit und dem Klosterorden eine Vertrautheit bestand, die in diesem Ausmaß im Mittelalter einmalig war.

Der erste heilige Dominikus, Santo Domingo (um 1000–1073), der das große Kloster Silos wiedergründete, ist für diese Beziehung ein ausgezeichnetes Beispiel. Er war ein Günstling von König Ferdinand I. von León-Kastilien (1037–1065), außerdem für kurze Zeit Berater von dessen Nachfolger, Alfons VI. (1072–1109). Domingo schuf das Muster für monastische Observanz und Beziehungen zwischen den Klöstern und dem König. 1041 wurde ihm die kleine, arme, sich abmühende Gemeinschaft in Silos anvertraut; als er starb, stand sie in Blüte und war eine Gemeinschaft von vierzig Mönchen geworden – für diese Zeit und für Spanien eine beträchtliche Zahl, wenn auch im Vergleich zu den größten Klostergemeinschaften des 12. Jahrhunderts klein. Die Bräuche waren cluniazensisch, und Domingo gehörte zu denen, die ihre Könige dazu anregten, sich intensiv für Cluny zu interessieren, woraus viele der Klosterbewegungen in Spanien vor dem Auftreten der Zisterzienser sich entwickelten. Domingo selbst ging regelmäßig auf Predigtreisen, regte die Einrichtung eines Skriptoriums und verschiedene Werkstätten in Silos an – es ist kein Zufall, dass es auch heute noch ein prächtiges Monument spanischen Kunstschaffens ist, auch wenn der Schöpfer der erhaltenen Plastiken vollkommen unbekannt ist. Domingo verband das Leben eines tiefgläubigen und glühenden Mönchs mit regelmäßigen Besuchen am königlichen Hof, und er zeigte seine Anteilnahme an der Welt durch die beachtenswerte Sorge für die Behandlung der Sklaven – im ganzen Mittelalter in Spanien wie in allen Mittelmeerländern weit verbreitet –, so dass er als der heiligmäßige Beschützer der Sklaven und jener, die sie befreiten, in Erinnerung blieb.

Die Kunst von Silos sollte einen Einfluss auf Malerei und Bildhauerei in einem weiten Gebiet haben; der Heilige selbst regte seine königlichen Herren dazu an, sich als großzügige Gönner von nah und fern gelegenen Klöstern zu erweisen. Es waren die Gönner Domingos, Ferdinand und Alfons, die sich als erste dem heiligen Hugo als königliche Wohltäter anboten, was nötig war, damit die Maurer der dritten Kirche sich an die Arbeit machen konnten.

Das Auf und Ab der Wirtschaft von Cluny zeigt ein getreues Abbild seiner Beziehung zu seinen Gütern und den Menschen, unter denen die Gemeinschaft lebte. Es hatte auf deren Leben in materieller und spiritueller Hinsicht starke Auswirkungen. Die Vielzahl von zur Beleuchtung einer großen Kirche notwendigen Kerzen unterstützte die Imker im weiten Umkreis; der Wein in den Kelchen und auf den Tischen im Refektorium trug zur Förderung der Weinberge Burgunds bei (siehe S. 74). Die große Klostergemeinschaft und ihr ausgedehnter Haushalt von Bediensteten verbrauchten die Produkte vieler Dörfer. Die großen Güter Clunys waren wie die vieler Abteien in jener Zeit angelegt, um für die vielfältigen Bedürfnisse der Gemeinschaft zu sorgen: einige Güter lieferten Brot, andere Bargeld oder Material für die Kerzen, die Weinberge Wein und so weiter. An diesen Tätigkeiten nahmen einige Mönche als „Dekane“ einer Anzahl von Gütern und Administratoren eines Teils des Reiches innerhalb und außerhalb der Klostermauern teil; all dies war für die Zeit und die traditionelle Struktur des Klosterlebens charakteristisch. Doch das Bestellen der Felder war zum größten Teil Aufgabe der Bauern, geleitet von Bauernvögten und Laienverwaltern. Die Cluniazenser hatten selbst mit der Landwirtschaft nichts zu tun, im Gegensatz zu den Mitgliedern der neuen Orden Ende des 11. und zunehmend im 12. Jahrhundert. An der Urbarmachung von Land und dem technologischen Fortschritt hatten die neuen Orden und die Zisterzienser einen entscheidenden Anteil. Die Cluniazenser blieben altmodisch: Zwar beeinflussten sie ihre Pächter, lebten aber selbst weiterhin als Gutsherren.

Kloster und Stadt: San Zeno in Verona

Zunehmender Wohlstand drückte sich in dieser Periode vornehmlich in der Neuerbauung, Erweiterung und Verschönerung der Städte aus. Kathedralen und Klosterkirchen wurden häufig zum obersten Statussymbol reicher Städte, daneben auch ein geistlicher Ausgleich zum finanziellen Wachstum.

Der Westteil der Abteikirche San Zeno Maggiore in Verona ist in gewissem Sinn das Abbild von Verona, einer großen italienischen Stadt des späten 11. und 12. Jahrhunderts; das Kircheninnere ist Spiegelbild des engen Kontakts zwischen den Bürgern mit ihrer städtischen Lebensweise und einer großen Klostergemeinschaft. Dies bei einem Bauwerk anzutreffen, das im Wesentlichen Anfang des 12. Jahrhunderts (um 1138 vollendet) entstand, sollte kaum überraschen. Die fortdauernde Verehrung der Menschen von Verona gegenüber ihrem Heiligen und seiner Kirche zeigt sich in der beträchtlichen Verschönerung, die später durchgeführt wurde, und in dem wiederaufgebauten Kloster, das erst 1313 ganz fertig war. Im Wesentlichen schauen wir aber auf das, was Verona im frühen 12. Jahrhundert als Ausdruck von Frömmigkeit und Bürgerstolz angemessen fand.

Das 11. und 12. Jahrhundert war fast überall in Italien die erste Periode von Bürgerstolz nach dem Niedergang des alten Rom. Zunächst war im Allgemeinen der ortsansässige Bischof wirkliches Oberhaupt der Stadt. Seine Entmachtung war manchmal ein gewaltsamer Vorgang, meistens jedoch ein allmählicher, nach außen hin friedlicher Prozess. Weltliche Magnaten setzten zunächst ihre Verwandten oder Freunde auf den Bischofsstuhl, dessen Wirkmöglichkeiten sie aber dann nach und nach in mehr geistliche Bereiche zurückdrängten. Diese Vorgänge brachten manchmal hitzige Emotionen mit sich und zweifellos auch stark antiklerikale Gefühle; doch war es auch eine Zeit, in Italien sowohl als anderswo, die reich war an starken Empfindungen für die Heiligen und ihre geweihte Stätte. Wachsender materieller Reichtum wirkte sich in der Ausschmückung der Städte, vor allem mit herrlichen Kirchen, aus. Selbst in einer Stadt wie Florenz, in der später entstandene Bauwerke das Bild beherrschen, steht San Miniato auf ihrer kleinen Anhöhe und lächelt auf die großen Kirchen des Trecento und Quattrocento im Herzen der Stadt herab. Andernorts ist häufig die Romanik vorherrschend, z. B. in Pisa, Lucca und Bologna, in Modena, Parma und Piacenza; so auch in Verona. Das Innere von San Zeno ist stark restauriert, hat aber die wesentlichen Merkmale der Kirche aus dem 12. Jahrhundert bewahrt. Unser Blick wird nicht behindert, unsere Aufmerksamkeit nicht abgelenkt von so massiven Zwischenwänden, wie sie z. B. die Kathedrale von Canterbury in eine Reihe von getrennten Räumen unterteilen.[14] San Zeno ist ein großer Raum, angelegt (wie man meinen könnte) für eine Oper vergleichbar mit dem Schlussakt von „Aida"; das heißt: mit einem großen Auditorium auf einer Ebene, dem Kirchenschiff, und einer ausreichend großen, wenn auch nicht sehr ausgedehnten Bühne mit darunter liegender Krypta und prächtigem Chor darüber. Hoch oben eine große Kreuzesszene in Fresko; häufiger anzutreffen in italienischen Apsiden ist eine Darstellung Christi. Dies war jener Teil der Kirche, der Gott allein gehörte, zu erhaben, als dass Menschen sich dort hätten aufhalten können. Darunter und daran anschließend ist der Chor der Mönche und der Altarraum, Platz der sterblichen Gemeinschaft. Schließlich, in der Krypta, vom Kirchenschiff aus sichtbar angeordnet, wie in Mittel- und Norditalien und in Süddeutschland weit verbreitet, der Schrein des Heiligen und eine geräumige Kirche mit Gewölbe, in der sich die Pilger versammeln können oder in geordneten Prozessionen herumgeführt werden, um dem heiligen Zeno Tribut in Form von Geld und Gebeten zu zollen.

Bei einer solchen Anordnung war es für einen Laien absolut nicht leicht, sich in den Mönchschor zu verirren, es sei denn, er war extra eingeladen oder geführt. Doch waren die Mönche nicht abgeschieden, Chorgebet und Messen wurden vor den Augen der Menschen im Kirchenschiff abgehalten, vor den Augen der Bürger von Verona und vor jenen, die diese schöne Stadt besuchten, am Oberlauf der Etsch gelegen – zwischen Brenner, Bayern, Österreich und der lombardischen Ebene.

Verona war in römischer Zeit ein strategisches Zentrum gewesen; zur Blütezeit des mittelalterlichen Reiches, im 10., 11. und 12. Jahrhundert, wurde die Stadt eines der bedeutendsten strategischen Zentren Italiens, und das war sie immer wieder einmal bis zu den Tagen Napoleons. Äußeres und sichtbares Zeichen davon sind die Skulpturen rund um das Westportal der Kirche und die Bronzetafeln der Westtüren. Die Tafeln repräsentieren zwei Perioden und Stile des Kunsthandwerks, das Datum ist heftig diskutiert worden. Als zutreffendste Ansicht gilt jetzt, dass die erste Gruppe der Bronzetafeln zum letzten Teil des Bauvorhabens gehört (um 1138), obwohl auch eine ganze Reihe früherer Daten vorgeschlagen wurden und auch weiter verteidigt werden; diese und die späteren Tafeln, dazu die sie umgebenden Steinplastiken machen die Westfront von San

Zeno zu einer Fundgrube erzählender Kunst. Das Ganze, obwohl in mancher Hinsicht eigenartig zusammengewürfelt, steht auf liebenswürdige Weise nebeneinander, symbolisch verbunden durch die in Bronze dargestellte Gestalt des Steinbildhauers. Die Quellen sind jedoch sehr verschiedenartig. Es finden sich viele Szenen aus dem Alten Testament und ein Abriss des Lebens Jesu. Der Stil der Bronzen der ersten Periode, so ursprünglich sie auch sind, erinnert an die herrlichen Bronzetüren in Hildesheim; es besteht wenig Zweifel, dass es sich hier um deutsche Arbeit handelt und dass deutsche Künstler, ebenso wie Kaufleute und Ritter aus Bayern, über den Brenner die Etsch entlang kamen, um die Bronze zu formen. Die Steinmetze schufen für uns außer biblischen Themen auch den Tod Theoderichs des Großen, Theoderichs des Ostgoten, der in der germanischen Sage zu Dietrich von Bern, Dietrich von Verona, wurde. Dietrich von Bern nahm seinen Platz in den Gedichten, deren Höhepunkt das *Nibelungenlied* war, in Deutschland zu ziemlich dem gleichen Zeitpunkt ein, wie er an den Wänden von San Zeno in Stein Form annahm. Auf diese Weise drückte sich die Westfront in einer Sprache aus, die sowohl für heimische Italiener als auch für zu Besuch kommende Deutsche verständlich ist.

Wir haben eine Anzahl Wege und Seitenpfade untersucht, die zu verschiedenen Erklärungen für die Konzentration von Menschen und Geld in den Klostergemeinschaften des 11. und 12. Jahrhunderts führten. Fügt man die bisherigen Erkenntnisse zusammen, so kann man sagen, dass infolge einer Vielzahl von Gründen – von der Angst vor der Hölle über die Suche nach Frieden bis zum Streben nach den monastischen Tugenden als frommes und auch zeitgemäßes Ziel – die Zahl der Mönche anstieg. Wir haben gesellschaftliche und geistige Gründe untersucht; und es ist im Hinblick auf die Geschwindigkeit der Bewegung absolut nicht überraschend, dass es viele schlechte Mönche gab neben vielen guten und gleichgültigen, sogar ganze Gemeinschaften, die zu Zänkerei und Räuberei übergegangen waren. Das herkömmliche Mönchtum scheint das Monopol der Wohlhabenden geblieben zu sein; die neuen Bewegungen waren, wie wir sehen werden, manchmal eher Vertreter der Gleichheit. Doch innerhalb dieser Grenzen war die mächtige Bewegung der Neuzugänge zu den alten Klöstern offensichtlich sehr weit verbreitet; sie nahmen Männer unterschiedlichsten Charakters und verschiedenartigster Begabung auf. Diese Vielfalt an Talent ist es, die eines der eindrucksvollsten Merkmale des Mönchtums Ende des 11. und Anfang des 12. Jahrhunderts ausmacht. Man trifft in jeder Periode innerhalb der Klostermauern auf eine ungewöhnliche Konzentration von Männern mit großen geschäftlichen Fähigkeiten, mit großer Begabung als Philosophen und Schriftsteller und mit bemerkenswerten handwerklichen Fähigkeiten.

Zu jeder Zeit des Mittelalters fand sich in den Klöstern eine Vielfalt an Talent und Persönlichkeit, doch ist dies in jener Periode besonders ausgeprägt. Vielfalt und Variationsbreite der Begabungen gingen ab der Mitte des 12. Jahrhunderts zurück. Vergleichbare Möglichkeiten für Männer von akademischer, friedvoller Geisteshaltung und die beruflichen Möglichkeiten für Kunsthandwerker in der Außenwelt nahmen stark zu. Die erste Blüte der monastischen Bewegung ging zu Ende, die Klöster hörten auf, ihrer Zeit voraus zu sein. Auch im 13. Jahrhundert und in vielen Gebieten noch darüber hinaus zogen sie Scharen von Nachwuchs an, doch rekrutierten sie sich nicht mehr annähernd in gleichem Maße aus den Reihen der Männer von schöpferischem Geist oder besonderer Begabung. Und hier liegt einer der Gründe für den relativ starken Zurückgang des monastischen Einflusses in der Kirche des späten Mittelalters.

7 Der Beitrag der Klöster zur „Renaissance des 12. Jahrhunderts"

Die geistige und kulturelle „Renaissance" im 12. Jahrhundert begann spätestens im 11. Jahrhundert und war auch im 13. Jahrhundert höchstens teilweise zu Ende. Sie war der künstlerische, literarische und kulturelle Ausdruck der großen Epoche des Wandels im Hochmittelalter. Diese „Renaissance" begann als kirchliche Bewegung, deren Ausgangspunkt eine Verbesserung der Erziehung und der Bildung des Klerus und deren offensichtlichstes Ergebnis eine Erneuerung und Neuorganisation der kirchlichen Institutionen war. Die Gründung der Universitäten einerseits und der Bau der großartigen romanischen und gotischen Kirchen mit ihren Verzierungen und damit verbundenen Kunstfertigkeiten waren die augenfälligsten Monumente der Bewegung; in dieser Hinsicht blieb sie auf Dauer geistlich inspiriert. Doch sie wuchs und breitete sich in allen Richtungen aus, bezog schließlich einige sehr weltliche Elemente und auch manche Irrlehren mit ein und trug zur Entstehung von einheimischer Literatur von großer Vielfalt, geistiger Größe und Weltbezogenheit bei.

Architektur und Kunsthandwerk

Die Renaissance im 12. Jahrhundert war eine kosmopolitische Bewegung, und wir werden auf ihren Spuren durch ganz Europa wandern. Ihre wesentlichen Zentren lagen jedoch in Frankreich und Italien. In Italien und der Provence bedeuteten die greifbaren Überreste der Antike einen dauernden künstlerischen Einfluss, verbunden mit einem beständigen Kontakt mit Byzanz und (etwas weniger stark) mit dem Islam. Für den Historiker der Kunst des Mittelalters ist Italien häufig verwirrend, denn einige dieser Einflüsse waren immer gegenwärtig und konnten die Kunsthandwerker in fast jedem Zeitalter ganz plötzlich überfallen; dennoch ist Italien entscheidend, denn durch dieses Land strömten jene römischen und byzantinischen Einflüsse, die so viele Themen der Kunst und Architektur des 11. und 12. Jahrhunderts lieferten, außerdem auch eine Richtung des islamischen Einflusses, auf den einige Elemente der gotischen Architektur, vor allem in der Form des gotischen Bogens, zurückging. Die Provence war zu diesem Zeitpunkt Teil der kulturellen Welt Italiens, und wenn man in Nîmes umherwandert und das Tonnengewölbe und die kannelierten Säulen des antiken Tempels der Diana betrachtet oder im nahe gelegenen Saint-Gilles, wo Architekten und Bildhauer des 12. Jahrhunderts ein Bauwerk voll klassischer Architrave und Friese schufen, so kann man auf kleinem Raum etwas von der Geschichte romanischer Architektur und Bildhauerkunst erkennen. Um jedoch eine deutliche Vorstellung und eine klare Chronologie der Entwicklung der Romanik zu erhalten, muss man sich hauptsächlich den übrigen Gebieten Frankreichs zuwenden. Der Begriff selbst hat viele Deutungen erhalten, verschiedenartige Unterteilungen nach Zeit und Land sind vertreten worden, die den Laien verwirren. Für unseren Zusammenhang geht es im Wesentlichen um die Architektur der bedeutenden Kirchen aus dem 11. und 12. Jahrhundert, um die Plastik, die zunehmend mehr die Portale, dieTüren und die Kapitelle der Arkaden schmückte, die Glasmalerei, die Wandgemälde – und alle damit in Zusammenhang stehenden Künste und Fertigkeiten, wie Wandbehänge, gelegentliche kleine Teppiche auf dem Fußboden, die vor den großartigen Altarantependien lagen, reich verzierte silberne und goldene Hostienteller, Kelche und Pyxides und herrliche Messbücher auf dem Altar, Reliquiare aus kostbarem Metall mit eingelegten Edelsteinen oder Emailverzierungen auf oder hinter dem Altar. Das dauerhafteste der verwendeten Materialien war Stein, und die Architektur ist die am vollständigsten erhaltene Kunstrichtung;

vieles von der Plastik ist erhalten geblieben, wo nicht das Wetter, neue Richtungen oder religiöse Bilderstürmer sie entstellt haben. Auch die herrliche Buchmalerei ist in zahlreichen erhaltenen Handschriften überliefert. Fast alle Wand- und Bodenteppiche jener Zeit sind verloren gegangen, und von weiterer Ornamentik und den Wandgemälden überlebte nur ein kleiner Teil, der uns an die Pracht einer großen Kirche in jener Zeit erinnert. Doch in manchen Schatzkammern, vor allem in den katholischen Regionen Deutschlands, in Teilen von Frankreich und Spanien und in Italien, sind Sammlungen früher Kunstschätze erhalten geblieben; darüber hinaus wurde sehr vieles in den Museen der ganzen Welt angesammelt.

Der Begriff Romanik wird normalerweise für einen Stil gebraucht, aber auch für die Größenordnung eines Bauwerkes – vor allem jedoch für die Neigung zum Bau großer Kirchen mit herrlichen Deckengewölben. Von den Kunsthistorikern entdeckt wurde dieser Stil zum ersten Mal in der Architektur der Lombardei im 9. und 10. Jahrhundert, dann im 10. und 11. Jahrhundert in einem weiten Gebiet, zu dem Süddeutschland und das Rheinland, das Rhônebecken und große Teile Frankreichs und Kataloniens gehören. In den Anfängen zeigte sich das Streben nach großräumiger Bauweise am deutlichsten in Deutschland zur Zeit der Ottonen; im 11. Jahrhundert war es weit verbreitet. In Deutschland sind nur wenige größere Kirchen aus dem 10. Jahrhundert erhalten geblieben, doch lässt sich an der Abteikirche von Gernrode erkennen, wie sie aussahen. Außerdem war die Romanik in Deutschland so konservativ, dass sie sich in Form und Struktur von Mittelzell auf der Reichenau, den Kathedralen von Worms und Speyer (hauptsächlich 10. und 11. Jahrhundert) über Maria Laach (hauptsächlich 12. Jahrhundert) bis zur Kathedrale von Mainz (aus dem 12. und 13. Jahrhundert) nur wenig weiterentwickelt hat. Sowohl der Größe als auch der Zahl nach fanden die eindrucksvollsten Kirchenbauten im anglo-normannischen Königreich nach der normannischen Eroberung statt. Jede englische Kathedrale und fast jede größere Abtei wurden innerhalb einer oder zweier Generationen nach der Eroberung in französischem oder romanischem Stil neu erbaut; gleichermaßen augenfällig waren diese Bestrebungen auch in der Normandie selbst. Der Eindruck, den diese großen Kirchen hervorrufen wollen, wird am großartigsten immer noch von der Abtei von Jumièges vermittelt. Aus der gleichen Zeit stammen die beiden Abteien in Caen, für Männer und Frauen, von Wilhelm dem Eroberer und seiner Frau gegründet; Plan und Entwurf von Jumièges, mehr noch von Saint-Étienne, dem Männerkloster in Caen, waren die Vorlagen, nach denen die normannischen Steinmetze in England arbeiteten. In Caen wurden die ersten großen Versuche unternommen, ein vollständiges Kreuzgratgewölbe über einer großen Kirche zu schaffen; in Durham in England entstand mit den Gewölben, die noch immer das große Kirchenschiff überspannen, der nächste wesentliche Fortschritt im ersten Viertel des 12. Jahrhunderts. Die Steinmetze von Durham hatten entdeckt, dass sich ein sichereres Gewölbe bauen ließ, wenn durch ein Spitzbogengewölbe das ungeheure Gewicht mehr auf die Bögen und die darunter liegenden Wände verlagert wurde; auf diese Weise fand, technologisch gesehen, der Spitzbogen seinen Platz im Repertoire der fortschrittlichsten Steinmetze jener Zeit.

Diese Form war mittlerweile, aus einem anderen Einflussbereich kommend, auch bei einem noch berühmteren Bauwerk als Durham vertreten. Der Spitzbogen war lange Zeit Teil der Formensprache islamischer Architektur gewesen, vor allem in den Gebieten im Inneren der heutigen Türkei. Der ästhetische Reiz und die architektonischen Vorteile des Spitzbogens drangen vermutlich schon vor dem Ende des 11. Jahrhunderts bis zur Abtei des heiligen Benedikt in Monte Cassino vor; mit Sicherheit wurde er bei der dritten Kirche von Cluny (ab 1088) verwendet. Von Monte Cassino aus dem 11. Jahrhundert ist nichts erhalten geblieben, von der dritten Kirche von Cluny nur ein Fragment; doch ist in diesem Fragment und verschiedenen Nachahmungen ausreichend viel erhalten, um zu sehen, wie sich der Spitzbogen in einem sonst konservativen Rahmen etablierte.[1]

Eindrucksvoller und auch mit weiter reichendem Einfluss war das Aufeinandertreffen von Romanik und Gotik in der Abtei Saint-Denis unter der Gönnerschaft von Abt Suger, dessen Werk sich über die Zeit zwischen 1120 und 1140 erstreckt.[2] Hier trafen die sich weiterentwickelnden Techniken von Durham und Monte Cassino auf die Bildhauertradition von Santo Domingo und Moissac. Von der rohen Skulptur aus der Zeit um das Jahr 1000 bis zu den Reliefs von Silos und Moissac ist es ein großer Schritt, der nur unvollständig belegt ist. Klar ist, dass die verhältnismäßig weit verbreitete technische Geschicklichkeit an der Wende vom 11. zum 12. Jahrhundert in Nordspanien und Südfrankreich ein entscheidendes Zusammentreffen mit einer neuen und erregenden Ikonographietradition erlebte. Diese Tradition entstand durch die spanische Methode, den Kommentar zur Apokalypse des Beatus von Liebàna (gestorben um 798) zu kopieren, der mit herrlichen Bildern im spanischen Stil jener Zeit ausgestattet war, deren mozarabische, islamische Einflüsse zum lebhaften, exotischen Bild dieser Visionen beitrugen. In Toulouse und Moissac wurden sie auf Stein übertragen, und vor allem in Moissac erkennen wir eine der grundlegenden Inspirationen der Plastik des 12. Jahrhunderts. In der Welt der kosmopolitischen künstlerischen Einflüsse Anfang bis Mitte des 12. Jahrhunderts entstanden in vielen Teilen Nordwesteuropas erfolgreiche Bildhauerschulen. Die gewandtesten und stilbildenden waren jene von Cluny, Vézelay und Autun, die Zentren der Kunst von Burgund, und jene von Saint-Denis. In gewissem Maß standen in dieser Periode alle Kunstrichtungen und Kunsthandwerke in Beziehung zueinander, so dass häufig Metallarbeiten die Handschriftenmalerei beeinflussten, die Malerei die Plastik inspirierte und so weiter. Dennoch gibt es einige überraschende Unterschiede durch den geographischen Entstehungsort von Malerei und Plastik. In der Buchillumination ist Frankreich weniger bedeutend, Deutschland und England hingegen mehr als in anderen Kunstrichtungen; und hier zeigt sich ein durchgreifender byzantinischer Einfluss, der in anderen Kunstrichtungen weit weniger zum Ausdruck kommt. Grund hierfür

Vézelay (Burgund), Vorhalle der Kirche mit Tympanon (Christus als Richter).

sind zum Teil die Zufälle der Erhaltung. So sind uns aus einer Reihe von Gründen, zum Beispiel auf Grund des Klimas, in und aus den Kirchen Nordspaniens weit mehr Wandgemälde erhalten geblieben als anderswo; doch niemand, der die großartige Abteikirche Saint-Savin-sur-Gartempe in der Nähe von Poitiers besucht hat, wird umhin können, sie als eines der eindrucksvollsten Monumente mittelalterlicher Kunst anzusehen. Zum Teil hängt das damit zusammen, dass es in England und Deutschland eine stark ausgeprägte Tradition der Malerei gab, wodurch dort schon im 10. Jahrhundert Zentren der Buchherstellung entstanden waren. Der byzantinische Einfluss in der Malerei lässt sich zum Teil dadurch erklären, dass durch die Kreuzzugsbewegung und über Sizilien eine Vielzahl von kleinen beweglichen Gegenständen nach Westeuropa gelangte, welche die Malerei mehr als die Bildhauer- oder Baukunst beeinflussen konnten; außerdem finden wir eine Erklärung im Interesse an der byzantinischen Darstellungsweise des menschlichen Körpers. Dennoch ist der Unterschied zu anderen Künsten und der Literatur auffallend. Am erfolgreichsten war in Nordwestfrankreich die normannische Schule, ein Produkt der Verbindung von Engländern und Franzosen, die in diesem Gebiet der normannischen Eroberung vorausgegangen war. Die bedeutendste Schule von Burgund befand sich ausgerechnet in Cîteaux; von dem Engländer Stephan Harding, dem dritten Abt, gegründet, zeigte sie deutliche englische Einflüsse.[3]

Mönche und romanische Kunst

Die erste Phase der „Renaissance" im 12. Jahrhundert kann, klar und drastisch vereinfacht, aber nicht ganz falsch, etwa von 1050 bis 1140 angegeben und als charakteristisch monastische Phase definiert werden. Mitte des 12. Jahrhunderts übernahmen weltliche Meister die Initiative in Wissenschaft, Literatur und Kunst. Ab etwa 1170 lieferten die Klöster nur noch selten neue Gedanken und Anregungen – obwohl die neuen Orden, die Bettelmönche, im 13. Jahrhundert auf jeden Fall im intellektuellen Bereich und in der Organisation der Kirche eine entscheidende Rolle spielten. Doch ab etwa 1170 waren Kunst und Handwerk – einmal Domäne des Mönchtums – ganz von meist weltlichen Künstlern übernommen. Die Mönche hatten nie das Monopol irgendeiner Kunstrichtung, auch nicht der Wissenschaft; doch kann man sagen, dass die gemeinhin als romanisch bezeichnete Kunst und Architektur typisch monastisch, gotische Kunst und Architektur dagegen das Spiegelbild der weltlichen Kirche waren. Dies ist eine kühne, möglicherweise sogar verwegene Behauptung. Viele große romanische Kathedralen – Mainz, Speyer, Worms und Dutzende von anderen in Italien, Frankreich und England – werden sie zurückweisen. Auch lässt sie sich nur schwer gegen die Vielfalt an gotischer Kunst und Architektur in

Vézelay, Kapitell, die „mystische Mühle“:
Ein Prophet gibt das Getreide (das Wort des Alten Testaments) in die Mühle, der Apostel Paulus treibt die Mühle an und nimmt das Mehl (die Botschaft des Neuen Testaments) auf.

zahllosen Klöstern aufrechterhalten. Und doch spricht einiges dafür. Von den ersten unvollkommenen Spuren romanischer Plastik in Dijon über die Reliefs und Malereien in Santo Domingo de Silos bis zur Plastik in Moissac, Cluny und Vézelay, Saint-Gilles und Saint-Trophime in Arles lässt sich die Geschichte der romanischen Kunst in Klöstern verfolgen; nicht lückenlos, denn wenn wir Cluny und Vézelay einbeziehen, müssen wir in einem Buch über die Geschichte der Klöster den großartigen Triumph romanischer Plastik in der weltlichen Kirche St-Lazare in Autun beiseite lassen. Doch als Faustregel bleibt die Verbindung von Romanik und Mönchen bestehen; und wenn wir die zahllosen Beispiele in dem großartigen Buch von Émile Mâle über religiöse Kunst in Frankreich im 12. Jahrhundert betrachten, so ist die überwiegende Mehrzahl bis hin zu den späteren Werken von Abt Suger in Saint-Denis von etwa 1140 monastisch. Mâles Buch über religiöse Kunst in Frankreich im 13. Jahrhundert, das die Zeit zwischen etwa 1150 und dem frühen Jahrhundert umfasst, basiert dagegen fast ausschließlich auf gotischen städtischen Kathedralen.

Monastische Beteiligung an der Kunstentwicklung

Der Begriff „monastisch" ist in diesem Zusammenhang zweifellos doppeldeutig, und das aus zwei Gründen. Erstens umfasste er Ende des 11. und im 12. Jahrhundert eine große Vielfalt an neuen Richtungen und Orden neben dem herkömmlichen benediktinischen und cluniazensischen Mönchtum. Ein weiterer Doppelsinn des Wortes „monastisch" ergibt sich aus der einmal vertretenen Lehrmeinung, dass mittelalterliche Klöster von den Mönchen selbst erbaut und ausgeschmückt wurden. Viele romantische Seiten in *Les Moines d'Occident* (Die Mönche des Abendlandes) (1860–1877) von Montalembert belegen diesen Glauben, der außerdem seinen praktischen Ausdruck fand, als die Mönche von Buckfast und Maria Laach im späten 19. und frühen 20. Jahrhundert selbst darangingen, ihre Abteien zu restaurieren und neu aufzubauen. In der Anwendung des Begriffs auf Steinmetze und Handwerker des Mittelalters wurde diese Doktrin vor fünfzig Jahren von G. G. Coulton und seinen Schülern widerlegt. Sie zeigten, dass, so weit man sehen kann, der Großteil des Vorhandenen die Arbeit professioneller Steinmetze und professioneller Künstler ist. Sie räumten mit den alten romantischen Vorstellungen auf, räumten dabei aber mehr beiseite, als sie sollten, was häufig vorkommt, wenn das Streben nach der Wahrheit sich in Kontroversen verfängt. R. E. Swartwouts *The Monastic Craftsman* (1932) ist eine kluge Darstellung der Lehrmeinung, die vorher schon ausführlich in Coultons *Art and the Reformation* (erste Auflage 1928) dargelegt wurde. Swartwout führt ziemlich gut einige der deutlichsten Beweise monastischen Kunsthandwerks an und erkannte, dass man die Chronologie genau beachten muss. Es wird zunehmend mehr erkannt, dass erstens der Großteil genauer Zeugnisse aus dem 13. Jahrhundert und aus späterer Zeit stammt, und zweitens, dass zu diesem Zeitpunkt professionelle Laien die Mehrzahl sogar der schön geschriebenen Bücher herstellte, jene vor dem 12. Jahrhundert für die Klöster typischste Kunst. Das Pendel ist ein gutes Stück zurückgeschwungen – vielleicht noch nicht weit genug –, doch kann man ohne weiteres sagen, dass im 11. und frühen 12. Jahrhundert die monastische Beteiligung bei vielen Künsten weit verbreitet war und bei anderen eine entscheidende Rolle spielte; auch spielten die monastische Inspiration und Gönnerschaft zum gleichen Zeitpunkt ihre bedeutendste Rolle, selbst wenn sich die Mönche nicht eigenhändig an künstlerischen Arbeiten beteiligten. Ebenfalls ist klar, dass es keine Periode gab, in der Laien nicht eine große Rolle in jeder Kunst spielten. Bei der monastischen Wiederbelebung in England im 10. Jahrhundert waren die heiligen Dunstan und Ethelwold persönlich an den für ihre Zeit charakteristischen Kunstwerken beteiligt; und von vielen der berühmten normannischen Mönche des 11. Jahrhunderts berichtet Ordericus Vitalis, dass sie besondere Fähigkeiten vor allem auf dem Gebiet von Musik und Gesang besaßen. Dies sind nur Beispiele, die sich aber ausreichend vermehren lassen, um zu zeigen, dass in dieser nichtspezialisierten Welt Kunstfertigkeit verschiedener Richtung ebenso normal innerhalb wie außerhalb des Klosters zu Hause war; dass in Gemeinschaften, die sich in gewissem Maß – selbst innerhalb des traditionellen Mönchtums des 10. und 11. Jahrhunderts – der Arbeit widmeten, jene, deren Talente in dieser Richtung lagen, durch nichts behindert wurden, aber durch vieles ermutigt.

Zweifellos war die monastische Beteiligung an großen Vorhaben, das heißt am Bau von sehr großen Kirchen, weniger verbreitet. Das Ganze wurde im frühen 12. Jahrhundert feinsinniger und weiter entwickelt. Eine Vielzahl neuer Klöster benötigte Gebäude und Möbel, außerdem (jedenfalls die weniger strengen unter ihnen) Produkte aller Kunstgattungen und entwickelten so eine selbst für das Wachstum dieser Zeit beispiellose Nachfrage nach Arbeitskräften. Mit Sicherheit haben sie auf die Talente in ihrem Bereich zurückgegriffen, soweit vorhanden; doch können damit die Bedürfnisse nicht immer gedeckt gewesen sein.

Stellen wir die Frage: Gab es im 11. oder 12. Jahrhundert einen cluniazensischen Stil oder eine „Schule von Hirsau" oder einen von den Augustinern entwickelten Stil? Die knappe Antwort darauf ist: Nein. Große Gönner, wie Cluny, konnten mit ihren weitreichenden Verbindungen zwar Richtungen und Bewegungen in einem weiten Bereich beeinflussen. Doch ist es interessant zu beobachten, dass im Bereich des Einflusses von Cluny die Plastik von Moissac und Vézelay mehr Nachahmung fand als die Architektur der dritten Kirche von Cluny, dass in vielen Teilen Europas die Kirchen Clunys und deren Dekoration nicht im Geringsten von anderen lokalen Bauwerken abweichen;[4] dass es nur selten möglich ist, beim Betrachten eines Bauwerkes zu sagen, zu welchem Orden es gehört oder ob es sich um Kirchen von Kanonikern handelt, die zu einem Orden gehörten oder weltlich waren. Die einzige Ausnahme machen hierbei die Zisterzienser (siehe auch S. 173 ff.).

So kann vor der Mitte des 11. Jahrhunderts nie mit Sicherheit davon ausgegangen werden, dass ein Kloster innerhalb seiner eigenen Gemeinschaft eine Vielfalt an Kunsthandwerkern aller Art hatte. Gelegentlich richtete ein guter Kunsthandwerker eine Schule von Nachfolgern ein, vor allem in jener Zeit, als sich die Gemeinschaften vor allem aus Kindern rekrutierten; manchmal bestanden diese Schulen über zwei oder drei Generationen. Benötigte eine Gemeinschaft oder ein Abt Bücher, Gemälde oder Gebäude, so wandten sie sich an das beste erreichbare Talent; innerhalb des Klosters, wenn vorhanden, sonst außerhalb. Der neue Chor der Kathedrale von Canterbury, zur Unterbringung des Schreines des heiligen Thomas Becket nach dem Brand 1174 gebaut, ist ein Denkmal des Eifers einer Gemeinschaft, und manche Mitglieder waren zumindest daran beteiligt, indem sie Geld sammelten und die Arbeit der Steinmetze organisierten. Der Architekt jedoch wurde durch Wettbewerb ausgewählt, und mit der Wahl von Wilhelm von Sens nahmen die Mönche einen professionellen Entwurf an, der auf verschiedenen zeitgenössischen französischen, frühgotischen Modellen basierte. Canterbury ist besonders gut belegt; in mancher Hinsicht ist der Bau dieser Kathedrale sicherlich beispielhaft für den frühen üblichen Verlauf; auf jeden Fall aber ist er exemplarisch für das, was später zur Norm werden sollte.

Theophilus und sein Lehrbuch der Kunst

So hatte der monastische Anteil in der ersten Hälfte des 12. Jahrhunderts seinen Höhepunkt erreicht; und es ist kein Zufall, dass aus dieser Zeit die zwei berühmtesten erhaltenen Denkmäler der monastischen Kunst stammen. Im frühen 12. Jahrhundert legte in Deutschland der Mönch Theophilus in seinem Lehrbuch *De diversis artibus,* einem Handbuch der Renaissance sehr ähnlich, detaillierte Anleitungen dar zum Illuminieren von Büchern, zur Herstellung von Glasgefäßen und bemaltem Glas und zur Ornamentierung von Metall; Metallarbeiten behandelt er besonders ausführlich und gründlich. Die Schrift ist sehr technisch, gibt aber dennoch auch etwas von Vorstellungen und Geist des Autors wieder.[5]

„Theophilus … des Namens und der Gelübde eines Mönchs nicht wert – wünscht allen, die bereit sind, Müßiggang und geistige Trägheit durch nützliche Beschäftigung ihrer Hände und durch Erschaffung neuer Dinge abzuwenden und zu vermeiden, dafür den Lohn des Himmels.

In dem Bericht von der Erschaffung der Welt lesen wir, dass der Mensch nach dem Ebenbild Gottes geschaffen und durch den göttlichen Atem belebt wurde … Niederträchtig durch die Arglist des Teufels getäuscht, verlor er durch die Sünde des Ungehorsams das Vorrecht der Unsterblichkeit, gab jedoch an spätere Nachkommen die Klugheit und Einsicht weiter, so dass jeder durch Bemühen und Interesse imstande ist, eine Fähigkeit für alle Künste und Kunstfertigkeiten zu erlangen, als wäre es Erbrecht."

Und er fährt fort, dass ein Kunsthandwerker, der sich weigert, sein Handwerk auszuüben, gleich dem Mann im Gleichnis, der es versäumte, „seinem Herrn sein Talent mit Zinsen zurückzugeben", dem Urteil Gottes ausgesetzt ist.

Theophilus sieht die Kunstfertigkeit als eine Gabe Gottes an und gibt seiner Abhandlung einen theologischen Rahmen. Dennoch ist sie auch eine außerordentlich praktische Darstellung dessen, was er über diese Künste aus eigener Erfahrung weiß und von anderen gelernt hat.

„Betrachtet man es genau, sieht man [in den Bildern] alle Arten und Schattierungen der verschiedenen Farben, die den Griechen [Byzantinern] zur Verfügung stehen; was die Russen von Emaille- oder verschiedenartigen Nielloarbeiten wissen; was die Araber durch Schmieden oder Hämmern oder Reliefgravuren verzierten, welche Art von Goldverzierung in Italien bei den verschiedensten Gefäßen oder der Gemmen- und Elfenbeinschnitzerei angewandt wird; was Frankreich bei seiner prachtvollen Vielfalt der Fenster schätzt; welche Geschicklichkeit in Deutschland für die kunstvollen Arbeiten aus Gold, Silber, Kupfer, Eisen, Holz und Stein vorhanden ist."

Zweifellos übertreibt er sein Wissen über Russland und Arabien etwas, doch hat er Recht damit, dass seine Geschicklichkeit echt und kosmopolitisch war. Er schreibt aus dem Kloster, doch seine Vorstellungen waren alles andere als begrenzt. Er geht weder davon aus, dass seine Leser monastisch seien, noch deutet er das Gegenteil an; und es ist klar, dass dieses Buch für Männer sowohl innerhalb als auch außerhalb des Klosters geschrieben ist, die Latein ohne Schwierigkeiten lesen konnten, und dass es zunächst vor allem in Klosterbibliotheken kursierte. Es besteht wenig Zweifel, dass er es in einem Kloster in Westdeutschland schrieb, wahrscheinlich in einem der nach dem Modell von Gorze entstandenen Häuser. Mit großer Wahrscheinlichkeit wurde er mit Roger, einem Mönch von Helmarshausen, identifiziert, der ein bedeutender Künstler von Metallarbeiten an der Wende vom 11. zum 12. Jahrhundert war.

Arbeit und Bücher – Arbeit an Büchern

Von den Orden des 12. Jahrhunderts war der weitest reichende – und jener, der eine Architektur von eindrucksvoller Gleichartigkeit hinterlassen hat – der Orden der Zisterzienser. Sein Beitrag ging im Wesentlichen von zwei Tatsachen aus – davon, dass das Prinzip der Gleichheit bei der Rekrutierung auf einmalige Weise Kunsthandwerkern der unterschiedlichsten Fähigkeiten die Tore öffnete, wenigstens in den ersten Generationen seines Bestehens; außerdem davon, dass er wie kein anderer Orden in diesem Ausmaß auf dem Wert der Arbeit bestanden hat. Alle Lehrmeinungen des Mittelalters über die Arbeit leiten sich aus der Genesis her; sie konnte also nur als Folge des Sündenfalls verstanden werden, der Adam zum Graben und Eva zum Spinnen führte; doch nach dem Sündenfall stellte Jesus selbst fest, dass die Lilien auf dem Felde ihre Schönheit weder dem Graben noch dem Spinnen verdanken. Der heilige Benedikt hatte Arbeit als gut für die Seele und zur Erledigung notwendiger Aufgaben vorgeschrieben; die Zisterzienser verstanden ihn so, dass alle Arbeit einer Gemeinschaft von Mönchen oder Laienbrüdern verrichtet werden sollte (siehe S. 165 f.).

Dies war kein vollkommen neuer Gedanke. Im traditionellen Mönchtum wurden die für die Arbeit festgelegten Stunden häufig zusammengestrichen, um Zeit für eine ausgedehntere Liturgie zu haben, und es war nie schwierig, Wege zu finden, um die für Handarbeit vorgesehene Zeit so zu verbringen, dass man sich die Hände nicht über Gebühr schmutzig machte. Nach der offiziellen cluniazensischen Doktrin war Lektüre manueller Arbeit gleichwertig; dennoch ist klar, dass auch in Cluny viel Arbeit unterschiedlichster Art verrichtet wurde. An der Wende vom 11. zum 12. Jahrhundert folgten mehrere neue Orden der alten, geheiligten Tradition und setzten ihre Chormönche an das Abschreiben von Büchern. Dies wurde allgemein als die Klosterarbeit par excellence angesehen, und auf diese Weise kamen die neuen Orden schnell in den Besitz von Bibliotheken, die es sogar mit einigen der ältesten Klöster aufnehmen konnten.

Bücher waren für alle neuen Orden von großer Wichtigkeit; und in diesem Abschreiben und Lesen lässt sich der entscheidendste Einfluss des Mönchtums auf die „Renaissance" im 12. Jahrhundert erkennen. Da sich die Bücher, die studiert wurden, vor allem in Klosterbibliotheken befanden und das Netzwerk der aktiven Schulen im Kloster verankert war – ihre Schüler waren hauptsächlich Novizen –, gingen die ersten Stadien der intellektuellen Wiederbelebung vorrangig vom Mönchtum aus. Es gab aber immer auch weltliche Schulen, und sie entwickelten sich neben den Klosterschulen. Die alten Dombibliotheken hatten immer mit den Klosterbibliotheken rivalisiert, und sie kamen wieder zu ihrem Recht, als die Erneuerung sich auch in den Domschulen entwickelte. In der ersten Hälfte des 12. Jahrhunderts wurden Ideen, die im Kreis der Mönche entstanden waren, weit außerhalb ihres Gesichtskreises in weltlichen Schulen weiterentwickelt.

Die Asketen und Reformer des 11. Jahrhunderts lasen die Klassiker des geistlichen Lebens früherer Zeiten; sie wurden durch die Literatur aus der Wüste, vor allem durch Cassian, angeregt, in die Wildnis zu gehen, als Eremiten zu leben oder neue Arten der Gemeinschaft zu bilden. Sie lasen die Regel des heiligen Benedikt nicht im Zusammenhang mit der Vielzahl von Regeln, wie sie in Klöstern traditioneller Observanz weiterlebte, sondern so, als wäre sie gerade erst geschrieben worden, ganz frisch und neu. Cassian hatte den Ursprung des Klosterlebens im Neuen Testament gefunden, und jeder religiöse Reformer, jeder christliche Idealist suchte in der Bibel nach Anregung oder Rechtfertigung. Kern fast jeder Klosterregel war ein Echo oder Zitat der Worte in der Apostelgeschichte, die das Leben der Apostel und der frühen Christen definierte als – Männer und Frauen, die „ein Herz und eine Seele" waren, denen „alles gemeinsam" war (siehe S. 21). So begannen die Mönche wieder mit dem Studium des Lebens der Apostel, um dort ihre eigene Wurzel und ihre Inspiration zu finden. Doch führten solche Studien in der Absicht weit über das Original hinaus, denn manche Mönche fanden Unterschiede zwischen dem Leben der frühen Anhänger und ihrem eigenen, die nicht zu ihrem Vorteil gereichten; außerdem verstärkten Kritiker von außen die Ansicht, dass eine ganz andere Lebensweise in Wahrheit viel apostolischer sei. Aus dieser Kontroverse und dem daraus folgenden Aufruhr der Ideen entstanden die führenden Prinzipien der neuen Orden. Es war ein alter Gedanke, dass die aktiven Geistlichen in der Welt, also jene, die sich mit der Verkündigung des Evangeliums, mit volkstümlicher Predigt und seelsorgerischer Tätigkeit beschäftigten, das Leben der Apostel führten, dass das apostolische Leben im Grunde aktiv, das monastische, das Leben in der Wüste oder der Gemeinschaft, kontemplativ war. Nun tauchten viele Argumente auf, ob das echte apostolische Leben nicht das bessere sei; oder ob die beiden Lebensformen nicht miteinander verbunden und vermischt werden konnten oder sollten; oder ob nicht schließlich und endlich das monastische Leben das wahrhaft apostolische sei. Auf eigenartige Weise führten diese Überlegungen bei vielen führenden Gestalten des klösterlichen Lebens jener Zeit zu der Ansicht, dass sowohl beständige Klausur im Klosterbereich als auch ein Wanderleben außerhalb, predigend und lehrend oder neue Gemeinschaften gründend, gleichermaßen Ausdruck eines wahrhaft apostolischen Lebens sei. Auf diese Weise wanderte Robert von Molesme von Kloster zu Kloster und gründete schließlich Cîteaux; so wanderte der Schüler des heiligen Anselm, Honorius Augustodunensis, wo immer er auch hergekommen sein mag, zwischen Deutschland und England hin und her und sammelte und verbreitete seine und seines Meisters Vorstellungen unter Mönchen und weltlichen Lehrern. Zu seinen Ideen gehörten auch einige der biblischen Symbole, die die Ikonographie der Kunst jener Zeit sehr stark beeinflussten.[6]

Biographie und Geschichte

Das ganze 12. und 13. Jahrhundert hindurch waren Geschichte und Biographie die beiden Gebiete der Literatur, auf denen die monastische Vorrangstellung erhalten blieb. Ordericus Vitalis, Eadmer und Wilhelm von Malmesbury waren charakteristische Kloster-Autoren jener Periode: charakteristisch sowohl hinsichtlich ihrer Interessengebiete – Geschichte und Hagiographie – als auch ihrer Neigung für Kalligraphie; von allen dreien gibt es wenigstens von einigen ihrer Werke sorgfältig und wunderschön geschriebene Originalhandschriften. Das Geschichtsinteresse war vor allem einige Zeit für das anglo-normannische Mönchtum kennzeichnend, und das wiederkehrende Interesse an der Vergangenheit und an englischen und normannischen Traditionen beeinflusste auch sie. Auf jeden Fall konnte die Geschichtsschreibung nur in jenen Gemeinschaften wirklich gedeihen, die sich eine Erinnerung bewahrt hatten und Aufzeichnungen und Bücher als Basis für ein Geschichtsstudium besaßen. Wilhelm von Malmesbury, seit Beda der klügste Geschichtsforscher, regte andere, die nicht weniger klug waren, dazu an, sein Verfahren nachzuahmen und Geschichte zu schreiben und zu ersinnen, die weltlicher war als seine. Beda hatte eine Kirchengeschichte geschrieben, Ordericus' weitschweifige Chronik bezog sich ebenfalls auf die Kirche, auch wenn er immer wieder auf Gebiete abweicht, die eine normannische Gemeinschaft interessieren: die Ansiedlung der Normannen in England, die Reisen der Gründerfamilien seines Klosters und ihrer Gefolgsleute in Süditalien und auf Kreuzzügen. Eadmer schrieb Biographien und geschichtliche Werke; seine besten waren sein „Leben des heiligen Anselm" und die „Historia Novorum in Anglia", eine weitere Lebensgeschichte von Anselm unter anderem Vorzeichen – seine Rolle bei öffentlichen Ereignissen. Wilhelm von Malmesbury war hauptsächlich von Beda beeinflusst. Er teilte jedoch sein Hauptwerk auf in eine Geschichte der englischen Bischöfe und eine Geschichte der englischen Könige, denn er schrieb sowohl für weltliche als auch für monastische Gönner, und er wollte deren weltlichen Interessen Rechnung tragen. Sein bedeutendster Nachahmer war Geoffrey von Monmouth, ein Weltgeistlicher, der die weltlichste aller Chroniken des 12. Jahrhunderts schrieb, zunächst für den gleichen Gönner wie Wilhelm, dann für jeden, der sie lesen wollte. Das dichte Gewebe guter Geschichten und vor allem die ausführliche Schilderung von König Arthur, die er erfand, sicherten ihm unter den Chronisten des Mittelalters den größten Leserkreis. Sein Bericht über König Arthur stellte außerdem eine wesentliche Verbindung zwischen der gebildeten, lateinischen Klosterliteratur und jener der Landessprache in der Außenwelt dar.

Anselm von Canterbury – Theologie und Humanismus

Der heilige Anselm war an sich Italiener (um 1033–1109), der sich in Bec in der Normandie niederließ und schon sechzig war, als er Erzbischof von Canterbury wurde. Sein philosophisches

Wissen und seine Fähigkeit, selbst seine sublimsten Gedanken in einer sowohl kunstvollen als auch einfachen Sprache auszudrücken, machten ihn zum bedeutendsten Theologen seiner Zeit. Zwar fand er kein großes Publikum, doch war es für dieses suchende Zeitalter ausreichend, dass einige seiner schöpferischen Gedanken sich weiterverbreiteten. Er wurde auf diese Weise zur Zentralgestalt des Umschwungs von Frömmigkeit und Theologie, die für den Menschen des 12. und 13. Jahrhunderts Jesus und seine jungfräuliche Mutter in den Mittelpunkt religiösen Empfindens stellte. Dieses Empfinden vereinigte die Welt von Andacht, Literatur und Kunst mit der Welt der Bildung. Ansätze des zunehmenden Interesses an Jesus als Mensch und die damit verbundene wachsende Wertschätzung menschlicher Werte ließen sich in vielen Teilen Westeuropas erkennen, vielleicht besonders in Italien. Anselm war nüchtern und asketisch; doch jene, die von ihm beeinflusst waren, schufen aus seiner Vorstellung, dass Gott nicht deshalb Mensch wurde, um den Teufel um seine Rechte zu bringen, sondern um eine Beziehung zwischen Gott und Mensch herzustellen, die Basis des christlichen Humanismus des 12. Jahrhunderts. Keiner hätte mehr überrascht sein können über die Wege, auf die gelehrte und volkstümliche Theologen durch seine Konzeption geführt wurden, als Anselm selbst. In der nächsten Generation führte der große weltliche Lehrer Abaelard diese Gedankengänge noch weiter bis hin zu der Aussage, dass Jesus gekommen sei, um dem Menschen ein humanes Beispiel zu geben. In seinen eigenen Gedanken und seinem Leben verband er diese Theorie mit einem starken Glauben und tiefem Verständnis für menschliche Emotionen, worauf zum Teil die Geschichte seiner Beziehung zu Héloise beruht. Später, in einem Augenblick bitterer Reue, wurde Abaelard Mönch und starb schließlich als Mönch der Gemeinschaft von Cluny. Dies zeigt, wie eng benachbart Studierzimmer und Kreuzgang immer noch waren; aber es macht aus Abaelard keinen monastischen Theologen.

Der Kult der heiligen Jungfrau war schon Jahrhunderte vor dem Jahr 1100 fest verankert. Dennoch erhielt er in jenem Zusammentreffen italienischer und englischer Tradition in Anselms Kreisen ein neues Gesicht. Nicht Anselm selbst, sondern sein Neffe und Namensvetter, Mönch in Sagra di San Michele (oder Chiusa) und später Abt von Bury St. Edmunds, war Mittelpunkt eines Kreises, der sich speziell mit der Empfängnis der heiligen Jungfrau beschäftigte. Aus diesem Kreis, an dem Wilhelm von Malmesbury und Eadmer stark beteiligt waren, kamen Doktrin und Kult. Die erste bedeutende Sammlung von Wundern der heiligen Jungfrau und ihre Krönung durch ihren Sohn im Himmel wurden, soweit man weiß, zum ersten Mal bald nach 1120 in der Abtei Reading dargestellt, in Saint-Denis wieder aufgenommen und hielten auf diese Weise Einzug in die Ikonographie der Gotik.

An der „Renaissance" im 12. Jahrhundert war für uns die Vielfalt von größter Bedeutung. Nicht jeder teilte die Ansicht, dass der Mensch Jesus menschlichen Gefühlen und Schwächen freundlich gegenüberstand; nicht jeder fand die üppigen Techniken von Malerei, Plastik und Juwelen für die Ausschmückung von Kirchen passend. Zu Beginn des 12. Jahrhunderts brannten Ketzer Kirchen ab, argumentierten Puritaner, dass sie schlicht und schmucklos sein sollten, während Abt Suger und der Mönch Theophilus die Herrlichkeit Gottes in der üppigsten Ornamentierung und dem herrlichsten Schmuck zum Ausdruck gebracht sahen. Der für viele monastische Führer charakteristische strenge Asketizismus ging Hand in Hand mit der Ansicht, dass die Welt fast uneingeschränkt böse sei, auch wenn sie von Gott und als gut geschaffen worden war. Eine ganz schmale Linie trennte einige hervorragende monastische Philosophen, vor allem den bedeutenden Italiener Petrus Damiani, von der Ansicht, dass die Welt schon bei ihrer Entstehung böse gewesen sei – was Ketzerei bedeutet und die Basis einer der erfolgreichsten Irrlehren des 12. Jahrhunderts, jener der Katharer, darstellte. Doch wurde innerhalb der Klostermauern und unter den monastischen Führern die Liebe zur Schöpfung Gottes zuerst besonders gepflegt. Wenn wir danach fragen, was den heiligen Basilius des 4. Jahrhunderts, die irischen Eremiten des 6. und 7. Jahrhunderts, den heiligen Bruno des 11., die heiligen Bernhard und Franziskus des 12. und 13. Jahrhunderts miteinander verbindet, so kann als erste Antwort ihre Liebe zur Schönheit der Natur gelten – obwohl man diese Antwort auch in ihrer Ergebenheit an das asketische Leben finden kann.

Um 1100 kriechen Pflanzen und Früchte über die Seiten von Kräuterbüchern, ein Jahrhundert später entzückt uns immer wieder die genaue Beobachtungsgabe des Künstlers, die sich in Miniaturplastiken zeigt; die Liebe zur Natur kommt auch in der Lage der Grande Chartreuse, zahlreicher zisterziensischer Abteien und der Einsiedelei Carceri oberhalb von Assisi zum Ausdruck. Alle diese Orte waren die Heimat von Asketen, die der Welt den Rücken kehrten, während sie sie priesen. Doch ist es kaum verwunderlich, dass wir in der gleichen Welt, in der ein Bernhard und ein Franziskus lebten, in lateinischer und umgangssprachlicher Lyrik und in Erzählungen wortreiche Zeugnisse dafür finden, dass die Liebe zur Schönheit der Natur und die Freude an der Welt als einer guten Schöpfung Gottes Hand in Hand gingen mit einem immer bewusster angenommenen Hedonismus, manchmal recht heidnisch im Ursprung, manchmal fromm. Deutliche Spuren der Lehren des heiligen Bernhard finden wir bei Wolfram von Eschenbach, dem Dichter großer deutscher Epen des frühen 13. Jahrhunderts, einem durch und durch weltlichen Ritter.

Im frühen 12. Jahrhundert wurde der Ruhm des heiligen Wilhelm, des karolingischen Herzogs von Aquitanien, der Saint-Guilhem-le-Désert gegründet hatte, wie Ordericus Vitalis berichtet, durch das „Chanson de Geste" von Guillaume d'Orange überall verbreitet. Hauptthema ist die Vernichtung der Sarazenen; es handelt sich um eines der blutrünstigsten Kreuzzugsepen. Zu Beginn des 13. Jahrhunderts, als die Führer des Albigenser-Kreuzzuges die Häretiker in der Gegend von Toulouse niedermetzelten, gab Wolfram von Eschenbach seine Version der Legende des heiligen Wilhelm heraus, den „Willehalm", der als Gegensatz das Verlangen nach Toleranz zum Inhalt hat. Wahrscheinlich hat Wolfram weder einen Moslem noch Orange oder Saint-Guilhem je gesehen. Doch war Menschenfreundlichkeit Teil seines Charakters, und seine Doktrin von der Liebe Gottes zum Menschen zeigt, wie intensiv er die Geistesströmungen aufgenommen hatte, die von den Abhandlungen frommen und theologischen Charakters im 12. Jahrhundert ausgingen.

Das hier dargestellte Empfinden für menschliche Werte geht direkt auf den heiligen Bernhard zurück, macht aber Wolfram von Eschenbach außerdem zum Erben einer weiter gespannten Tradition des Humanismus im 12. Jahrhundert. In Biographien, Autobiographien und persönlichen Briefen trugen einige einfühlsame Schriftsteller des 11. und 12. Jahrhunderts durch die für das Mittelalter bemerkenswerte Fähigkeit, die Persönlichkeit des Menschen auszudrücken und darzustellen, wesentlich zur Literatur ihrer Zeit bei. Am schönsten kommt dies vielleicht in den Briefen von Héloise und Abaelard zum Ausdruck (siehe S. 198 f.); charakteristischer jedoch und unserem Thema näher liegend waren die bescheideneren Absichten des Biographen des heiligen Anselm, des Mönchs Eadmer, und die autobiographischen Versuche des normannischen Chronisten Ordericus. Eadmer wurde durch die außergewöhnliche Persönlichkeit Anselms und vor allem durch seine Gespräche zu einem neuartigen Stil angeregt. In einem berühmten Kapitel berichtet er, wie Anselm als Abt von Bec seine Vorstellungen vom Klosterleben auf die Knaben zu übertragen versuchte und dabei weniger grob vorging als einige seiner Kollegen. „Und was, so frage ich dich, soll man mit ihnen anfangen? Sie sind unbelehrbare Grobiane", schimpfte einer seiner Kollegen. „Wir hören nicht auf, sie Tag und Nacht zu schlagen, und es wird nur immer schlimmer mit ihnen." ... „Ihr hört nicht auf, sie zu schlagen? Und was wird daraus, wenn sie erwachsen sind?" „Dummköpfe", sagte Anselm. Er erwiderte, dass diese Behandlung so wenig gut für heranwachsende Mönche sei wie für junge Pflanzen im Garten; und dass auch ein Goldschmied sein Blatt aus Gold oder Silber nicht nur durch Schläge forme.

„Einmal presst und streicht er es sanft mit dem Werkzeug, dann biegt er es mit noch sanfterem Druck und gibt ihm Form. Wollt ihr also eure Knaben mit guten Eigenschaften ausstatten, müsst auch ihr außer dem Druckmittel von Schlägen Ermutigung und väterliche Sympathie und Sanftheit anwenden."[7]

Die Erziehung im Kloster galt für ein ganzes Leben; hier, in den Klosterschulen, lief vieles zusammen, was für das 11. und 12. Jahrhundert besonders charakteristisch war. Das Beste am traditionellen Klosterwesen ist zusammengefasst in dem frommen und bewegenden – und doch ganz unheroischen – Überblick seines eigenen Lebens, der das Lebenswerk von Ordericus Vitalis abschließt.

„Am Vorabend von Ostern wurde ich in Atcham, einem Dorf in England am gewaltigen Fluss Severn, getauft ... Als ich fünf war, ging ich in Shrewsbury zur Schule und widmete Dir in der Kirche St. Peter und Paul meine ersten Unterrichtsstunden ... Es gefiel Dir nicht, dass ich dort weiter mein Leben verbringen sollte ... im Falle die Gefahr bestünde, dass ich es versäumte, auf Grund der Liebe meiner Eltern Deinem Gesetz zu folgen. Und so, o Gott der Herrlichkeit, der Abraham anwies, sein Land, sein Haus und die Familie seiner Väter zu verlassen, hast Du meinen Vater Odeler veranlasst, mich aufzugeben und ganz Dir zu überlassen. Weinend übergab er dem Mönch Rainald ein weinendes Kind und schickte mich um Deiner Liebe willen ins Exil – ohne mich je wiederzusehen. Ein kleiner Junge widersprach seinem Vater nicht, doch ich gehorchte ihm in allen Dingen, da er mir versprach, dass ich das Paradies mit den Unschuldigen teilen würde ... und so verließ ich mein Land, meine Eltern, alle meine Verwandten und Freunde ... Mit zehn Jahren überquerte ich den Kanal und kam, ein Verbannter, in die Normandie, unbekannt und ohne jemand zu kennen. Wie Joseph in Ägypten hörte ich eine Sprache, die ich nicht verstand. Doch durch Deine Gnade fand ich unter den Fremden alle Güte und Freundschaft."

Er beschreibt seinen Empfang durch den Abt von Saint-Évroult, ferner, wie die Mönche ihm den Namen Vitalis gaben, damit sie nicht seinen barbarischen englischen Namen gebrauchen mussten, und wie er dort 56 Jahre gelebt hatte:

„... durch Deine Güte von allen Mönchen und allen, die hier lebten, geliebt und geehrt, wie ich es gar nicht verdient hatte. Ich habe Hitze und Kälte und die Lasten des Tages ertragen ... und erwarte geduldig meinen Lohn ... Gib mir den Willen, in Deinem Dienst fortzufahren, unwandelbare Kraft gegen die listige Bosheit des Satans, bis ich durch Deine Gabe das ewige Seelenheil erben werde. Und was ich für mich selbst erbitte, wünsche ich auch, gütiger Gott, für meine Freunde und Gönner und entsprechend Deiner Vorsehung für alle Deine treuen Kinder. Unsere eigenen Verdienste reichen nicht aus, Ewiges zu erlangen, nach dem sich die Besten so sehr sehnen ... Möge die wunderbare Fürbitte der heiligen Jungfrau Maria und aller Heiligen in Deiner Gegenwart helfen ..."[8]

Neue Orden

8 Die Augustiner-Chorherren

Die Motive und leitenden Vorstellungen des „neuen Mönchtums" stammen aus zwei Strömungen, die an der Wende vom 11. zum 12 Jahrhundert in der von neueren Historikern so benannten „Krise des Mönchtums" (*crise du monachisme*) zusammentrafen. Jedoch handelte es sich hierbei vielleicht weniger um eine Krise als um einen Strudel mit Wellen und Wirbeln, mit einem geräuschvollen Kern und stillen Wassern abseits der Fluten, so wie man es dort antrifft, wo zwei starke Strömungen aufeinanderstoßen.

Die erste Strömung brachte aus der frühen Kirche und dem alten Mönchtum die Regel des heiligen Benedikt, das eremitische Ideal und die Regeln oder Anordnungen für ein Gemeinschaftsleben der Kanoniker mit. Im 11. Jahrhundert erfreuten sich alle drei Richtungen eines verstärkten Ansehens, zum Teil auf Grund der geistigen Erneuerung – unserer zweiten Strömung –, durch die viele dazu veranlasst wurden, die Texte zu lesen und neu zu interpretieren. Die Regel Benedikts war jetzt als Basis des traditionellen Mönchtums fest verankert, das in Gorze, Cluny, Hirsau und vielen anderen bedeutenden Zentren höchstes Ansehen genoss. Das eremitische Ideal erfreute sich einer Wiederbelebung; in Italien an der Wende vom 10. zum 11. Jahrhundert begonnen, erlebte es sowohl in Italien als auch in Frankreich in der zweiten Hälfte des 11. Jahrhunderts eine neue Blüte. Die Papstreform brachte eine Bewegung mit sich, alle Geistlichen, die nicht Mönche waren, zu nach einer Regel lebenden Kanonikern zu machen; die Regel, der sie unterworfen wurden, war die Regel des heiligen Augustinus.

Im Umbruch des gesellschaftlichen, religiösen und intellektuellen Lebens im 11. und 12. Jahrhundert waren Erörterungen und Kontroversen über alle Aspekte des christlichen Lebens ganz selbstverständlich. Keine Auseinandersetzung ist für jenes Zeitalter charakteristischer als die Debatte über das apostolische Leben, die *vita apostolica* (siehe S. 133 f., 207 ff.). Es war bisher Ansicht aller Mönche, vor allem jener unter der Benediktsregel, gewesen, dass ihre Lebensweise apostolisch sei. Dennoch war es eine nicht abzuleugnende Tatsache, dass eine der Hauptaufgaben der Apostel darin bestanden hatte, zu predigen und zu bekehren; sie waren Missionare. Das waren auch viele Mönche der frühen Jahrhunderte gewesen, und es gab in der Geschichte des Mönchtums wohl kaum eine Zeit, in der sich Kloster und Welt noch weiter einander genähert hätten als im späten 11. und frühen 12. Jahrhundert. Es war dies die Zeit, in der den Mönchen viele Kirchen übergeben wurden, in denen Dienst zu tun allgemein von ihnen erwartet wurde; es war die Zeit, als sie die Erhebung des Zehnten mit dem Argument verteidigten, dass dem Arbeiter schließlich sein Lohn zustehe.[1] Es war auch die Zeit, als die Bürger von Verona und Mailand San Zeno und Sant'Ambrogio mit Silber und Gold überhäuften (siehe S. 113 ff., 246 ff.); Harmonie, nicht der später übliche bittere Konflikt, herrschte zwischen den Städtern und den Klostergemeinschaften in ihrer Nähe.

Viele Menschen jedoch meinten, Ordensleben ziele mehr auf Selbstheiligung als auf Apostolat und sei eher ein Leben des Gebets als der Aktivität; die Rolle des Mönches sei jener von Maria vergleichbar, nicht der von Marta. Und genau in jener Zeit wurde die Unterscheidung zwischen den Aktiven und den Kontemplativen aufs Neue besonders hervorgehoben. Asketen und Kirchenfürsten vereinbarten immer wieder einmal, den Mönchen den Dienst in Pfarreien zu verbieten und andere Möglichkeiten der Seelsorge in der Welt zu fördern. Auf verschiedenartige Weise unterstützten Petrus Damiani, Eremit,

Mönch und Kardinalbischof (um 1007–1072), und Anselm (um 1033–1109), ein zurückgezogen lebender Mönch und Abt, der schließlich eines Tages, zu seinem eigenen Kummer, Erzbischof von Canterbury wurde, das Wachstum der Kanonikerorden, um den Weltklerus von seinen Sünden und die Mönche von den Aufgaben Martas zu befreien.

Der nach einer Regel lebende Kanoniker war im 11. Jahrhundert keine Neuerscheinung; zahlreiche Gemeinschaften lebten bis zu einem gewissen Grad nach der *Institutio Canonicorum* von 816 oder 817, einer Zusammenfassung früherer Regeln, vor allem jener Benedikts und der des Bischofs Chrodegang von Metz, der im 8. Jahrhundert Gesetze für Kanoniker aufgestellt hatte. Mitte des 11. Jahrhunderts regten die päpstlichen Reformer eine Bewegung an, Geistliche und Kanoniker in einer Institution zusammenzufassen, deren Basis die Regel des heiligen Augustinus war.

Die Augustinusregel

Die Augustinusregel geht zweifellos zurück auf die Schriften und die Praxis des heiligen Augustinus von Hippo (354–430). Aber ihre Frühgeschichte ist alles andere als klar. Es scheint schon in früher Zeit Regeln für Männer und für Frauen gegeben zu haben, die beide im Laufe der Zeit erweitert wurden. Bei der Regel, die im 11. Jahrhundert als „Augustinusregel" im Umlauf war, handelt es sich um diese erweiterte Fassung der Regel für Männer. Sie hatte aus drei Gründen Erfolg: wegen des hohen Ansehens des Augustinus; wegen ihrer Kombination von praktischem Sinn und geistlicher Großzügigkeit, die das Hinzufügen einer Menge nützlicher Bräuche erlaubte und mehrere ganz verschiedenartige Lebensformen ermöglichte; und weil sie zur rechten Zeit kam, um ihren Anhängern im Vergleich zur Regel Benedikts als dem Leben der Apostel näher stehend zu erscheinen. Daher soll auch als Erstes der Vorteil genannt werden, der für den heutigen Forscher (und Leser) besonders praktisch ist:

Mönch war, wer Benedikt folgte, Kanoniker war jener, der Augustinus folgte. Es gab Orden, die nicht streng benediktinisch waren, doch selbst die Kartäuser hatten großen Respekt vor Benedikt; und es gab Orden, die der Augustinusregel verpflichtet, aber keine Kanoniker waren, vor allem die Dominikaner (siehe S. 212 f.). Dennoch ist es eine für die Arbeit brauchbare Unterscheidung.

Die ersten Propagandisten für die Augustinusregel hatten nicht im Geringsten die Absicht, sie als Konkurrenz zu jener Benedikts aufzustellen. Viele von ihnen waren fromme Mönche, die in der Regel ein ausgesprochen praktisches Instrument sahen, all den vielen Geistlichen, die nicht Mönche waren und es auch nie werden würden, zu einem geregelten, ordentlichen, keuschen und frommen Leben zu verhelfen. Doch die Anregung für die Ausbreitung der Augustinusregel ging auch von Männern aus, die darin mehr als nur das sahen; und als die Anhängerschaft wuchs, breitete sich auch diese Sichtweise weiter aus. Viele, die über das apostolische Leben nachdachten, glaubten, dass Jesus in seinen Anweisungen für seine Jünger besonderen Wert auf Armut, Einfachheit und praktische gute Werke gelegt hatte; und diese drei Elemente wurden, unterschiedlich stark, von den meisten monastischen Reformern des 11. und 12. Jahrhunderts hervorgehoben. Die Augustinusregel schien ihren eigenen Vertretern mehr Raum für diese Möglichkeiten zu lassen; die Nachfolger Benedikts stritten das energisch ab. Zweifellos gewährte die Augustinusregel mehr Spielraum für das Tun guter Werke, und das wurde von überzeugten Benediktinern wie dem heiligen Anselm – der die Kanonikerorden eindeutig als absolut brauchbare zweitbeste Lösung des religiösen Lebens betrachtete – ebenso festgestellt wie von Reformbischöfen, die keiner besonderen Richtung und keinem Orden angehörten, aber nach praktischer Hilfe und nach Methoden zur Reformierung ihres Klerus suchten.

Wenn es je eine Zeit gab, in der sich Mönch und Kanoniker deutlich unterschieden, so war es in der Blütezeit der Kanonikerorden im frühen 12. Jahrhundert. Die Augustinusregel bildete die Basis für die Lebensform von Kanonikern, Augustinern und Prämonstratensern, später außerdem von Dominikanern und Augustiner-Eremiten – und anderen Orden jüngeren Datums. Diese eindrucksvolle Aufnahme- und Anpassungsfähigkeit beruht auf der außerordentlichen Weite und Großzügigkeit der Augustinusregel. Sie erinnert an das, was Ronald Knox über William Temple (nach Dryden) sagte:

„Ein Mann, so umfassend, dass er manchem nicht ein Einzelner, sondern, im Bilde, die ganze Menschheit zu sein scheint."

Und genau an dem Punkt, an dem unsere Definition am genauesten zu sein scheint, lässt sie uns im Stich: Der Unterschied zwischen der Treue zu Benedikt und Augustinus ist von großer Bedeutung,[2] doch sagt das wenig über die Lebensweise des Kanonikers aus. Diese hing von dem ganzen, der Regel angefügten Komplex, von Bräuchen oder „Gewohnheiten" ab, die von den römischen Reformern, die Mönche und Verehrer des Ordenslebens waren, Mitte des 11. Jahrhunderts angeregt worden waren.

Die Bewegung in Italien, Frankreich und Spanien

Um die Regellosigkeit des Weltklerus zu beenden, unterstützen Petrus Damiani und Hildebrand (Gregor VII., siehe S. 82 ff.) eine Bewegung zur Verwandlung von Weltgeistlichen in Ordensgeistliche, um die Geistlichkeit einer Ordnung zu unterwerfen. Die ersten Erfolge zeigten sich in Italien, in Rom, Lucca und anderswo. In Lucca war die Verbindung mit den Papstreformern zur Zeit Bischof Anselms, des späteren Papstes Alexander II. (1062–1073), besonders eng; und in der zweiten Hälfte des 11. und Anfang des 12. Jahrhunderts wurden einer ganzen Reihe von Kirchen einschließlich der Kathedrale Kanonikergemeinschaften angegliedert. Zentrum der Bewegung war jedoch das Priorat San Frediano, dessen Wachstum und Einfluss Papst Alexander II. und spätere Päpste persönlich unterstützten. Die jetzige Kirche, weitgehend aus dem 12. Jahrhundert, ist ein bemerkenswertes Denkmal der Verbindungen von Welt, Stadt und Kanonikern von San Frediano; das große Mittelschiff bot den Bewohnern von Lucca Schutz, das herrliche Taufbecken diente, vermutlich, zum Taufen der städtischen Kinder. In der Zwischenzeit breitete sich die Bewegung rasch aus und reichte bis nach Frankreich und Spanien, im Norden bis nach Deutschland und England.

Die bedeutendste Gemeinschaft Südfrankreichs befand sich in Saint-Ruf am Rande von Avignon. Schon um 1039 gegründet, wurde sie in der zweiten Hälfte des 11. Jahrhunderts zum Mutterhaus einer Gruppe von Gemeinschaften, die der Augustinusregel und den Gebräuchen von Saint-Ruf folgten. Ihre Ausstrahlung und die der Bewegung im Allgemeinen reichte sehr weit, über die Provence und ganz Südfrankreich bis hinunter nach Spanien. Dort begann im frühen 12. Jahrhundert die Umwandlung der Kathedralkirchen von Toledo, Osma und an einem oder zwei anderen Orten zu Stiftskapiteln;[3] bis zum Ende des Jahrhunderts gehörte zu den Kanonikern von Osma auch der heilige Dominikus von Caleruega (siehe S. 212 ff.). Bald nach 1140 war in Saint-Ruf ein Engländer Abt, Nicholas Brakespeare, der 1154 Papst Hadrian IV. wurde und zwei Jahre später dem Bischof von Toledo die Kanoniker von Saint-Ruf anvertraute. Auf diese Weise ergänzte in der Abtei Santa Leocadia der Einfluss der Kanoniker von Saint-Ruf jenen der Kanoniker der Kathedrale von Toledo.

Deutschland, Österreich und die Britischen Inseln

Neben Frankreich war das bedeutendste Zentrum der Bewegung in Bayern und Österreich, wo ihre frühe Entwicklung vom heiligen Altmann, Bischof von Passau (1065–1091), in enger Verbindung mit dem reformierten Papsttum beeinflusst und kontrolliert wurde. In diesem Gebiet wurden über fünfzig Klöster gegründet oder reformiert, darunter als einflussreichstes

Reichersberg, das zwischen 1080 und 1084 in Altmanns Diözese errichtet wurde, jedoch nicht direkt unter seinem Einfluss; denn es war eines aus einer zunehmenden Zahl von Klöstern, die direkt dem Erzbischof von Salzburg unterstanden. Hier lebte Anfang und Mitte des 12. Jahrhunderts einer der bedeutendsten deutschen Schriftsteller des 12. Jahrhunderts, Gerhoh von Reichersberg, Autor vieler Abhandlungen über theologische Fragen und über die Beziehungen von Kirche und Staat, von Klerus und Laien.

Altmann hatte dafür zu leiden, dass er in dem Streit zwischen Heinrich IV. und Gregor VII. den Papst gegen den Kaiser unterstützte; und viele Klöster standen unter starkem päpstlichem Einfluss. Tatsächlich standen die Kanoniker mit fast jeder geistigen Bewegung jener Zeit in Verbindung: Mehrere Häuser entstanden aus Einsiedeleien oder waren mit Eremiten verbunden; viele standen in Städten, und ihre Bewohner taten in der Gemeinde Dienst; mehrere Kanoniker bekleideten das Amt des Archidiakons der Diözese Salzburg. Ihre vielfältigen Aktivitäten geben viele Richtungen jener Zeit wieder, und ihre Lebensweise und ihre Vorstellungen konnten so vielfältig sein wie die der Mönche.

Dasselbe galt nach und nach für einen Großteil der westlichen Christenheit. Viele der ersten Chorherrenstifte wurden durch Reform bereits bestehender Kirchen oder Stiftskapitel gegründet; dazu gehörten eine Reihe von Kathedralen, die sich von Cefalù in Sizilien über Spoleto und Arles[4] bis nach Sées in der Normandie und Carlisle an der nördlichen Grenze Englands erstreckte. Sie alle lagen in der Stadt, genau wie die ersten großen Häuser in England, St. Botolph's außerhalb des Stadttores von Colchester und Holy Trinity innerhalb der City von London. Holy Trinity wurde von Königin Matilda 1107 oder 1108 gegründet, und sie war in der Anfangszeit auch die Hauptgönnerin des Ordens auf den Britischen Inseln und beeinflusste nach und nach ihren Bruder, König David I. von Schottland, einen Kenner aller religiösen Orden seiner Zeit (siehe S. 259), und ihren Mann, Heinrich I. (1100–1135), den sie dazu brachte, die Ordensgeistlichen und vor allem die Augustiner-Chorherren zu unterstützen, deren Häuser unter seiner Herrschaft rasch zahlreicher wurden; um 1135 gab es in England etwa fünfundsechzig, um 1154, als ihr Enkel Heinrich II. König wurde, über hundert.

Viele dieser Gründungen lagen in den Städten; doch spiegelten auf den Britischen Inseln ebenso wie in Deutschland die Augustiner-Chorherren vielschichtige Einflüsse wider. Kein Chorherrenstift hätte an einem abgelegeneren Ort erbaut sein können als Llanthony in Monmouthshire, am Fuße der Black Mountains. Einer der Gründer war Eremit, der andere ein Geistlicher der königlichen Kapelle, und als Matilda und Heinrich ihm eine reichhaltige Stiftung anboten, verweigerte er sie, denn er wollte, dass sein Haus arm und vor der Welt verborgen sei. Armut und Überfälle der Waliser veranlassten seine Nachfolger später, sich nach etwas Neuem umzusehen. Sie gründeten ein Schwesterhaus in Gloucester, Llanthony Secunda, das ein bedeutendes Stadtstift und ein Zentrum der Bildung mit einer schönen Bibliothek wurde. Llanthony Prima gilt immer noch als Beispiel augustinischer Abgeschiedenheit.

Viele der ersten Kanoniker-Häuser wurden mit Kirchen ausgestattet, in denen sie Dienst tun sollten. Bald nachdem Toledo 1085 den Moslems abgenommen worden war, wurde die Kathedrale restauriert und zum Zentrum einer unter cluniazensischem Einfluss gebildeten Gemeinschaft, vielleicht zum Teil sogar mit Mönchen von Cluny besetzt. Bald jedoch war sie Kapitel von Regular-Kanonikern. Seit im Jahre 1156 auf Initiative Papst Hadrians IV. und mit Hilfe von Kanonikern aus Saint-Ruf die Abtei Santa Leocadia gegründet worden war, wurde auch Toledo zu einem Zentrum augustinischen Einflusses. Auf ähnliche Weise fasste der Graf von Northampton kurz vor 1100 fast alle Kirchen der Stadt zusammen, um daraus das cluniazensische Priorat St. Andrew zu bilden. Als sein Nachbar, der Graf von Leicester, 1143 eine ähnliche Fusion der Kirchen von Leicester zur Klostergründung vornahm, geschah das für die Augustiner-Chorherren.

Ein Gründer kann durch alle möglichen Erwägungen geleitet sein: Wirksamkeit der Gebete, ein kontemplatives Ideal, Freundschaft mit einer Reihe von Mönchen oder Kanonikern. Viele Augustiner-Chorherrenstifte wurden in enger Verbindung mit Krankenhäusern geschaffen, um den verschiedenen Bedürfnissen der Armen, Kranken und Alten gerecht zu werden. Die Grafen gingen eindeutig von dem Wunsch nach wirksamer Seelsorge in den sich vergrößernden Städten aus; doch waren sie zweifellos auch froh, eine vergleichsweise billige Form der Stiftung gefunden zu haben. Die Umwandlung einer großen Gemeinschaft in ein Augustinerstift oder in ein Priorat und ihre Ausstattung mit Kirchen bedeutete lediglich die Konzentration von Mitteln, die für einen weltlichen Fürsten nutzlos waren; und ein Augustiner-Chorherrenstift konnte auf bescheidener Basis gegründet werden. Auf diese Weise und dadurch, dass er Druck auf geringere Männer ausübte, ging Heinrich I. von England als Gründer zahlreicher Klöster in die Geschichte ein.[5] Es ist klar, dass die in diesen Abschnitten erwähnten Gönner und Kanoniker einer bestimmten Richtung folgten und wussten, was sie wollten. Es liegt nahe, anzunehmen, dass dies immer so war. Sicherlich, so könnte man meinen, waren sich die Gründer des 12. Jahrhunderts über diese Unterschiede im Klaren, so unklar sie uns auch sein mögen. Aus Gründen, über die noch zu sprechen sein wird, ist es fraglich, ob dies immer (oder vielleicht allgemein) für Gründer von Nonnenklöstern galt. Bei Mönchen und Kanonikern muss man zugestehen, dass der Gründer bis zu einem gewissen Grad wusste, was er tat. Der Vorbehalt ist allerdings von Bedeutung, denn manche Gründer fühlten sich stark in die Pflicht genommen, doch nicht alle waren sich über die Unterschiede zwischen den verschiedenen Ordensformen im Klaren.

Im 10. und frühen 11. Jahrhundert waren Könige, Fürsten, hoch stehende Adlige und Bischöfe die Gründer. Ein hoher Rang und großer Reichtum waren erforderlich – darüber hinaus Einfluss auf weniger Hochstehende, von denen großzügige Beiträge erwartet wurden, ohne dass sie sich Gründer nannten.

Auch gab es keine große Auswahl: Bis zur Mitte des 11. Jahrhunderts hatte es ein benediktinisches Kloster, für Mönche oder Nonnen, zu sein – ob gegründet, wiedergegründet oder (war der Gründer geizig oder arm) von einem anderen Kloster abhängig gemacht. Doch schon um 1100 und noch mehr um 1150 war die Auswahl verwirrend groß geworden. Auch war es nicht mehr den Reichen allein vorbehalten. Arme konnten kleine Zellen gründen oder sich zur Gründung eines größeren Hauses zusammenschließen.

Der Kanoniker von Lüttich – Unterscheidung zwischen Mönchen und Kanonikern

Um 1120 oder etwas später schrieb ein Kanoniker in der Diözese Lüttich, wo schon zu diesem Zeitpunkt Kanoniker-Gemeinschaften in großer Vielfalt gediehen, die Abhandlung *Libellus de diversis ordinibus*[6] („Über die verschiedenen Orden"). Es handelt sich um einen Versuch, die verschiedenen Orden von Mönchen und Kanonikern zu unterscheiden, nicht so sehr ein Führer für zukünftige Novizen oder Gönner, sondern eher ein Friedenszweig, ein Versuch, den Sturm der Kontroversen zwischen den verschiedenen Orden zu beruhigen, der darüber entstanden war, welcher Orden am ehesten dem apostolischen Leben entsprechend war, mit dem Hinweis, dass alle ihren Platz an der Sonne und ihre Berechtigung im Alten sowohl wie im Neuen Testament hatten. Die Abhandlung ist kühl, unbefangen und klar, und keiner, der sie gelesen hat, kann sich vorstellen, dass der Unterschied zwischen Mönch und Kanoniker unbedingt von großer Bedeutung gewesen sein muss.

Absicht des Autors war es, zu zeigen, dass alle Arten von Mönchen und Kanonikern sich innerhalb der göttlichen Vorsehung befanden, und es kam ihm nie in den Sinn, dass es zwischen Benediktinern, Augustinern oder Prämonstratensern einen entscheidenden oder geheimen Unterschied gab. Für ihn handelte es sich um zwei Arten von religiösen Gemeinschaften, jene, die sich abseits der menschlichen Wohnstätten aufhielten, und jene, die in Städten mitten in der Welt lebten. Er spricht auch über Eremiten (die er bewundert, aber nur streift), über den Unterschied zwischen Mönchen und Kanonikern und zwischen Regular- und Säkular-Kanonikern. Kern seiner Botschaft ist, dass jene, die abseits der Menschen wohnen, häufig strenger, in ihren Gebeten und ihrem Fasten heroischer sind; doch dass jene, die in den Städten leben, Kontemplation mit guten Werken und direktem Einfluss verbinden können. Er nimmt einfach als selbstverständlich an, dass sie sich in der Seelsorge betätigen und das Leben in der Stadt auf eine direkte und praktische Weise befruchten, und er macht in dieser Hinsicht zwischen Mönchen und Kanonikern kaum einen Unterschied. Wäre das Buch weit verbreitet gewesen, was unwahrscheinlich ist, hätte es einem unschlüssigen Gründer wohl kaum helfen können; doch hätte es jene, die gewählt hatten, beruhigt, wie immer auch ihre Entscheidung ausgefallen war.

Dem heutigen Leser fällt sofort auf, dass der gute Kanoniker von Lüttich den Begriff ‚Orden' nicht im üblichen modernen Sinn gebraucht. Für ihn handelt es sich hierbei um eine Lebensweise, um eine Form für das Leben nach einer Regel, nicht um eine Institution. Heute hat ein religiöser Orden eine Regel, häufig ergänzt durch Bräuche und Vorschriften, ein einheitliches Autoritätssystem und ein einziges Oberhaupt. In dieser Form gab es im Jahr 1120 keine Orden. Etwa um 1150 standen der Zisterzienserorden und der Prämonstratenserorden in Blüte; im frühen 13. Jahrhundert gesellten sich die ersten Bettelorden dazu. Doch die großen benediktinischen Klöster waren zu diesem Zeitpunkt ausdrücklich unabhängig, und selbst die von Cluny abhängigen stellten nur eine lockere Form eines Ordens dar; sie unterstanden alle einem einzigen Oberhaupt, doch darüber hinaus hatten sie weder eine Verfassung noch eine besondere Regel. Außerdem ist deutlich zu erkennen, dass die für Petrus Damiani und Anselm so eindeutige Unterscheidung zwischen Mönchen und Kanonikern immer unbestimmter wurde. Nach und nach beteiligten sich die Kanoniker in weiten Teilen Europas nicht mehr am Gottesdienst und der Seelsorge, sie wurden immer monastischer.

Chaucer: Dichterisches Spiel mit den Unterschieden

Mönche, Kanoniker und Bettelmönche: wir kennen alle den Unterschied zwischen diesen Kategorien von Männern. Oder doch nicht? Müssen wir nicht ganz ehrlich zugeben, ob wir nun Laien oder erfahren auf diesem Gebiet sind, dass uns die Unterscheidungen oft verwirrt haben? In diesem Fall können wir uns mit dem Gedanken trösten, dass es unseren Vorgängern im Mittelalter ähnlich ging.

Nehmen wir Chaucer als Beispiel. Sein Mönch ist offensichtlich ein Benediktiner, jedenfalls in mancher Hinsicht, denn Chaucer weist zu Beginn auf die Regel des heiligen Maurus, des Schülers und Gehilfen Benedikts, und auf den heiligen Benedikt selbst hin.

> „Die Regeln von St. Maur und Benedikt
> hielt dieser Mönch für reichlich alt und strikt;
> weshalb er sich mit ihnen nicht befasste
> und seinen Schritt der neuen Welt anpasste."[7]

Dieser Mönch hielt nichts von der Redensart, wonach Jäger keine heiligen Männer seien, und so führte er die Zelle, für die er verantwortlich war, wie ein Jagdhaus. Ebensowenig hielt er von den Schriften, in denen Mönche außerhalb des Klosters mit einem Fisch auf dem Trockenen verglichen werden – sie waren für ihn nicht einen Pfifferling wert („not worth an oyster"). „Ich kann ihm diese Ansicht nicht verübeln" – wofür denn Mühe und Schweiß, ob mit einem Buch oder mit den Händen

> „Wie Augustin befiehlt? – Die Welt muss treiben,
> Und Augustin mag bei der Arbeit bleiben!"

Was hat Augustin hier zu suchen – der heilige Augustinus, der Meister der Augustiner-Chorherren und vieler anderer Orden, die nicht Benedikt oder Maurus folgten?

Viele ungehaltene Kritiker haben darauf hingewiesen, dass er nicht gleichzeitig Mönch und Kanoniker sein konnte, und streng genommen wusste das Chaucer auch ganz genau. Er schuf die Charaktere im Prolog zu den *Canterbury Tales* so außerordentlich genau und lebensecht, dass die Versuchung unwiderstehlich war, sie mit lebenden Personen zu identifizieren. Dieses Spiel dauert immer noch an, und mancher Gelehrte hat sich daran begeistert, zu behaupten, dass dieser oder jener Pilger dem oder jenem entspreche. Doch nach kurzem Nachdenken sollte uns klar werden, dass Ironie und Satire des Prologes verloren gehen, wenn man darin schlichte Porträts sieht. Es ist die Verbindung von individuellen und allgemein typischen Zügen, der Leser ist hin- und hergerissen zwischen dem Gedanken „Natürlich ist das nur eine einzelne Person" und „Natürlich, genauso waren die Mönche", die den Prolog immer noch zu einer so erfreulichen Lektüre macht. Durch den einfachen Trick, im Dunkeln zu lassen, ob es sich bei dem Mönch wirklich um einen Mönch oder um einen Regularkanoniker handelt, gibt ihm Chaucer einen Hauch von Allgemeingültigkeit. Tatsächlich ist es nicht ausgeschlossen, dass dies sich auch dahingehend auswirkte, dass seine Leser sich an einen der größten Jäger jener Zeit erinnert fühlten, an William Clown, den Abt von Leicester, einen Augustiner-Chorherren.[8] Im Wesentlichen freut Chaucer sich aber sicherlich an dem Doppelsinn, den heute niemand zu gebrauchen wagen würde: Mönch, Kanoniker und Bettelmönch zu vermischen ist heute ein grober Fehler.

Fragen wir nach dem Unterschied zwischen einem Mönch und einem Regularkanoniker, so sollte, wenn wir mit uns selbst und mit den Quellen ehrlich verfahren, die abschließende Antwort lauten: „Ich weiß es nicht."

9 Die Zisterzienser

Cîteaux, Clairvaux und der heilige Bernhard

Cîteaux wurde 1097 oder 1098 von einem der ruhelosen Wanderer des 11. Jahrhunderts gegründet. Der heilige Robert war Führer einer jener formlosen Eremitengruppen des späten 11. Jahrhunderts gewesen, aus denen zahlreiche neue Orden hervorgingen; in den Wäldern von Colan hatte der heilige Bruno, Gründer der Kartäuser, unter seiner Anleitung gearbeitet. Dann zog Robert weiter, um in Übereinstimmung mit den asketischen Prinzipien, die er entwickelt hatte, die Abtei Molesme zu gründen. Nach einigen Jahren erschien ihm Molesme zu festgefügt und nicht mehr beweglich genug; so zog er mit einer Gruppe von Mönchen weiter, um noch einmal ein neues Kloster zu gründen, das später den Namen *Cistercium,* Cîteaux, erhielt. Die Mönche von Molesme beklagten sich, dass er ohne ihre Erlaubnis gegangen sei, und die Gönner von Molesme klagten darüber, dass sie die Gebete nun nicht erhielten, für die sie vorgesorgt hätten. Robert war zur Rückkehr gezwungen, und die neue Gemeinschaft schien um ihre Existenz zu kämpfen. Es gehörten einige bedeutende Begabungen und sehr überzeugte Mönche zu dieser Gemeinschaft, doch ist es fraglich, ob sie in der Geschichte der Orden je einen großen Eindruck hinterlassen hätte, wenn es nicht Bernhard von Clairvaux gegeben hätte.

Der heilige Bernhard wurde in dem Dorf Fontaine-lès-Dijon in Burgund um 1090 als eines der jüngeren Kinder einer großen Landeignerfamilie mit bescheidenem Einkommen geboren. Zu Bernhards außergewöhnlichen Gaben gehörte die Fähigkeit, Menschen zu beeinflussen, nicht nur durch eine gewandte Redeweise, auch nicht nur durch Charakter oder moralische Kraft, sondern durch die Verbindung dieser Eigenschaften mit einem Sinn für das, was anstand, und für geistiges Abenteuer, der sich als nahezu unwiderstehlich erwies. Einer, der bedeutender war als Bernhard, hat einmal gesagt, dass der Prophet im eigenen Lande nichts gilt; und so ist das Außergewöhnlichste an Bernhards Begabung, dass er, als er nach Cîteaux kam, fast alle seine Brüder mitbrachte. Ihre Ankunft verdoppelte die Gemeinschaft und veränderte ihre Aussichten für die Zukunft. Ein Jahr lang war er Novize, zwei Jahre einfacher Mönch, dann wurde er ausgeschickt, Abt von Cîteaux' drittem Tochterkloster Clairvaux zu werden. Und Abt blieb er bis zu seinem Tod im Jahr 1153; ein Abt und mehr als das, denn nach und nach erfreuten sich nicht nur seine Mitmönche in Clairvaux und seine Kollegen im zisterziensischen Generalkapitel an seiner Redegewandtheit, sondern er wurde auch von Bischöfen, Kardinälen, Königen und Päpsten gehört. Er wurde gerufen, um bei der Beendigung des Papstschismas von 1130 zu helfen, und zögerte nicht, den sturen und schwierigen Monarchen von England und Frankreich seine Absichten klarzumachen; er ließ sich zum Prediger für den zweiten Kreuzzug gewinnen; er erlebte die Wahl eines Schülers zum Papst, Eugens III. (1145–1153), und schrieb ihm einen offenen Brief – *De consideratione* –, in dem er ihm darlegte, wie Papst und Kurie sich verhalten sollten. Niemand bestand heftiger darauf als er, dass der Platz eines Mönches im Kloster war. Wenn im zweiten Viertel des 12. Jahrhunderts Mönche und Kanoniker mit der Seelsorge aufhörten, wenn orthodoxe Prediger hinter Klostermauern verschwanden, wenn jeder neue religiöse Orden etwas von Cîteaux an sich hatte, so war das bis zu einem gewissen Grad Bernhards außerordentlichem Einfluss zu verdanken. Er selbst jedoch war nie für lange Zeit in seinem Kloster. Er predigte Stabilität und war doch in Wirklichkeit ein Wanderer.

In seinen ersten Jahren in Cîteaux war Bernhard Schüler des englischen Abtes Stephan Harding, dessen klarer Kopf und liebenswürdiges Wesen einen lebhaften Gegensatz zu dem heftigen, unbarmherzigen Bernhard darstellten und Bernhard möglicherweise jene Barmherzigkeit lehrten, die er fast immer auch denen gegenüber zeigte, die er zunächst heftig kritisiert hatte.[1] Stephan war Mönch von Sherborne in England gewesen, und es scheint, dass er um 1090 auszog, um ein strengeres Haus zu suchen; doch behielt er seine frühere Heimat immer in liebevoller und dankbarer Erinnerung. Eines der schönsten Dokumente aus der frühen Zeit der Zisterzienser ist ein Brief, den Stephan zwischen 1122 und 1134 nach Sherborne schrieb und in dem er seine Dankbarkeit ausdrückte und um die Gebete der dortigen Gemeinschaft bat.[2] Dieser Brief ist das krasse Gegenstück zu den heftigen Tönen von Bernhards Anklage gegen Cluny, die etwa zur selben Zeit entstand. Ebenso eindrucksvoll und auch ebenso hübsch sind die fröhlichen und humorvollen Initialen in den frühen zisterziensischen Handschriften, die unter Stephan entstanden.

Sein Hauptwerk ist die *Carta Caritatis,* die Charta der Göttlichen Liebe, das konstitutionelle Fundament des Ordens.[3] Es ist eine kurze und einfache Darstellung der grundsätzlichen Regeln des zisterziensischen Lebens. In jüngerer Zeit hat sich ergeben, dass einige Regelungen, vor allem jene für das Generalkapitel, das Parlament der Äbte des Ordens, spätere Hinzufügungen sind, also auf das Wachstum des Ordens und Bernhards Erfolge zurückzuführen sind. Doch die Grundregeln bleiben ursprüngliches Ergebnis der Zeit Stephan Hardings. Auf verschiedene Weise und in verschiedenem Ausmaß enthüllen die Charta, die Initialen und die Briefe des heiligen Bernhard eine Vorstellung von geistigem Abenteuer; und in den Bauwerken des Ordens finden wir dies, manchmal ausgeprägt und unerwartet, in Stein übertragen.

Das Programm der Zisterzienser: Mönche und Laienbrüder

Die Zisterzienser lebten zunächst und vor allem nach der wörtlich interpretierten Regel des heiligen Benedikt. Vom traditionellen Mönchtum übernahmen sie die monastische Organisation und eine in ihren Grundzügen gemeinschaftliche Lebensform; sie beschränkten die Liturgie zwar, doch blieb sie weiterhin wesentlicher Teil ihres Lebens. Aus der Eremitentradition übernahmen sie die Einsicht, dass Gebet und geistliche Lektüre im Tagesablauf einer Gemeinschaft einen größeren Raum einnehmen sollten, als es nach den Bräuchen von Cluny möglich war; sie hatten etwas von dem ungestümen Asketizismus der italienischen Eremiten geerbt. Vor allem jedoch waren ihre ersten Führer außerordentlich gebildet und hatten die Grundprinzipien der intellektuellen Wiederbelebung ihrer Zeit erkannt – alte Texte als neue und lebendige Bücher zu ihrem eigenen Nutzen zu studieren. Sie nahmen die Regel aus dem Regal und lasen sie, als wäre sie eben erst geschrieben worden; sie versuchten, die Zusätze zu vergessen, die anderswo um die Regel gruppiert worden waren, und Benedikt dem Buchstaben getreu zu folgen. Auch fanden sie in seinem Epilog einen Ruf und eine Herausforderung zu etwas, das jenseits der Routine des Gemeinschaftslebens lag. Sie lasen das Alte und das Neue Testament, wie Benedikt sie angewiesen hatte. Bernhard imitierte immer wieder die Propheten des Alten Testaments, indem er die Welt, in der er lebte, genauso wörtlich kritisierte, wie er Benedikt nachahmte. Auch war er wie jeder monastische Führer seiner Zeit der Ansicht, dass er und seine Mönche in den Fußstapfen der Apostel wandelten. Vor allem aber fanden die zisterziensischen Führer in den Schriften von Cassian und anderen frühen Kirchenvätern die fortschrittlichste und durchdachteste Literatur über das Gebet und die individuelle Annäherung an Gott, die zu diesem Zeitpunkt existierte. In der Geschichte der Mystik hat Bernhard einen bedeutenden Platz, aber kaum deswegen, weil er schöpferisch war. Er nahm die

Blick in den Bereich der Laienbrüder (um 1200) im Zisterzienserkloster Le Thoronet (Provence) mit Teilen einer mittelalterlichen Ölmühle und -presse.

Lehren der Wüstenväter in sich auf, erfüllte sie mit einer von den lateinischen Kirchenvätern, vor allem von Augustinus und Gregor dem Großen, stammenden mystischen Theologie und legte dies in seiner makellosen Prosa zur Anregung und Erbauung seiner Mönche dar. Neu war hieran nicht der Gedanke der Kontemplation oder des mystischen Lebens, sondern die Tatsache, dass dies für eine große Zahl von Mönchen als erreichbares Ideal dargelegt wurde. Zwar brachten die Zisterzienser wenige Mystiker hervor;[4] doch gab es unter ihnen eine nicht festzustellende Vielzahl von Mönchen, die ein von geistlichem

Kapitelsaal des Zisterzienserklosters Eberbach (Hessen).

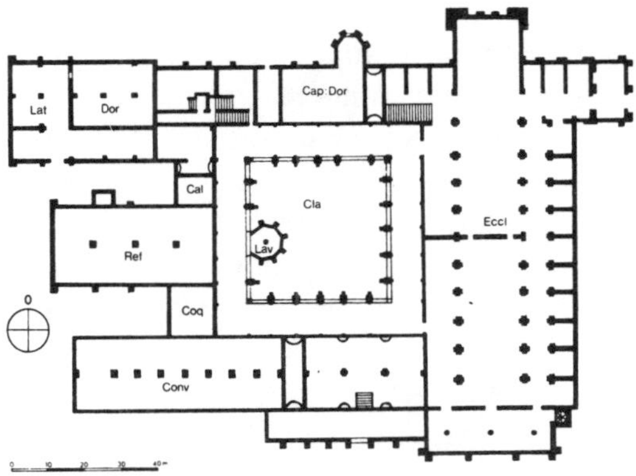

Grundriss der Zisterzienserabtei Maulbronn (Baden-Württemberg), ein typisches Beispiel eines frühen Zisterzienserklosters.

Streben erfülltes Leben lebten. Dies ist das erste Merkmal ihrer Neuartigkeit.

Sie folgten dem heiligen Benedikt *ad litteram*; sie waren sehr streng; sie folgten einem Ideal, das auf dem persönlichen Streben nach Vollkommenheit basierte. Auch strebten sie nach Zurückgezogenheit und Selbstversorgung; sie waren die Puritaner der katholischen Kirche des 12. Jahrhunderts, und sie entwickelten eine neue Organisationsform, die darauf abzielte, ein bisher in einem so verschiedenartigen, verzweigten geistigen Reich nicht gekanntes Maß an Uniformität einzuhalten. Puritanismus und Satzung wurden in den ersten Statuten des Ordens festgehalten und gaben die Persönlichkeit Bernhards unverfälscht wieder. Das großartigste Dokument aber sind die erhaltenen Bauwerke des Ordens, die jeden Aspekt des zisterziensischen Abenteuers widerspiegeln.

Die Bauten waren so entworfen, dass zwei Sorten von Mönchen untergebracht werden konnten: Chormönche und Laienbrüder. In dem Lebensbuch des Neuen Münsters in Winchester ist schon zu sehen, dass in einem Benediktinerkloster des 10. und 11. Jahrhunderts ein hoher Anteil der Mönche schließlich Priester wurde und fast alle übrigen Diakone; im 12. Jahrhundert wurde der Aufstieg zum Priester normal (siehe S. 99 f.). Zur gleichen Zeit kam auch das tägliche Zelebrieren jedes Priesters auf – obwohl keinesfalls allgemeiner Brauch und schon gar nicht eine Regel. Diese Veränderungen zogen zwei bemerkenswerte Konsequenzen nach sich. Zunächst war eine Vielzahl von Altären für diese privaten Messen erforderlich. Von Anfang an statteten die Zisterzienser ihre Querschiffe mit mehreren Kapellen aus und stellten zweifellos auch anderswo Altäre auf.[5] Doch der schlichte, kahle Ostteil hatte nur Raum für den Hauptaltar.

Die zweite Konsequenz war gleichermaßen ein allgemeines Merkmal der monastischen Bewegung des 11. Jahrhunderts, aber ein Merkmal, das im Zisterzienserorden am deutlichsten ausgeprägt und am besten durchorganisiert war: das Entstehen einer Klasse von Mönchen, die weder für den Priesterstand geeignet noch dazu berufen waren, der Laienbrüder. Ein Teil der bemerkenswerten Anziehungskraft der zisterziensischen Bewegung hatte seinen Grund darin, dass ihre Türen für Männer aller Schichten offen waren. In der Theorie galt das im 11. Jahrhundert bereits für viele Gemeinschaften und Klostergruppen; doch die Zisterzienser dehnten dies stark aus. Schon ehe Cîteaux gegründet wurde, bekam der Begriff *conversus* (der Konvertierte oder Bekehrte), womit bisher jeder Mönch gewordene erwachsene Mann gemeint war, die besondere Bedeutung des zum Mönchtum übergetretenen Laien, eines Mannes, der (theoretisch, wenn auch in Wahrheit nicht immer) ungebildet war und es auch blieb – durch Alter oder Veranlagung unfähig zu Studium oder Belehrung. Es ist viel darüber diskutiert worden, wo und wann die *conversi* zuerst in Erscheinung traten; bis heute ist man sich nicht darüber klar. Der Gedanke entwickelte sich aus dem religiösen Klima des 11. Jahrhunderts, aus dem Bedürfnis nach weiter gespannten Möglichkeiten und einer größeren Vielfalt an Möglichkeiten geistlicher Lebensführung. In der mit Hilfe der cluniazensischen Bräuche von Äbten und Mönchen aus Hirsau im späten 11. Jahrhundert in Süddeutschland reformierten Klostergruppe war es üblich, die Laienbrüder, die nicht in der Abtei lebten und ihre Ländereien versorgten, durch ein mönchsähnliches Gewand einzubeziehen, ein für die Blütezeit monastischer Betätigung und Beteiligung an der Welt charakteristisches Arrangement. Doch meistens waren die *conversi* von Bildung ausgeschlossene Mönche, die einen größeren Anteil an den Arbeiten in der Gemeinschaft hatten und sich dafür weniger am *opus Dei* beteiligten.

Zurückgezogenheit, Selbstversorgung durch Handarbeit

Es waren die Laienbrüder, die es den frühen Zisterziensergemeinschaften ermöglichten, sich selbst zu versorgen und von der Welt abgeschnittene, unabhängige Inseln zu sein. Die Unterwerfung der Zisterzienser unter die Regel Benedikts erforderte natürlich auch manuelle Arbeit. So gingen sie dazu über, das Getreide selbst zu ziehen und die Kleider selbst herzustellen. Die Benediktiner hatten die Stoffe immer fertig gewoben und schon schwarz eingefärbt gekauft. Die Zisterzienser wollten Schafe züchten, ihre Kleider aus der ungefärbten Wolle selbst spinnen und weben, die anscheinend nach Fertigstellung zunächst braun oder grau geworden war, später dann etwas gebleicht wurde, weshalb sie die „weißen Mönche" genannt wurden. Tatsächlich scheint Benedikt davon ausgegangen zu sein, dass Landwirtschaft hauptsächlich – wenn auch nicht ausschließlich – Aufgabe der Bauern war und dass unter manueller Arbeit normalerweise die Aufgaben in der Klausur, wie Abwasch, Kehren, Gartenarbeit und einige einfache Handwerksarbeiten, zu verstehen waren. Die Laienbrüder der Zisterzienser waren Bauern, Schäfer und Maurer; außerdem waren sie als Müller, Walker, Weber und in vielen anderen Handwerken tätig. Die rasche Entwicklung im 12. Jahrhundert in der Verwendung von Mühlen für anderes als nur zum Zwecke des Kornmahlens war nicht zuletzt ihnen zu verdanken. In der Darstellung des Wiederaufbaus von Clairvaux in Bernhards erster Lebensbeschreibung hört man als Begleitgeräusch den Lärm der Mühlräder. Der Autor beschreibt, wie Mönche und angeheuerte Handwerker zusammen die Abtei Clairvaux neu erbauten, nachdem sie an einen geräumigeren Ort verlegt worden war; wie einige von ihnen „den Fluss teilten, in neue Kanäle verlegten und das strömende Wasser in Richtung der Mühlräder anhoben; Walker und Bäcker, Färber und Schmiede und andere Handwerker richteten für ihren Zweck nötige Maschinen ein, damit der Fluss schnell fließen möge und dort, wo er gebraucht wurde, von Nutzen sein würde, frei unter der Erde geführt; die Ströme erledigten in jeder Werkstatt die entsprechenden Aufgaben, reinigten die Abtei und trafen schließlich wieder mit dem Hauptstrom zusammen, wo dem Fluss das Verlorengegangene wieder zugeführt wurde."[6] Jeder, der eine zisterziensische Anlage genau untersucht hat – Leitungen und Abflüsse sind ja noch zu sehen – weiß, wie weiträumig und sorgfältig geplant die Instal-

Maulbronn, Refektorium (Speisesaal) der Chormönche.

lation war, und die Mühlräder sind Zeugnis für die erforderliche technische Geschicklichkeit. Seit der Römerzeit hat es nichts so hoch Entwickeltes gegeben. Die außerordentliche Nüchternheit und Strenge ihres Lebens und ihre Versiertheit in all diesen Handwerken, vor allem auch in der Schafzucht, ermöglichte es den Zisterziensern, schon früh Reichtum anzusammeln, was es ihren Gönnern leichter machte, ihre enormen Bauprogramme zu unterstützen, und Könige und Fürsten dazu verleitete, sie zur Kasse zu bitten.[7] Im Laufe der Generationen wurde der Nachwuchs einseitiger und ließ schließlich ganz nach. Nach dem „Schwarzen Tod" in der Mitte des 14. Jahrhunderts hörte der Zulauf von Laienbrüdern auf, und die Zisterzienser gingen schließlich in der monastischen Landschaft auf.

Über den Platz der Laienbrüder in den frühen Tagen geben uns das Kloster Le Thoronet in der Provence und die Abtei Buildwas in England genauso viel Aufschluss wie irgendein Dokument; vor allem zeigen sie die sorgfältige Trennung von Chormönchen und Laienbrüdern. Buildwas ist, wie auch die Häuser der Provence, ein eindrucksvolles Beispiel für die Entschlossenheit der Zisterzienser in der Anfangszeit, für ausreichende, geeignete und geräumige Gebäude zu sorgen. Immer waren es kleine Klöster, und sie geben einen guten Eindruck von dem, was der Orden als für eine Gemeinschaft angemessen erachtete, die nie größer als etwa zwölf bis zwanzig Chormönche und vielleicht bis zu vierzig oder fünfzig Laienbrüder werden sollte. Kein Gönner, der für die Bedürfnisse einer Gemeinschaft von weniger als hundert Seelen in der üppigen Gesellschaft des 20. oder 21. Jahrhunderts aufkommen müsste, würde Gebäude in diesem großzügigen Rahmen vorsehen; und es ist eigenartig, wenn man daran denkt, dass dies als passend für eine Gruppe von Männern angesehen wurde, die für ein außergewöhnlich hartes, strenges, asketisches, kaltes und stilles Leben berufen waren – kalt im körperlichen Sinn, in Bezug auf den englischen Winter; denn es muss in einer anderen Hinsicht Wärme gegeben haben, die in den frühen Tagen die Neuzugänge in Scharen zu diesen Klöstern zog. Wie auch immer, Buildwas ist ein großes Kloster für eine

Eberbach, Dormitorium (Schlafsaal).

kleine Gemeinschaft, und da die Gemeinschaft nie größer wurde als anfänglich angenommen, wurde die Aufteilung auch nie geändert. In Buildwas wurde durch die Lage ein eigenartiges Merkmal der Planung betroffen und betont: die ursprüngliche Trennung von westlichem Bereich und Kreuzgang, die sonst meist durch spätere Erweiterungen und Neubauten aufgehoben wurde. In Buildwas ist dies jedoch immer noch deutlich zu sehen. Der Bereich der Laienbrüder beginnt an einer tiefer gelegenen Stelle als der Kreuzgang und einige Meter davon entfernt; er bildet einen getrennten Block, wegen der Bodenverhältnisse schmal, doch ungewöhnlich hoch, insgesamt drei Stockwerke. Im Kircheninnern weisen überraschende Unebenheiten an den Säulen des Mittelschiffes auf Verbindungsteile zwischen Säulen und Chorschranken und auf die primitive Möblierung früher Kirchen hin.[8]

In Maulbronn ist der Lettner, der den Hauptchor vom Chor der Laienbrüder – in der Kirche jeder anderen Gemeinschaft wäre es das Mittelschiff – trennte, immer noch, wenn auch stark restauriert, erhalten. Chor und Vierung waren den Chormönchen für ihre Messen und Offizien zugewiesen; dann kam eine Chorschranke, in Buildwas etwa 1,80 m hoch, in Maulbronn etwas höher, die das Mittelschiff, den Chor der Laienbrüder, abtrennte. Sie nahmen vom Mittelschiff aus an der Messe teil, und dort fand auch ihr vereinfachtes Offizium statt, in einem kleinen Raum links der Schranke, nach beiden Seiten hin durch eine hölzerne Wand von (in Buildwas) etwa 1,50 m Höhe abgeschlossen. Die Trennung ging auch außerhalb der Kirche weiter. In Le Thoronet und Silvacane sind bedeutende Überreste der Gebäude der Laienbrüder erhalten; in Le Thoronet vor allem auch die separate Tür, durch die sie die Kirche betraten. In Buildwas erforderte die Gestalt des Geländes ein vom Kloster vollkommen getrenntes Gebäude.

Puritanismus und Effizienz

Zisterziensische Miniaturen aus der Zeit um 1100 zeigen eine Heiterkeit, wie man sie in einer jungen, die Leiter zum Himmel hinaufsteigenden Gemeinschaft erwarten konnte. Künstlerische Atmosphäre und eine Liebe zur Natur scheinen schon vor Bernhard in Cîteaux bestanden zu haben, und auf eigenartige Weise unterstützte er sie; eigenartig deshalb, weil er extrem puritanisch war und mit Erfolg alles in der Welt ignorierte, was er als unnötig ansah, einschließlich der von Mensch und Natur geschaffenen natürlichen Umgebung. Es wird erzählt, dass er als Novize ein Jahr in einem Raum in Cîteaux verbrachte und zum Schluss nicht wusste, wie die Decke aussah. In späteren Jahren ritt er einen Tag am Genfer See entlang und behauptete, nicht gewusst zu haben, dass der See dort war. Dies könnte auf ein gegenüber materiellen Dingen gleichgültiges Wesen hindeuten, doch ist es möglich, dass das Gegenteil wahr ist. Ohne Zweifel hielt Bernhard Ornamentierung jeder Art in einer Kirche für eine Ablenkung. Dies macht er in seinem Angriff auf

Cluny ausreichend deutlich; auch gibt es hinreichend literarische Beweise dafür, dass sein Puritanismus zu der extremen Sorte gehörte und einer seiner Beiträge zur zisterziensischen Tradition war. Zum Teil mag daran eine von Natur aus für seine Umgebung aufgeschlossene Wesensart schuld gewesen sein, und es gibt einen eindrucksvollen schwachen Punkt bei ihm. Bernhards lateinische Prosa gehört zu den ausgeschmücktesten und wortreichsten des Jahrhunderts. Sie zeigt uns, dass er ein Sprachkünstler war.[9] Doch die zisterziensische Architektur belegt in überreicher Deutlichkeit, dass die rückhaltlose Durchsetzung puritanischer Wertmaßstäbe in ganz Europa auf einer Besessenheit von einer grundlegenden Vorstellung beruhte: dass nämlich Verzierung und eindrucksvolle Proportionen ablenken. In einem berühmten Ausspruch behauptet Abt Suger (von Saint-Denis), dass das göttliche Licht sich in Juwelen und leuchtenden Ornamenten widerspiegelt. Für Bernhard lenkten sie ab; und so ist es nur natürlich, dass die Uniformität der zisterziensischen Formensprache diese Doktrin wiedergibt.

In Bernhards Schriften deutet nichts darauf hin, dass er selbst Architekt gewesen wäre. In zisterziensischen Dokumenten ist gelegentlich überliefert, dass dieser oder jener Mönch von Clairvaux, häufig ein naher Gefährte oder ein Bruder von Bernhard, bei der Entstehung eines neuen Klosters für die Einführung der Regel oder der Bräuche der Zisterzienser hier oder da verantwortlich war; und dies wurde manchmal so ausgelegt, dass diese fähigen Chormönche die Planung der Bauwerke geleitet hätten. Alles an den zisterziensischen Bauwerken von der Mitte und dem Ende des 12. Jahrhunderts weist jedoch auf die erfahrene Hand ausgebildeter Steinmetzen hin. Auf den ersten Blick scheinen wir mit einem Paradoxon konfrontiert zu sein. Die Arbeit ist häufig von hoher Qualität; die Klöster scheinen mit erstklassigen Steinmetzen gearbeitet zu haben. Lokale Stilvariationen zeigen, dass die Arbeit oft von ortsansässigen Handwerkern ausgeführt wurde. Die Dokumente berichten gelegentlich, dass Mönche und Laien aus der Umgebung mit angefasst haben, und es gibt keinen Grund, dies nicht zu glauben;

doch die wesentliche Ausführung des Bauwerks, die einheitliche Planung und Ausdrucksform, war das Werk von Experten. Dies kann nur bedeuten, dass die Zisterzienser ein eigenes Team von erfahrenen Steinmetzen hatten, vermutlich Laienbrüder, die mit den älteren Mönchen reisten und die ortsansässigen Handwerker, welche die Arbeit ausführten, anleiteten. Tatsächlich gibt es in den Dokumenten hierauf gelegentlich einen Hinweis, und es ist an sich überhaupt nicht überraschend. Tausende von Laien aus allen Schichten wurden als Laienbrüder aufgenommen; und es ist für den außergewöhnlichen Erfolg von Cîteaux und für den Rhythmus der monastischen Bewegungen im Allgemeinen charakteristisch, dass in den Anfängen eine ausgesprochene Vielfalt an Talenten und Fähigkeiten im Kloster aufgenommen wurde.

Um Bernhards Einfluss hinter der Arbeit der Laien-Handwerker aufzudecken, gibt es noch überzeugendere Gründe als die bisher angeführten. Der entwickelte Grundriss eines Zisterzienserklosters und die Ausdrucksformen wurden nicht an einem Tag gestaltet. Sie wurden in den zwanziger und dreißiger Jahren des 12. Jahrhunderts ausgearbeitet; ebenso wie die Verfassung des Ordens waren sie das Ergebnis von Erfahrung und Überlegung.[10] Eines ihrer kennzeichnenden Merkmale war der flache viereckige Ostteil der Kirche; und man hat schon lange erkannt, dass dies bei Tochterhäusern von Clairvaux weiter verbreitet ist als in anderen zisterziensischen Zweiglingen. 1953 veröffentlichte K. H. Esser eine bemerkenswerte Aufstellung der Ostteile aller für Clairvaux' Tochterhäuser im 12. Jahrhundert gebauten Kirchen, deren Form bekannt ist.[11] Sie zeigt, dass der flache Ostteil ein Merkmal aller bis zu Bernhards Tod 1153 und eines großen Teils der bis zum Ende des Jahrhunderts gebauten Kirchen war. Sie zeigt außerdem, dass nach 1153 Abwandlungen möglich waren; dass es tatsächlich einige Apsiden gab; dass selbst Bernhards Clairvaux sich eine Apsis zulegte, nachdem er es nicht mehr verhindern konnte. Für einen Mann wie Bernhard war eine große Apsis ein Grundzug der zeitgenössischen cluniazensischen Mode; ein Halbkreis, verführerisch in Licht und Farbe – oder wie ein dunkles, unbestimmtes Gemälde wirkend – als Rahmen für einen leuchtenden Altar und möglicherweise einen herrlichen Schrein: ausgesprochene, typische Ablenkung. In einer zisterziensischen Kirche stand ein schlichter Holzaltar vor einer kahlen Steinmauer, mit Fenstern rundherum, damit Priester und Sakrament zu sehen waren. Zweifellos wäre die Vielfalt auf jeden Fall gekommen, erstaunlich ist nur, dass ein so großes Maß an Uniformität sich so lange halten konnte. Natürlich darf man nicht zu genau auf der Übereinstimmung von Daten beharren. Dennoch ist das nur zögernde Auftreten von Rundapsiden beredtes Zeugnis für die von Bernhard unter Kontrolle gehaltenen Impulse; ein extremes Beispiel dafür, wie groß der Abstand zwischen schriftlichen Aufzeichnungen und den Dokumenten in Stein sein kann.

Einheitlicher Baustil und die Statuten der Zisterzienser

Alles, was wir bisher gesehen haben, könnte auf eine etwas herzlose Art von Uniformität hindeuten; sie hat auf den ersten Blick etwas Unpersönliches. Doch kann dies nicht unser endgültiger Eindruck sein. Zunächst zeigt diese Einheitlichkeit ein überraschendes Ausmaß an Kommunikation in einer Zeit, in der Nachrichten im günstigsten Fall mit der Geschwindigkeit eines galoppierenden Pferdes übermittelt wurden, meist jedoch durch Segelboot, Packpferd und Maultier. Hier enthüllt sich die kosmopolitische Kultur der „Renaissance" im 12. Jahrhundert, die Kommunikationsmöglichkeiten in einer lateinisch sprechenden klerikalen Welt, vor allem aber das Wesen der zisterziensischen Organisation. Als der Orden sich über die ersten wenigen Häuser hinaus vergrößerte, entwickelte er eine konstitutionelle Struktur, die ihn zum ersten modernen Orden werden ließ. Im 12. Jahrhundert musste jeder Abt einmal jährlich zum Generalkapitel nach Cîteaux kommen, und jede Abtei wurde vom Abt ihrer Mutterabtei besucht. In Ausübung dieser Pflicht war der Abt der Mutterabtei ein mit höchsten Machtbefugnissen ausgestatteter ‚Visitator' des Tochterhauses. Auch der Abt von Cîteaux war von dieser Überwachung nicht ausgenommen, denn die Äbte der vier ältesten Tochterhäuser kamen jedes Jahr als ein Komitee von ‚Visitatoren' nach Cîteaux. Das Generalkapitel war die höchste leitende Körperschaft des Ordens nach dem Papst, sie erließ Statuten, die der Abt an seine Gemeinschaft weitergeben sollte und der Visitator (wenn nötig) erzwingen konnte. Es gibt unerfreuliche Geschichten über Visitatoren, die über die Zerstörung von nicht der Regel entsprechenden neuen Bauwerken die Aufsicht führten. Im späten 12. und frühen 13. Jahrhundert brach diese Uniformität zusammen – Anzeichen von Verstößen sind schon früher zu erkennen. Der Zusammenbruch der Kontrolle über Stil und Grundriss fällt mit der Abschaffung des jährlichen Generalkapitels zusammen. Es wurde für die Äbte immer schwieriger, sich jedes Jahr zu versammeln; man versuchte es mit Kompromissen, wie örtlichen Zusammenkünften und Generalkapiteln alle drei Jahre. Doch die Einheit der ersten zwei Generationen wurde nie wiederhergestellt. Denn sie stellte mehr dar, als jegliche formelle Organisation leisten konnte; die Äbte zog es nach Cîteaux wie zum Tor des Himmels, mit einer sich jeder Analyse entziehenden Kraft, und der Aufruf zum Generalkapitel und die Energie, mit der das Programm erfüllt und in jeder Ecke Europas durchgeführt wurde, würde, auch wenn wir nichts davon wüssten, deutlich auf einen außergewöhnlich starken, zentralen persönlichen Einfluss hinweisen. In der religiösen Welt des 12. Jahrhunderts repräsentiert Bernhard, was der heilige Franziskus für das 13. bedeutete, einen Persönlichkeitskult, einen lebenden Heiligen, dessen persönliche Eigenschaften und Überspanntheiten einen Orden und mehr als nur einen Orden prägten.

Die Statuten und die Bauwerke spiegeln in gewissem Maß deutlich die Persönlichkeit Bernhards wider. Das soll nicht heißen, dass er sie persönlich entwarf, was unwahrscheinlich ist. Er inspirierte jene Männer, die ein seiner Redegewandtheit entsprechendes Parlament bildeten und Bauwerke entwarfen, die seinen Prinzipien und seinem Geschmack entsprachen. Auch zeigt die Uniformität keinen mechanischen Charakter, wie etwa die Militärarchitektur oder die Städteplanung der Römer. Eindrucksvoll an die Römer erinnert jedoch das generelle Beharren auf einem hohen Niveau der Baukunst, wie bei allen Überresten zisterziensischer Bauwerke in ganz Europa deutlich wird. Ob vom Sonnenlicht Mittelitaliens in Fossanova oder der katalanischen Ebene in Poblet bestrahlt oder dem trüberen nördlichen Klima in Maulbronn, Eberbach und Buildwas ausgesetzt, sind die Arbeiten immer von hoher Qualität; und, noch erstaunlicher, sie wurde für kleine Häuser ebenso wie für große eingehalten.

Der Besucher von Sénanque wird bald daran erinnert, dass er sich in der Provence befindet. Die Abtei ist in einem steil abfallenden, schmalen Taleinschnitt großartig angelegt, sie liegt an einer der wenigen Stellen, wo diese kleine Schlucht für die Anlage eines zisterziensischen Komplexes breit genug ist. So weit eine ideale Lage für die Zisterzienser, wie man sie in jedem Land finden könnte. Doch die Landschaft ist provenzalisch und dementsprechend die Wasserversorgung; es ist absolut nicht klar, wie die Zisterzienser damit fertig wurden.[12] Der erste Eindruck innerhalb des Gebäudekomplexes ist Friede, Schlichtheit und praktische Vernunft. Das Muster des Kreuzganges ist an anderer Stelle in der Provence wiederholt worden – mit jeweils vier Bögen, die drei kleine Bögen überspannen, was in jedem Gang zwölf Öffnungen bedeutet, die vielleicht die zwölf Apostel oder ihre späteren Nachfahren darstellen sollen, die zwölf Mönche, die auszogen, um neue Zisterzienserklöster zu gründen. In Silvacane und Le Thoronet, den zisterziensischen Nachbarn von Sénanque, findet man ein etwas vereinfachtes Muster. Diese Kreuzgänge sind gleichzeitig provenzalisch und zisterziensisch. Das gleiche gilt für die Kirche: das schlichte Kreuz, das Mittelschiff mit Seitenschiffen und die Querschiffe geben alle den normalen zisterziensischen Grundriss wieder; doch die Apsiden in Sénanque und Le Thoronet und die Kuppel über der

Vierung in Sénanque sind provenzalisch. Weit weg vom heiligen Bernhard, angeschlossen an Mazan und Cîteaux, aber nicht an Clairvaux, sah man keine Notwendigkeit, sich auf den schlichten quadratischen Ostteil zu beschränken, wie man ihn allerdings in Silvacane findet. Die Proportionen sind schlicht, und die etwas gedrungene Wirkung fast aller frühen zisterziensischen Kirchen, auch hier getreu nachgeahmt, steht im Gegensatz zur großen Höhe vieler romanischer Kirchen der Provence. Auch auf diese Weise lebten also die Mönche von Sénanque gleichzeitig in der Provence und in Cîteaux.

Auch die Kapitalsäle vermitteln einen ähnlichen Eindruck. Zwar wurde durch eine gewundene Säule in Silvacane ein etwas gewagterer Ton angeschlagen, darüber hinaus sind sie jedoch fast identisch, und Form, Höhe und Art des Gewölbes unterscheiden sich nur geringfügig von den Häusern im Norden wie Fountains und vor allem Buildwas: um einen quadratischen Raum herum, der wie ein Keller wirkt, verliefen Steinstufen, auf denen die Mönche sitzen konnten;[13] über dem Ganzen ein niedriges Rippengewölbe, das auf in der Mitte des Kapitelsaales stehenden Säulen ruht. Er scheint für gemeinsame Meditation – passend für einen Schweigeorden – entworfen zu sein; für den eleganten Redefluss von Bernhards Predigten allerdings ein ungewöhnlicher Rahmen. Der Kapitelsaal war der einzige Teil des zisterziensischen Entwurfs, der heute eng, ja armselig wirkt. Andere Arten von Gemeinschaften passten den Grundriss der ungünstigen Lage an; die Zisterzienser waren entschlossen, die Lage für den Grundriss passend zu machen. Selbst für eine kleine Gemeinschaft von Chormönchen wie in Buildwas wurde es als notwendig erachtet, dass sie aus dem Querschiff der Kirche über eine Treppe direkt in das Dormitorium gelangen konnten – einen Raum, der groß genug war, getrennte Matratzen für alle Chormönche aufzunehmen, die die Gemeinschaft in absehbarer Zukunft (wie sie sie sahen), das heißt bis zum Jüngsten Gericht haben würde. Vom Nachtoffizium zurückkehrend, musste es einem Mönch möglich sein, mit geringer oder gar keiner Beleuchtung über die Nachttreppe und ein ebenes Stockwerk zu gehen. In Benediktinerklöstern ging er (meistens) von der Kirche zum Kreuzgang und von dort die Treppe hinauf; doch die Zisterzienser dachten in der Planung bei allem an die angenehmste Regelung, die mit äußerster Strenge vereinbart war. So ist der ganze Plan dieses Ganges in Buildwas so angelegt, dass der Fußboden des Dormitoriums eben ist. Die Nachttreppe reicht nur bis zur Hälfte ihrer normalen Höhe in ein nicht sehr hoch über dem Niveau des Erdbodens liegendes Dormitorium. Dadurch wurde der Kapitelsaal mehr denn je zuvor einer Krypta ähnlich. Doch dahinter neigt sich der Boden, so dass heute das Dormitorium höher als üblich liegt und an seinem äußersten Ende so hoch gebaut wurde, dass sogar das darunter liegende Sprechzimmer auf Stützen erhöht werden musste.

Die problematische Lage in Buildwas und die schwierige Wasserversorgung in Sénanque wurden irgendwie überwunden. Doch ist leicht zu erkennen, warum die frühen Zisterzienser in vielen Fällen mit ihren Anlagen unzufrieden wurden und woandershin zogen. In manchen Fällen handelte es sich um kleine, sich durchkämpfende Klöster, die weiterzogen, wie Kingswood in Gloucestershire/England, das in den ersten dreißig Jahren seines Bestehens viermal umzog. Manchmal handelte es sich auch um sehr große Häuser, die eine größere Fläche zu benötigen glaubten, wie es bald nach 1130 bei Clairvaux selbst der Fall war.

Rievaulx und der heilige Ailred

Sogar bei den Zisterziensern ist es selten, dass zu einer gut erhaltenen Anlage auch reichliches Quellenmaterial überliefert ist. Das Clairvaux des heiligen Bernhard ist verschwunden; und selbst wenn die Kirche, die dort sofort nach seinem Tod entstand, an einer getreuen Kopie in Alcobaça in Portugal studiert werden kann, sind wir doch etwas weit ab von dem in Bernhards Lebensgeschichte beschriebenen Bauwerk. Wenn man schriftliches und greifbares Beweismaterial zusammenfügen will, kommt man an Rievaulx nicht vorbei; außerdem findet sich dort als zusätzlicher Anziehungspunkt ein bedeutender Abt, tief von Bernhard beeinflusst und doch in mancher Hinsicht ziemlich unabhängig von ihm.

Die Umgebung von Rievaulx ist vergleichbar mit der, welche die ersten Insassen, eine von Bernhard von Clairvaux 1131/32 ausgesandte Gruppe von englischen Mönchen, vorfanden.[14] „Sie errichteten ihre Hütten in der Nähe von Helmsley, dem Gut ihres Beschützers Walter Espec, eines bedeutenden Mannes und eines der führenden Barone König Heinrichs I. Der Ort lag an einem mächtigen Strom mit Namen Rie in einem sich beidseitig ausdehnenden, weiten Tal. Der Name ihrer kleinen Niederlassung und des Ortes, wo sie lag, wurde von den Namen des Flusses und des Tales abgeleitet, *Rievallis,* Rievaulx. Das Tal ist von hohen Hügeln umgeben, die es wie eine Krone einfassen. Diese sind von verschiedenen Baumarten bedeckt und erhalten in lieblichen Zufluchtsorten dem Tal die Abgeschiedenheit, wodurch den Mönchen eine Art zweites Paradies in der Herrlichkeit des Waldes zur Verfügung steht. Von den höchsten Felsen schlängelt und stürzt sich das Wasser in das Tal herunter, und während es sich hastig seinen Weg durch die tiefer liegenden Abschnitte und schmaleren Bachbette sucht und sich weiter ausbreitet, gibt es sanfte Töne eines leisen Murmelns von sich, die sich zu einer entzückenden Melodie zusammenfügen. Und wenn die Äste der herrlichen Bäume rauschen und singen und die Blätter sanft zu Boden fallen, wird der frohe Zuhörer zunehmend von einem glücklichen Jubeln harmonischer Klänge erfüllt, wie so viele Dinge in solch süßer Übereinstimmung zusammentreffen, in einer Musik, bei der jede einzelne Note den anderen ebenbürtig ist. Seine Ohren nehmen den für sie bereiteten Schmaus auf und sind zufrieden."

„Dies war die Geschichte – und eine wahre Geschichte" –, die einem jungen Haushofmeister des Königs von Schottland namens Ailred erzählt wurde, als er etwa drei Jahre nach der ersten

Niederlassung dort den Erzbischof von York besuchte. Es wurde ihm noch mehr erzählt, denn die Zisterzienser waren selbst am Hofe König Davids, der bald ihr bedeutendster Gönner in ganz Großbritannien wurde, immer noch unbekannt: Sie waren weiße Mönche, ihre Gewänder waren hergestellt „aus der reinen Wolle der Schafe. So genannt und gekleidet und wie Schwärme von Seemöwen versammelt, leuchten sie beim Gehen wie das Weiß des Schnees. Sie verehren die Armut ... sind verbunden durch ... feste Bande der Barmherzigkeit ... Sie treten die Blumen der Welt mit den Füßen des Vergessens, sehen Reichtümer und Ehre als Mist an, schlagen mit der Faust des Gewissens in das Gesicht vergänglicher Dinge, verachten fleischliche Gelüste und eitle Herrlichkeiten bei Speise [und Trank]. Beim Abendessen werden die Überreste der vorhergehenden Mahlzeit wieder aufgetragen, außer dass anstelle von zwei warmen Gerichten frisches Gemüse, soweit zu haben, angeboten wird. Ruhen sie auf ihren Betten aus, liegt jeder allein und gegürtet, in Habit und Tunika im Winter wie im Sommer. Sie haben keinen persönlichen Besitz; sie sprechen nicht einmal miteinander; keiner unternimmt irgend etwas aus eigenen Stücken. Alles, was sie tun, geschieht auf das Zeichen (das Kopfnicken) des Abtes hin, auf die gleiche Art werden sie auch zurückgerufen. Bei Tisch, in der Prozession, bei der Kommunion und anderen liturgischen Vollzügen unterstehen sie alle, klein und groß, jung und alt, weise und unwissend, einem einzigen Gesetz. Persönlicher Rang geht in der Gleichheit aller auf, es gibt keine unberechtigte Ausnahme ... Der einzige Wertmaßstab ist die Anerkennung des Besten ... Frauen, Falken und Hunde mit Ausnahme jener immer bereiten Kläffer, welche die Diebe vom Haus fernhalten sollen, kommen nicht durch die Tore ihres Klosters. Durch ihre außerordentliche Liebe unterdrücken sie untereinander das Gift der Ungeduld, jeden aufkommenden Ärger und die Ausdünstungen des Stolzes."[15]

Die Begeisterung dieses Berichtes über die frühen Zisterzienser übermittelt uns auch heute noch die Botschaft, die Ailreds Biograph, Walter Daniel, und Ailred selbst inspiriert hatte.

Sie hilft uns zu verstehen, warum die kleine Gemeinschaft von Cîteaux sich innerhalb einer Generation über die ganze damals bekannte Welt ausdehnen und viele Hunderte von Häusern und viele Tausende von Mönchen unter ihrer Fahne versammeln konnte.

Die besondere Betonung der landschaftlichen Schönheit entsprach ohne Zweifel einem Wesenszug Ailreds und seiner Freunde und kann keinen Zweifel daran aufkommen lassen, dass manche Zisterzienser diese Schönheit ohne puritanische Gewissensbisse als eine der Freuden eines Lebens in zisterziensischer Zurückgezogenheit hinnahmen. Der Abschnitt zeigt außerdem, dass das Leben hart war und weit über das benediktinische Maß hinaus einförmig, geregelt, monoton.

Aus dem Rahmen fällt in Rievaulx der Geist Ailreds, der in einigen Spuren aus jener Zeit erkennbar ist, die die Größenordnung der Anlage andeuten. Der Kapitelsaal ist groß und geräumig; er ermöglicht (verglichen mit den meisten anderen Klöstern) ein Vielfaches an Kommunikation und klösterlichen Zusammenkünften, Predigten und Diskussionen. Die in zisterziensischen Kapitelsälen üblichen Mittelpfeiler fehlen hier; im Grundriss und Größenverhältnis entspricht er jenem des Priorats der Kathedrale von Durham, wo Ailreds Vater seine letzten Jahre verbracht hatte. Der Saal entsprach der Redegewandtheit und dem weit reichenden Wohlwollen Ailreds; denn in seinen späteren Jahren war Rievaulx die größte Klostergemeinschaft in England, vielleicht sogar, nach Clairvaux, mit 140 Chormönchen und 500 Laienbrüdern die größte des Ordens.[16] Die außergewöhnliche Mitgliederzahl in Rievaulx hing mit Ailreds bewusst gütiger Verhaltensweise zusammen, die Tore weit offen zu halten. Der heilige Bernhard, sein Lehrmeister, hatte den Abt von Cluny angegriffen, weil dort die Berufung der Neulinge nur unzureichend geprüft wurde und es zeitweise gar kein Noviziat gab. Es fällt jedoch schwer zu glauben, dass die Zisterzienser selbst in dieser Periode raschen Wachstums die Qualität ihrer neuen Mitglieder genauer prüften; in Rievaulx war dies offensichtlich nicht so.

„Er verwandelte das Kloster von Rievaulx in eine Festung zur Unterstützung der Schwachen, zur Ernährung der Starken und Gesunden ... Gab es einen, der, sonst auch verachtet und zurückgewiesen, dort keinen Ruheplatz fand?... Und so kamen jene Wanderer, die kein Kloster einließ, nach Rievaulx, der Mutter der Barmherzigkeit, und fanden die Tore offen ... Wenn einer von ihnen es später auf sich genommen hatte, in wütender Erregung irgendeine dumme Verhaltensweise zu missbilligen, so sagte Ailred: ‚Bruder, töte nicht die Seele, für die Christus starb, verjage nicht unsere Herrlichkeit aus diesem Haus. Denke daran ... es ist die einzigartige und höchste Herrlichkeit des Hauses von Rievaulx, dass es vor allem Toleranz gegenüber den Schwachen und Mitgefühl für die Bedürfnisse der anderen lehrt.'"

So ist zu verstehen, wie es Ailred gelang, alles zu verdoppeln,

„– Mönche, *conversi* (Laienbrüder), Laien (Bedienstete), Höfe, Ländereien und jegliche Ausrüstung; tatsächlich verdreifachte er die Intensität des monastischen Lebens und seiner Mildtätigkeit. An Festtagen sah man die Kirche vollgedrängt von Brüdern wie Bienen im Bienenstock, bewegungsunfähig auf Grund der dicht zusammengedrängten Vielzahl, zu einem himmlischen Leibe vereint."[17]

Das Wagnis und seine Opfer

Das geistige Abenteuer der Zisterzienser wurde von Bernhard auf sehr deutliche und direkte Art beeinflusst. Trotz unablässigen Reisens konnte er dem größten Teil seiner Mitbrüder nicht persönlich bekannt sein; sicher waren für die meisten von ihnen aber Cîteaux oder Clairvaux ein Begriff für eine Lebensform. Dennoch machten sogar Fremde Bernhards Bekanntschaft in seinen Schriften. Dies ist eines der Geheimnisse seines überragenden Einflusses. Es gab in seinem Leben Zeiten, in denen er auf Grund seiner vielen Krankheiten und seiner starken körperlichen Leiden abstoßend auf jene wirkte, die mit ihm lebten – eine Zeitlang musste er in Clairvaux sogar in einer separaten Hütte leben. Meistens war seine Gegenwart jedoch anregend und erfreulich; es wird erzählt, dass seine Zuhörer, als er in Deutschland den zweiten Kreuzzug predigte, von seiner eigenen Predigt auf Französisch mehr beeindruckt waren als von der Übersetzung des Dolmetschers. Doch lebt er heute wie für die meisten seiner Mitmönche im geschriebenen Wort. Überall sind wir bisher auf Verbindungen zwischen den strengen Zisterziensern und der alles andere als strengen Bewegung der Renaissance im 12. Jahrhundert gestoßen. Hier sind wir an ihrem eindrucksvollsten Punkt angelangt. Jede Ausdrucksmöglichkeit der lateinischen Rhetorik war Bernhard geläufig; ihm war vor allem anderen die Fähigkeit eigen, sich auszudrücken, seine Empfindungen klar zu machen, charakteristisch für den sogenannten „Humanismus" des 12. Jahrhunderts (siehe S. 136 ff.). Seine Meisterschaft im Lateinischen benutzte er für viele Zwecke: die Sorgenvollen zu trösten, Mönchen, deren geistliches Leben verkümmert war, zu helfen, einen Streit zu schlichten, mit Freunden in Verbindung zu bleiben; aber auch, um einen Feind der Kirche (in seinen Augen) zu kritisieren, Peter Abaelard zu vernichten. Die Verfolgungen, die er inszenierte, und die (wie man annehmen muss) auf seiner eigenen Überschätzung seiner göttlichen Inspiration beruhten, sind nicht leicht zu verzeihen. Doch muss ihm jeder Historiker für die Entwicklung oder Vervollkommnung einer Kommunikationsmethode dankbar sein, die wir auch heute noch verstehen können.

Zweifellos steht er in einer direkteren Verbindung zu den modernen Gelehrten als zu vielen Menschen seiner eigenen Zeit und seines Ordens. Die Laienbrüder waren (im Prinzip) ungebildet und von den Chormönchen getrennt; soweit wir wissen, hatten sie wenig oder keine Gelegenheit, Bernhards Briefe vorgelesen zu bekommen, auch würden die meisten sein Latein gar nicht verstanden haben. In anderer Hinsicht waren die Zisterzienser Verfechter der Gleichheit; hier jedoch wählten und hielten sie eine strenge Klassentrennung aufrecht. Auch ist dies nicht der einzige Punkt, an dem das in den Schriften von Bernhard und Ailred aufgezeigte schöne geistig-geistliche Abenteuer eine rauere Wirklichkeit verbirgt. Ihr so rasch aufgebautes Reich hatte einen Preis: Dörfer wurden aus dem Weg geräumt, Besitz der Bauern wurde zerstückelt, kleinere Landeigner ihres Besitzes beraubt. Viele der frühen Zisterzienser waren ehrgeizig und arrogant. Manchmal zeigte sich diese Arroganz im Bereich des Geistes und zog ihnen den Vorwurf zu, selbstgerecht zu sein; und manchmal auch im Bereich des Materiellen, so dass sie von ihren Feinden beschuldigt wurden, sie verschafften sich Ländereien und Reichtümer durch Gewalt und Betrug. Das Bild lässt sich ohne Frage übertrieben schwarz malen: Manche ihrer Opfer wurden entschädigt (in welchem Maß wissen wir kaum), andere erfanden oder vergrößerten ihren Schaden. Zisterziensische Bauruinen verstärken die Ansicht, dass der Orden schnell groß und wohlhabend wurde, und dies war ohne ausgedehnte Bewegung von Menschen und Besitztümern nicht möglich. Im Verlauf solcher Vorgänge muss mancher leiden, und viele haben Grund zur Klage; und der Hinweis, dass dadurch das Himmelreich nähergerückt sei, ist für die Leidenden ein geringer Trost. Innerhalb des Ordens jedoch und unter den Freunden verbreiteten Bernhard und seine Gefährten eine Botschaft der Barmherzigkeit und Freude.

In seinen Briefen versuchte er, den Zuhörern ein Gefühl seiner persönlichen Anwesenheit zu vermitteln; sein Ton ist abwechselnd freundlich und vertraulich gegenüber seinen Mönchen, vornehm und respektvoll gegenüber einem König, ein Wasserfall oder Sturzbach gegenüber den Kardinälen, wenn sie zu sehr mit der Verurteilung der Feinde der Kirche zögern.[18] Seine informellen Besprechungen im Kapitelsaal von Clairvaux wurden von ihm selbst und einem ganzen Team von Sekretären durchgesehen und abgeschrieben, so dass sie verteilt und in allen Kapitelsälen des Ordens und auch außerhalb des Ordens gelesen werden konnten. Cluny war in seiner Blütezeit Beispiel für ein großartiges Gemeinschaftsleben gewesen, ausgedrückt in einer ausgedehnten Liturgie und großen Prozessionen inmitten des Glanzes von Licht und Farbe und herrlicher Architektur. Cîteaux bot den Rahmen für ein Leben in Gemeinsamkeit und Arbeit, in dem vor allem der einzelne Mönch seinen Weg abseits aller Ablenkungen finden konnte. Einige menschliche Emotionen wurden verdammt und ausgeschlossen. Doch die Freundschaft von Menschen, die Liebe eines Menschen für einen Menschen war ein Gefühl, in dem sich für Bernhard die Liebe Gottes widerspiegelte. Als sein Bruder Gerard starb, war Bernhard todunglücklich, und in einer seiner Predigten über das Lied der Lieder trug er ein berühmtes Klagelied vor, das er dann von Kloster zu Kloster weitergeben ließ, damit die Chormönche überall in ihrem dämmrigen Kapitelsaal über die Botschaft nachdenken konnten:

„Eher würde ich mein Leben riskiert haben, Gerard, als deine Gegenwart zu verlieren – der eifrig meinen Eifer für den Herrn vermehrte, ein getreuer Helfer und scharfer Prüfer. Warum, frage ich, haben wir uns geliebt, uns verloren?"[19]

Auf diese und ähnliche Weise führte für den Zisterzienser die Leiter hinab in das Tal des Kummers; dann wieder hinauf, den steilen Hang hinan, der von der Freundschaft der Menschen zur Liebe Gottes führt und zum Triumph des Lebens über den Tod, der immer noch aus jedem zisterziensischen Bauwerk des 12. Jahrhunderts widerhallt und diesen Bauwerken eine Gewalt der Rede verleitet, die der des heiligen Bernhard von Clairvaux entspricht.

10 Die Ritterorden

Das zisterziensische Abenteuer war echter Ausdruck der religiösen Vorstellungen und Ideale des späten 11. und frühen 12. Jahrhunderts; doch war es lediglich *ein* Beispiel der Art und Weise, wie monastische Ideale in jener Zeit in alle Bereiche des Lebens drangen. Der schnell fortschreitende Wandel und die Ausbreitung neuer Vorstellungen führten zu einem tiefen, forschenden Unbehagen in Bezug auf die wirkliche Aufgabe des religiösen Lebens; und in der Folge erschienen einige seltsame Auswüchse auf der monastischen Szene.

Im Jahr 1099, dem Jahr der Entscheidung des ersten Kreuzzuges, wurde Jerusalem eingenommen. Dieser (vom christlichen Standpunkt aus) bemerkenswerte Erfolg verstärkte die Beliebtheit der Wallfahrten zum Heiligen Land, verminderte die Gefahren aber nur unwesentlich. Um die Pilger zu beschützen und ihnen Unterkunft zu besorgen, bildeten sich im frühen 12. Jahrhundert Gruppen von frommen und praktisch veranlagten Leuten. Im Laufe der Zeit nahmen einige dieser Gruppen einen stärker militärischen Charakter an, da die Notwendigkeit der Verteidigung wuchs; sie wurden gleichzeitig auch monastischer, als sie unter den Einfluss anderer Orden jener Zeit gerieten, vor allem unter denjenigen Bernhards und der Zisterzienser. 1118 wurde das erste Kloster des Templerordens in Jerusalem gegründet; 1128 berieten sich die Tempelritter mit dem heiligen Bernhard und nahmen eine Regel an, die viele zisterziensische Merkmale aufwies. Viel langsamer kam es dazu, dass auch die Spitalbrüder des St.-Johannes-Hospitals in Jerusalem, die ursprünglich von Regularkanonikern kaum zu unterscheiden gewesen waren, in den Besitz von Burgen kamen und schließlich, unter ihrem Großmeister Raymond du Puy und seinen Nachfolgern Mitte und Ende des 12. Jahrhunderts, auch militärische Merkmale entwickelten. In der zweiten Hälfte des 12. Jahrhunderts wurde daraus der Johanniter-(Malteser-)Orden, und um 1200 hatten die beiden Orden sehr gleichartige Aufgaben und bestanden aus berufsmäßigen Rittern, unterstützt von Kaplänen, Hilfstruppen, friedlichen Brüdern und Dienern – doch nun im Wesentlichen mit militärischen Funktionen.

Ihre Lebensweise stützte sich auf eine streng monastische und asketische Basis. Vollmitglieder beider Orden legten Gelübde der persönlichen Armut, des Gehorsams und der Keuschheit ab; und wenn sie nicht unterwegs waren, wurde erwartet, dass sie sowohl an den Stundengebeten teilnahmen als auch private Gebete absolvierten – täglich 150 Vaterunser war die spezielle Auflage der Johanniter. Im Westen lebten sie in kleinen, Kommenden oder Komtureien genannten Gemeinschaften, denen einer oder mehrere Kapläne vorstanden. Wie bei den Zisterziensern war die Mehrheit der Ritter Laienbrüder; doch im Gegensatz zu diesen gaben die Laienritter dem Orden das Gepräge. Von ihrem täglichen Leben in Westeuropa wissen wir wenig, doch scheint sein Kern eine mit militärischen Übungen und einer Vielzahl von Verwaltungsaufgaben abwechselnde Klosterroutine gewesen zu sein. Je militärischer die Ritterorden wurden, um so mehr wurden sie in die gesellschaftlichen Unterschiede ihrer Welt miteinbezogen. Im späten 12. und im 13. Jahrhundert wurde der Ritter ein zunehmend kostspieliger, sozial herausgehobener Typus des Kavallerieoffiziers; auf diese Weise entwickelten sich auch innerhalb der Orden Klassenunterschiede. Bei den Johannitern musste Mitte des 13. Jahrhunderts der Bruder Ritter aus dem Ritterstand kommen. Weniger hoch stehende Krieger waren Brüder Feldwebel; friedliche Brüder in den Krankenhäusern und anderswo wurden dienende Brüder genannt. Rund um den Orden sammelte sich ein Kreis von Freunden, Gönnern und Helfern, ähnlich den Dritten Orden, den Terziaren, der Bettelorden.

In Spanien und Portugal waren Templer und Johanniter lediglich zwei in einer ganzen Reihe von Ritterorden; dazu gehörte der große Orden von Santiago und ein halbes Dutzend anderer Kongregationen, die zwar kleiner, aber keineswegs unbedeutend waren.[1] Spanien lag wie das lateinische Königreich von Jerusalem an den Grenzen zum Islam, und je weiter südlich man kam, je weiter man in das Grenzland eindrang, desto militärischer wurde das religiöse Leben. Im lateinischen Königreich des späten 12. Jahrhunderts hatten Templer und Johanniter zunehmend gleichartige Funktionen; selbst die Johanniter verbrauchten den größeren Teil ihrer Mittel und Energien für die Kriegführung und ihre Burgen statt für ihre Hospitäler; und je ähnlicher sich die Orden wurden, desto intensiver wurde auch die Rivalität, und es erwies sich als außerordentlich schwierig, sie daran zu hindern, sich gegenseitig anstatt die Heiden zu bekämpfen.

Im 12. Jahrhundert wurden früher oder später die Könige fast aller Reiche der westlichen Christenheit und auch eine Anzahl Adliger aufgerufen, Truppen zur Verteidigung oder Wiedereroberung des Heiligen Landes oder zu einem anderen Kreuzzugsunternehmen gegen die Moslems oder Heiden zu führen. Viele zogen los, viele andere suchten eifrig nach irgendeiner passenden Ausrede, nicht zu gehen. Viele entzogen sich dem Aufruf durch Geld- oder Sachspenden oder lösten dadurch ihr Gelübde ab. Dadurch ergab sich für die wirtschaftlichen Verfahrensweisen jener Zeit eine interessante Aufgabe. Ein reicher Deutscher oder Engländer hat vielleicht sein Gelübde durch Bargeld abgelöst; einer, der nicht ganz so reich war – vielleicht reich an Ländereien, aber nicht an Silbergeld –, wollte sich vielleicht mit einem oder zwei Äckern oder einem oder zwei Gütern an den guten Werken beteiligen. Es war schon schwierig genug, das Silbergeld zur Unterstützung der Kreuzzüge Tausende von Meilen bis zum östlichen Mittelmeer zu transportieren, und wie sollte man erst die Äcker dorthin bringen? So entstand das moderne Bankwesen, denn die Templer und Johanniter gingen daran, im Westen Mittel zusammenzubringen und sie im Osten in einem in der Geschichte des mittelalterlichen Christentums beispiellosen Ausmaß auszugeben.

In London hatten die Templer ursprünglich einen Besitz in Holborn, doch sie wurden schnell so reich und so zahlreich an Bewohnern, dass sie mehr Platz in einem passenderen Viertel benötigten. Bis 1185 war ihr Umzug in ein weiträumiges Klausurgebiet am Fluss, das seither als „Tempel" bekannt ist, vollzogen und der größte Teil des heutigen runden Kirchenschiffes fertiggestellt. Der lateinische Patriarch von Jerusalem, der England in dem verzweifelten Bemühen besuchte, das Gewissen Heinrichs II. aufzurütteln und Truppen für den dritten Kreuzzug zusammenzubekommen, war bei der Weihe der Kirche der Templer und auch derjenigen der Johanniter anwesend. Für die Menschen von London waren die großen runden Kirchen der Johanniter und Templer eine Möglichkeit, innerhalb der Tore von Jerusalem zu beten, ohne London zu verlassen. Doch waren die Kirchen gleichzeitig auch Mahnzeichen, Symbole des sterblichen Jerusalems; deutlicher gesagt, sie machten Werbung für Wallfahrten und Kreuzzüge. Heinrich II. selbst hatte keinerlei Absicht, sich am Kreuzzug zu beteiligen – das konnte seinem romantischen, umherstreifenden Sohn Richard I. überlassen werden –, doch war er gezwungen, sich in seinen Wohltätigkeiten großzügig zu erweisen, und er war daher entsprechend beeindruckt von der Geschicklichkeit der Templer in Verwaltung und Anlage des Geldes. Daraus folgte, dass er den Tempel von London zu seiner Hauptschatzkammer machte, und es entzieht sich unserer Vorstellungskraft, wo in den Augen der Tempelritter die Schätze auf der Erde aufhörten und die Schätze des Himmels anfingen.

Ihr Reichtum war schließlich auch der Untergang der Templer. Die Streitereien zwischen den Ritterorden untergruben ihr Prestige, vor allem als trotz (manche dachten auch wegen) ihrer Bemühungen zuerst Jerusalem (1187), dann Akkon (1291) fiel. Anfang des 14. Jahrhunderts führte Philipp IV., der Schöne (1285–1314), ein fast ebenso gieriger und egozentrischer französischer König wie zwei Jahrhunderte später Heinrich VIII. von England, dem Papst die vielen wirklichen und erdachten Verbrechen der Templer vor Augen, andere Könige schlossen sich an. Das Ergebnis war die Auflösung des Ordens. Ein Teil ihres

Vermögens ging an die Johanniter, ein Teil an die königlichen Unterstützer des „Prozesses". Heute ist die Tempelkirche in London eine schöne Kapelle für die in der Umgebung lebenden und arbeitenden Juristen.

Der Besucher von Santiago de Compostela, der von Tours über Conques nach Compostela im Nordwesten Spaniens kam, beschützt von den Rittern von Santiago, kam an einer Reihe herrlicher Wallfahrtskirchen vorbei, die auch dem Modell Santiagos vor allem von den Gaben am Schrein St. Martins in Tours und bei Sainte Foy in Conques erbaut wurden. Doch hier und da gab es in Westeuropa Kirchen, große und kleine, die an die größte aller irdischen Wallfahrten erinnerten. Denn die bescheidenen Kirchen der Templer in Tomar in Portugal und Laon in Frankreich, ebenso wie die Tempel-Kirche in London, waren direkt der Heilig-Grab-Kirche in Jerusalem nachgebildet. Zu verschiedenen Zeiten wurden Kirchen mit runden, achteckigen oder sechseckigen Schiffen in verschiedenen Teilen Europas, vor allem in Mittel- und Osteuropa, gebaut, wo Rotunden nicht ungewöhnlich waren oder sind.[2] Die meisten basierten im Wesentlichen wahrscheinlich auf Karls des Großen Pfalzkapelle in Aachen. Im 12. Jahrhundert kam dann eine neue Richtung auf, die in der Heilig-Grab-Kirche begründet war und hauptsächlich von den Templern verbreitet wurde. Die Johanniter bauten eine Kirche in Clerkenwell (London) und mindestens noch eine weitere an anderer Stelle; eine oder zwei waren weltlich oder Krankenhäusern angegliedert; und die früheste von allen, die runde Kirche in Cambridge, wurde wahrscheinlich für den kurzlebigen Orden der Chorherren vom Heiligen Grab gebaut.[3] So waren die Elemente verschiedener religiöser Bewegungen ineinander verwoben: der Eifer der Kreuzfahrer, die Liebe zur Wallfahrt, zisterziensische Strenge und die praktischen Aktivitäten der Regularkanoniker und anderer Hospitalgründer. Die Tempelkirche von London ist gleichzeitig der Ausdruck einer lokalen Bestrebung und eines der weltumspannendsten Bauwerke in Westeuropa.

11 Frauenklöster

„Ein Weib lerne in der Stille mit aller Untertänigkeit. Einem Weibe aber gestatte ich nicht, dass sie lehre, auch nicht, dass sie des Mannes Herr sei, sondern stille sei." So dachten die Ältesten der frühen Kirche, wie es im 1. Timotheusbrief (2, 11–12) ausgedrückt ist. Dennoch erlaubten sie älteren Witwen, besondere Gelübde in Bezug auf ein strenges und asketisches Leben abzulegen; den jungen empfahlen sie – mit überraschender Ungezwungenheit – sich wieder zu verheiraten.

Die Entwicklung bis zum 11. Jahrhundert

Aus der Gruppe älterer, angesehener Witwen wurde im Laufe der Zeit, vor allem im Kreis der vom heiligen Hieronymus (siehe S. 30) ermahnten, aufgerüttelten und inspirierten Damen, Ende des 4. Jahrhunderts eine der wesentlichen Institutionen des frühen Mönchtums. Der heilige Augustinus schrieb wahrscheinlich eine Regel für diese Frauen, und der heilige Caesarius von Arles verfasste für die Gemeinschaft in seiner Stadt eine weitere.[1] Doch auf lange Sicht gesehen vernachlässigten die Gönner und Klostergründer des frühen Mittelalters die Nonnen, so dass Mitte des 11. Jahrhunderts in England auf jedes Frauenkloster vier Männerklöster kamen; in Frankreich war das Missverhältnis wahrscheinlich noch größer.[2]

Doch gab es Ausnahmen. Im 7. und 8. Jahrhundert ging zum Beispiel in England von einer Reihe von Fürstinnen mit starkem Charakter und einem ausgeprägten Widerwillen gegen eine Heirat ein grundlegender Impuls für das monastischen Leben aus. Dazu gehörten Hilde, Großnichte des Königs Edwin von Northumbrien, die der berühmten Männer- und Frauenabtei in Whitby Mitte und Ende des 7. Jahrhunderts vorstand, und Werburga, Tochter des Königs Wulfhere von Mercia, ein Jahrhundert später Äbtissin einer Gruppe von Klöstern in Mercia, die später von einer Reihe von jüngeren und in Geburt und Heiligkeit weniger hoch stehenden Äbtissinnen geleitet wurde. Etwa zur gleichen Zeit wie Hilde war in Frankreich eine angelsächsische Sklavin namens Balthild durch Charakterstärke und Charme zunächst zur Königin, dann zur Äbtissin aufgestiegen. Diese Ereignisse weisen auf eine Gesellschaft in England und bis zu einem gewissen Maß auch im Frankenreich hin, in der Frauen sich behaupten und einen im Hochmittelalter seltenen Status erreichen konnten; außerdem auf eine Gesellschaft, in der es unter den Damen der Aristokratie modern war, sich einem religiösen Leben zu verschrieben. Im 10. und 11. Jahrhundert findet sich nur in Deutschland ein vergleichbares Interesse für Frauenklöster und Nonnen. Unter den verschiedenen 816–817[3] erschienenen Dokumenten zum Klosterleben war auch eine Regel für Kanonissen; und in Deutschland gediehen in den darauf folgenden Jahrhunderten sowohl Nonnenklöster wie Kanonissenstifte. Die sächsische Dynastie betrachtete diese Klöster mit Wohlwollen, ebenso deren Töchter: Mathilde, Tochter Ottos des Großen, war Äbtissin von Quedlinburg, wo ihr Vater starb (973) und begraben liegt. In der nächsten Generation war die Tochter Ottos II., Adelheid, Äbtissin von Quedlinburg, Gernrode, Vreden und Gandersheim; und auch mit ihr hörte diese Reihe noch nicht auf.[4] Aus dieser Gruppe sind uns von Mathildes Cousine und Namensschwester Mathilde, Äbtissin von Essen (von vor 974 bis 1011), die eindrucksvollsten Erinnerungen einer Äbtissin dieser Zeit erhalten. Sie stammte sowohl vom deutschen wie vom englischen Königshaus ab. Sie war Enkelin Kaiser Ottos des Großen, der sie mit einer aus ihren eigenen Besitzungen bestehenden Mitgift nach Essen schickte, und seiner englischen Ehefrau Edith, Schwester von König Athelstan. Aus Interesse an ihren englischen Vorfahren schrieb sie an einen entfernten Cousin in England mit der Bitte um einen Bericht darüber; die Antwort hatte die Form einer lateinischen Übersetzung der von diesem Verwandten, dem Ealdorman Aethelweard, zusammengestellten angelsächsischen Chronik. Außerdem förderte sie die Kunst, und die Sammlung von Kreuzen, die winzige Krone und andere reiche Schmuckstücke, die auch heute noch die Schatzkammer des Münsters von Essen zieren, bilden die vollständigste erhaltene Sammlung aus dieser Zeit. Mathilde war eine in einer ganzen Reihe von Fürstinnen, die das Kloster Essen in seiner Blütezeit leiteten und die den Schutz und die Gönnerschaft der ortsansässigen Adligen und des Kaisers ebenso wie die Bewunderung des zuständigen Bischofs gewannen, so dass das Kloster sowohl spirituell wie materiell florierte. Wie erwartet, floss diesen bedeutenden Damen die Unterstützung hoch stehender Gönner zu, so dass Nonnen in Deutschland bei weitem nicht so vernachlässigt waren wie in Frankreich oder England.

Doch selbst in Deutschland standen den Männern weit größere Mittel und Ländereien zur Verfügung. Aber auch in Frankreich und England wurden die Nonnenklöster weder von Gönnern noch Fürstinnen ganz ignoriert. Prinzessin Christina, Schwester Edgars und der heiligen Margareta von Schottland und daher ein Mitglied des alten englischen Königshauses, stand einer Schule für junge englische Fürstinnen in Romsey und wahrscheinlich auch in Wilton vor und versuchte, sie vor der Wollust der Normannen zu schützen. Währenddessen wurde eine normannische Prinzessin bei ihrer Geburt der Abtei Caen, die von ihrer Mutter, der Königin Matilda, gegründet worden war, geweiht und wurde schließlich Äbtissin; ihre Schwester Adela wurde als Herzoginwitwe von Blois Nonne im cluniazensichen Priorat Marcigny.

Marcigny war ein sehr typisches Phänomen jener Zeit.[5] Im 11. Jahrhundert hatten die Äbte von Cluny, wie die meisten der monastischen Organisatoren des 11. und 12. Jahrhunderts, eine Abneigung gegen Nonnen, welche die Mönche von ihren wahren Aufgaben abhielten und ihnen Schwierigkeiten und Versuchungen brachten. Diese Männer wandten sich streng gegen jene Doppelklöster; dennoch überlebten einige, und ein paar wurden sogar noch gegründet. Doch die heilige und hartnäckige Witwe konnte nicht auf Dauer zurückgehalten werden, vor allem dann nicht, wenn sie reich war und einen starken Willen besaß. Solche Damen richteten sich manchmal in einer Männergemeinschaft ein und wurden die Mutter der Gemeinschaft, wie es zum Beispiel bei Eva Crispin in Bec zur Zeit des heiligen Anselm der Fall war. Marcigny wurde 1055 von Abt Hugo von Cluny als Haus für seine Mutter, seine Schwester und eine Gruppe Gleichgesinnter eingerichtet. Sein Biograph beschreibt seine Erfolge in der Bekehrung von Frauen – „keine leichte Aufgabe", bemerkt er –, doch die Nonnen von Marcigny wurden bekannt für eine strengere Lebensweise, als sie unter ihren Männerkollegen üblich war. Dennoch bestand Hugo darauf, dass das Kloster fest unter seiner Regel blieb, obwohl die selige Jungfrau Maria als immerwährende Äbtissin bestimmt worden war.

Die verhältnismäßig bescheidene Rolle, die Frauen in den religiösen Bewegungen des 11. und 12. Jahrhunderts spielten, gibt zu denken, und die Gründe hierfür sind uns nicht ganz klar. Selbstverständlich hing es zum Teil mit den Vorurteilen der monastischen Reformer und der Gönner zusammen, die Mittel für neue Bauwerke und Stiftungen für Klöster zur Verfügung stellten. Stiftungen gab es in einem Ausmaß wie nie zuvor, doch hauptsächlich von männlichen Gönnern für Männer. Dies spiegelt ohne Zweifel eine Gesellschaft wider, in der die Macht in Männerhänden lag; in mancher Hinsicht war dies, wie wir noch sehen werden, die Blütezeit der männlichen Vorherrschaft in der Sozialgeschichte des Mittelalters. Außerdem will man, wenn man einen großen Teil eines Erbes zur Anlage eines himmlischen Schatzes verschwendet, sichergehen, dass der Schatz aus dem kostbarsten Metall besteht. Niemand zweifelte daran, dass Frauen ein heiligmäßiges Leben führen konnten, doch konnten sie nicht die Messe lesen, und es gab weiterhin eine Reihe von vernünftigen und absurden Gründen für die Annahme, dass ihre Gebete weniger wirkungsvoll seien als die der Männer. In Deutschland spielten die Klöster für die kaiserliche Herrschaft eine entscheidende Rolle, und ihre Ländereien lieferten Nachwuchs für die Armeen. Selbstverständlich erwartete man von den Mönchen nicht, dass sie kämpften, aber es kann ohne weiteres angenommen werden, dass es sich als vernünftiger erwies, männliche Gemeinschaften und Klosterinsassen zu haben, die mit den weltlichen Vögten und den für die Rekrutierung zuständigen Amtsträgern zusammenarbeiteten.

Vom gesellschaftlichen Standpunkt aus würde ein Mann, der wohlhabend genug war, seine Kinder im Kloster zu sehen, nicht bereit sein, für seine Töchter eine nennenswerte Mitgift zu bezahlen. Die großzügige Stiftung eines großen Klosters, wie das von Königin Matilda in Caen, war nur ausnahmsweise, nämlich für eine reiche Königin, möglich; zudem war gerade diese Gründung Teil einer ihr von der Kirche in Strenge auferlegten Strafe für eine Heirat von fragwürdiger Gültigkeit. Die meisten der neuen Nonnenklöster dieses und des nächsten Jahrhunderts begannen mühsam auf einer sehr bescheidenen Basis; sie waren häufig klein und arm, meist nicht mehr als eine Unterkunft für Töchter mit kleiner Mitgift. Aber auch die armen Klöster kamen zuweilen zu beträchtlichem Vermögen, wenn sie in der Nähe großer Städte lagen und ihnen Mitgift und Vermächtnisse in großem Stil zufielen.[6] Manchmal handelte es sich um direkte Nachkommen großer Klöster der Vergangenheit mit einer stattlichen Existenzgrundlage wie Essen. Im Allgemeinen wurde sie von Kaplänen des einen oder anderen Ordens betreut; manchmal geben die Dokumente nicht an, zu welchem Orden die Nonnen selbst gehörten.[7] Als Erklärung hierfür kann gelten, dass sie der Regel ihres Kaplans folgten oder den Riten, die er zelebrierte; auch dass sich diese von Zeit zu Zeit änderten, wenn die Kapläne eines Ordens durch eine Gruppe eines anderen ersetzt wurden.

Kapläne gehörten notwendig zu einem Frauenkloster, da die Schwestern ja nicht zelebrieren konnten. Außerdem gab es in den meisten Nonnenklöstern zu jener Zeit auch eine Reihe von männlichen Funktionsträgern und Bediensteten neben der Schar von Dienstmädchen, die zu jeder Gruppe von wohlhabenden Damen gehörte. Selbst sehr arme Häuser müssen einige männliche Bedienstete gehabt haben, die sich als Pförtner und Bewacher betätigten, desgleichen gab es meistens einen männlichen Verwalter, der die Nonnen in geschäftlichen Angelegenheiten und Rechtsstreitigkeiten vertrat. Frauen wurden im Gerichtssaal und Kontor benachteiligt, obwohl es zweifellos auch im Mittelalter wie zu jeder Zeit viele Frauen mit ausgeprägtem Geschäftssinn und entsprechenden Fähigkeiten gab.

Das 12. und 13. Jahrhundert

In den meisten Gebieten Europas bestand der Kern der Frauenklöster aus alten Häusern wie Essen, von denen manche auch weiterhin wuchsen und gediehen, vor allem wenn sie sich ihre vornehmen Verbindungen erhalten konnten. Im 12. und 13. Jahrhundert kam eine nicht unbedeutende Reihe von kleineren Häusern hinzu. Doch in jedem Jahrhundert gab es eine oder mehrere bedeutende Ausnahmen.

Es kann keine ungewöhnlichere Ausnahme gefunden werden als jene, die um das Jahr 1100 in den Wäldern von Craon an der Grenze zwischen Anjou und Touraine in Erscheinung trat. Shakespeare bevölkerte in seinen Stücken die Wälder von Arden und Windsor – oder im „Sommernachtstraum" den Wald von Athen – mit vielen Menschen. Wenn man liest, wer alles zu jener Zeit in den Wäldern von Craon lebte, hat man einen ähnlichen Eindruck. Aus den Gruppen von Mönchen und Eremiten, die sich dort niederließen, entstanden nicht weniger als drei vollkommen verschiedene Orden.

Robert von Arbrissel wurde um 1047 in der Diözese Rennes geboren. Nach einer Laufbahn als Student, Archidiakon und Lehrer fand er seine wahre Berufung und wurde Eremit und Wanderprediger. Dies erscheint uns auf Anhieb eine eigenartige Kombination, auf die wir aber schon bei Petrus Damiani und einigen seiner italienischen Kollegen stießen und die wir beim heiligen Franziskus noch einmal finden werden. Robert war offensichtlich ein Prediger von ungeheurer Eindringlichkeit. Er half Papst Urban II. beim Predigen des ersten Kreuzzuges und ging bis kurz vor seinem Tod 1117 auf Predigtwanderungen.

Szenen aus dem Leben der Nonnen: Teilnahme an der Messe / Singen von Hymnen bei einer Prozession (Miniatur aus einer französischen Handschrift um 1300).

Die größten Bemühungen seines Lebens aber dienten der Organisation der Büßergruppen, die sich um ihn versammelten und aus denen sowohl Mönchs- als auch Nonnenorden entstanden. Einem von ihnen stand er selbst eine Zeitlang vor. Bei einem anderen setzte er Vitalis von Mortain ein, einen weiteren zum Eremiten gewordenen Prediger, und zu einer der Gruppen gehörte ein fast ebenso bedeutender Prediger, Bernardus Grossus. Vitalis gründete die Abtei Savigny in der Normandie, Bernard die von Tiron in Le Perche; beide wuchsen zu asketischen Männergemeinschaften heran, die dem frühen Cîteaux sehr ähnlich waren. Die Abtei Savigny und ihre Gründungen, zu denen zahlreiche Häuser in England gehörten, ging 1147 im zisterziensischen Orden auf.

Robert von Arbrissel war, wie so viele Reformer jener Zeit, dem apostolischen Leben ergeben, der direkten Nachahmung der Apostel. Im Evangelium las er, wie der Herr vom Kreuz aus den Apostel Johannes der seligen Jungfrau Maria wie einer Mutter anvertraut hatte; und er entnahm daraus, dass Johannes und die anderen Apostel (in mancher Hinsicht) ihrer Autorität unterstellt waren. In den Jahren 1096–1099 errichtete er eine Kirche und eine Gemeinschaft, die der Heiligen Jungfrau geweiht war, und wählte als ihre Vertreterin auf Erden eine Dame von großer Frömmigkeit und vornehmer Herkunft, Petronilla, Witwe des Barons von Chemillé. Nach und nach wurde das neue Kloster, das dann den Namen Fontevrault bekam, stärker durchorganisiert, weiblicher, reicher und vor allem aristokratischer. Die Umkehrung weltlicher Werte, die ernsthafte männliche Asketen unter weibliche Kontrolle stellte, ist so ungewöhnlich, dass dazu profunde Theorien verkündet wurden, die sie mit dem Ursprung der höfischen Minne oder mit der Lyrik der Provence in Verbindung brachten;[8] und es ist eine Tatsache, dass der erste Troubadour, Wilhelm IX., Graf von Poitou und Herzog von Aquitanien, zu Robert in freundschaftlicher Verbindung stand und Eleonore, Witwe Heinrichs II. von England und gefeierte Gestalt der höfischen Minne, hier begraben liegt. Vielleicht ist es am besten, einfach zu sagen, dass die Verehrung der seligen Jungfrau Maria, so eindrucksvoll in Robert repräsentiert, und die höfische Minne auf verschiedene Weise zeitgemäße Umkehrungen der weltlichen Regeln darstellten und dass die Zeitgenossen so deutlich wie wir die Übereinstimmungen und Gegensätze erkannten.

Die Kirche von Fontevrault mit der Apsis im Stil des Nordens und Kuppeln, die für den Stil in Südfrankreich typisch sind, besteht noch; in ihrem Querschiff befindet sich, zwar stark restauriert, eine Reihe von Königsgrabmälern. Hier liegen Königin Eleonore, ihr Gemahl Heinrich II. und ihr Sohn Richard I. begraben. Ferner gibt es ein fälschlicherweise für Isabel von Angoulême, die Witwe von König Johann, gehaltenes hölzernes Abbild. Die ersten beiden Grabmäler sind das Werk Eleonores, die ihren Mann, mit dem sie so bitterlich gestritten hatte, nach seinem Tod 1189 hierher brachte, dann, zehn Jahre später, ihren Sohn neben ihn legte und ihnen kurz vor ihrem eigenen Tod 1204 Grabmäler errichtete.[9]

In der Welt der Ritter wurde die Literatur meistens von Männern – allerdings häufig zu Ehren von Frauen – geschrieben, und daher haben wir wenig direkten Kontakt mit den Nonnen des Mittelalters. Es ist denkbar, dass die geringe Möglichkeit der Ausbildung für Frauen die Eignung hierfür beschränkte. Es wurde vorausgesetzt, dass Mönche Latein lesen konnten; es scheint so, dass im 10. Jahrhundert auch Nonnen dies konnten. Im 12. Jahrhundert und später waren die Anweisungen für Nonnen jedoch immer in der Landessprache gehalten, wie die berühmte *Ancren Riwle* für englische Einsiedlerinnen. Die französischen Inschriften in den Illustrationen von einigen der schönsten Psalterien aus dem 12. Jahrhundert, zum Beispiel jener aus Winchester und Shaftesbury – die sich beide im späten Mittelalter in der Abtei Shaftesbury befanden –, scheinen auf die (echten oder angenommenen) Bedürfnisse von Nonnen zurückzugehen, für die sie entworfen waren. Doch gibt es hierzu erstaunliche Ausnahmen.

Die erhaltenen Briefe von Héloise an Abaelard wurden geschrieben, als sie Äbtissin von Paraclet war, einem Kloster, das zum Zentrum eines kleinen, dem von Fontevrault ähnlichen Ordens wurde. Sie sind berühmt für die tief bewegende Darstellung ihrer Beziehung zu ihrem früheren Geliebten und Ehemann; doch der größere Teil handelt vom Leben der Nonnen in Paraclet. Aus diesen Seiten spricht eine bemerkenswerte Persönlichkeit, Abaelards demütige Dienerin, und doch in ihrer Art so direkt und meisterhaft wie er und absolut in der Lage, sich in geistiger Auseinandersetzung mit dem berühmtesten Meister der Logik in jener Zeit zu behaupten.[10] Nachdem sie ihre Leidenschaft durch die Beschreibung ihrer unwandelbaren Liebe zu Abaelard erschöpft hatte, unterwarf sie sich ihm als ihrem Herrn und Meister und trieb ihn, wie viele unterwürfige Ehefrauen, zur Arbeit an. Sie bat um einen Bericht über den Ursprung des Ordenslebens für Frauen und erbat eine Regel. Zu diesem Zeitpunkt war er ein sehr erfolgloser Abt, während sie als Äbtissin bereits überall angesehen war. Es kann ihr eigentlich nicht entgangen sein, dass sie über das monastische Leben mehr wusste als er, und zweifellos nicht zuletzt aus diesem Grund sagte sie ihm schon vorbeugend, was er in seiner Regel zum Ausdruck bringen sollte: vor allem dass er Benedikts Unzulänglichkeiten ausgleichen solle, der für Männer geschrieben hatte und die Bedürfnisse von Frauen hinsichtlich der Kleidung und dergleichen nicht in Betracht gezogen und auch ihre körperliche Veranlagung nicht berücksichtigt hatte: „Wer bürdet einem Esel die für einen Elefanten gedachten Lasten auf?", fragt sie. Sie strebte nach einem Leben in Zurückgezogenheit, frei von der Unannehmlichkeit, Männer unterhalten zu müssen, die ein gefährlicher Umgang waren, und frei von den geschwätzigen Frauen in der Welt, was noch schlimmer war. Ihre Forderungen waren streng und praktischer Natur, wenn auch gelegentlich exzentrisch. Der heilige Benedikt war, so sagt sie, zwar ein Heiliger und geistlicher Ratgeber, aber dennoch gelegentlich töricht. So verweigerte er Fleisch als Nahrungsmittel, obwohl jeder wusste, dass Fisch häufig einen größeren Luxus bedeutet und teurer ist, und er erlaubte Wein, ein gefährliches Zeug – „Wein und Frauen lassen die Weisen abtrünnig werden", zitiert sie aus dem Buch Jesus Sirach 19,2 –, auch wenn Frauen mit dem Wein besser umgehen können als Männer. Es scheint, dass sie in späteren Jahren konventionellere Ansichten hatte und Fleisch verweigerte; auf jeden Fall enthüllen ihre Briefe einen hervorragenden Verstand, der sich kritisch mit der Rolle der Nonnen und ihrer traditionellen Lebensweise auseinander setzte.

Héloise war in jeder Hinsicht eine außergewöhnliche Gestalt; aber es überrascht nicht, in Deutschland noch mehr Beweise für eine Bildungstradition unter den Nonnen zu finden. Eine bemerkenswert schöpferische Schriftstellerin ist die heilige Hildegard, Äbtissin von Bingen, Dichterin, Philosophin und Mystikerin; in Sainte-Odile im Elsaß (damals zu Deutschland gehörend) entstand die berühmte illustrierte Enzyklopädie der Äbtissin Herrad, *Hortus deliciarum,* der „Lustgarten". Darüber hinaus gibt es im 12. und 13. Jahrhundert viele Beweise für die ausgeprägte Forderung nach größeren Möglichkeiten für Frauen im Ordensleben. Im frühen 12. Jahrhundert wurde Norbert von Xanten Oberhaupt eines gemischten Ordens mit Mittelpunkt in Prémontré (siehe S. 205 ff.), von dem man annimmt, dass er Mitte des Jahrhunderts zehntausend Frauen umfasste. Bezeichnenderweise unterbanden die Kanoniker, die bald darauf den Orden übernahmen, die Neuaufnahme von Frauen, so dass das weibliche Element schließlich wegfiel. In der Zwischenzeit gelang es zwischen 1130 und 1150 dem Engländer Gilbert von Sempringham, einen der Konzeption Norberts entsprechenden Doppelorden zu gründen, der auch in vergleichbarer Weise von den Zisterziensern beeinflusst war und den Segen der Hierarchie und Bernhards erhielt; zweifellos war Bernhard von Clairvaux froh, diese aufdringlichen Frauen in einem anderen Orden untergebracht zu sehen. Doch so unbeschwerlich war dieser Weg nicht; denn trotz der wiederholten und unumwundenen Weigerung des zisterziensischen Generalkapitels, Frauen innerhalb des Ordens zu dulden, entstanden im 12. und 13. Jahrhundert überall in Westeuropa zisterziensische Nonnenklöster. In Spanien rivalisierten sie hinsichtlich des Einflusses sogar mit den Männern, und in Deutschland übertrafen sie an Zahl bei weitem die der Männer. Wieder stoßen wir hier auf eine überraschende und doch symptomatische Bewegung. Die Damen des 12. und 13. Jahrhunderts rebellierten gegen ihren Mangel an Möglichkeiten. Während das Zeitalter der „Renaissance" im 12. Jahrhundert eine Zunahme an Möglichkeiten und Berufen in allen Lebensbereichen für Männer mit sich brachte, hatten ehrbare Frauen die Heirat mit dem von ihrem Herrn oder ihrem Vater Auserwählten hinzunehmen oder auf einen der raren Plätze in einem Kloster zu hoffen. Ihre Rebellion kam sowohl auf körperliche wie auf geistige Weise zum Ausdruck; doch ihr Streben nach einer zisterziensischen Berufung ist für das Zeitalter am charakteristischsten. Dennoch bleibt es erstaunlich. Die Äbtissinnen von Las Huelgas in der Nähe von Burgos zum Beispiel waren Damen, die vergleichbar waren mit den Äbtissinnen von Essen und Fontevrault. Eine ihrer Gründerinnen war Königin Eleonores Tochter, Königin Eleonore von Kastilien, die dort inmitten einer größeren Zahl von Königsgräbern begraben liegt. Die Äbtissinnen bestanden darauf, zisterziensisch zu sein, wollten sich aber auf keinen Fall dem Generalkapitel von Cîteaux unterordnen, in dem keine Frau vertreten war.

Die Schwierigkeiten und Enttäuschungen – und am Ende der Erfolg – eines intelligenten Mädchens, das seinen eigenen Weg als Nonne gehen wollte, sind in der Lebensbeschreibung von Christina von Markyate, einer Zeitgenossin von Héloise in der ersten Hälfte des 12. Jahrhunderts, einmalig dargestellt. Sie war die Tochter eines wohlhabenden Bürgers von Huntingdon, die sich zur Nonne berufen fühlte. Solche Damen und Gruppen von Damen bildeten das geistige Zentrum vieler neuer Klöster jener Zeit, entsprechend der von den Städtern für ihre irdische Basis zur Verfügung gestellten Mitgift. Christina setzte sich durch und gründete das Priorat Markyate in England; und sie regte nicht nur ihre bedeutende Lebensbeschreibung, sondern auch den St.-Albans-Psalter an, eines der schönsten Kunstwerke jener Zeit. Ihre Eltern waren anständige und ehrenwerte

Leute, doch war es für sie undenkbar, dass Christina für sich selbst bestimmen könnte. In ihren Augen konnte ihre Berufung nur ein kindischer Traum sein. Die Geschichte ihrer Kämpfe mit ihren Eltern und der Bericht, wie sie in ihrer Hochzeitsnacht ihren Ehemann von ihrem Standpunkt zu überzeugen vermochte und trotzdem sich starkem Widerstand und den Verführungsversuchen eines ihrer geistlichen Berater ausgesetzt sah, zeigen überzeugend die Schwierigkeiten, auf die junge Frauen stießen, die ihren selbst gewählten Lebensweg gehen wollten.

Zu den unerschütterlichsten Vorurteilen des Mittelalters gehörte die Ansicht, dass Frauen nicht in der Lage seien, sich um ihre Angelegenheiten selbst zu kümmern und vor den Gefahren und Versuchungen der Welt beschützt werden müssten – sonst würden sie sehr rasch selbst Teil dieser Gefahren und Versuchungen werden. Selbst ein so neuartiger und einfallsreicher Ordensgründer wie Franziskus von Assisi teilte diese Ansicht; vielleicht nicht ganz so konsequent, denn er erlaubte Jacoba von Settesoli, ihm, als er im Sterben lag, Marzipan zu bringen, obwohl Frauen in franziskanischen Klöstern nicht zugelassen waren: „Bruder" Jacoba wurde als Ausnahme zugelassen. Die normale Regel jedoch bezog sich selbst auf die heilige Klara, und so waren franziskanische Nonnen so konsequent wie jedes andere Mitglied eines Ordens eingeschlossen, im Gegensatz zu den männlichen Franziskanern, die umherzogen und predigten (siehe S. 213 f.).

Doch blieb der kraftvolle Drang zum religiösen Leben unter den sich um den heiligen Norbert scharenden Frauen und unter den Nonnen, die Zisterzienserinnen werden wollten, nicht ohne Einfluss. Im 13. Jahrhundert wurde vor allem in Deutschland und den Niederlanden eine große Zahl neuer, hauptsächlich zisterziensischer Häuser gegründet. Hier fanden sie im Abt von Villers, dem bedeutendsten Zisterzienserkloster im heutigen Belgien, einen Gönner und Helfer, der die zisterziensischen Nonnen führte und ermutigte, wie sie es sich ohne Zweifel auch anderswo wünschten. Die Einrichtung von Nonnenklöstern war jedoch in der religiösen Bewegung zugunsten der Frauen nur ein Teilphänomen in einer Zeit, in der sich auch locker organisierte Gruppen von Beginen bildeten, dem religiösen Leben verschriebene Frauen, die ohne strenge Regeln und Gelübde lebten; diese Gruppen hatten zunächst in Lüttich und Flandern Erfolg, dann in Köln und im Rheinland und gediehen schließlich im 13. und 14. Jahrhundert in ganz Nordeuropa. So gab es für Frauen im 13. Jahrhundert die größte Zahl von Neugründungen und in der heiligen Elisabeth von Schönau und der seligen Agnes von Böhmen würdige Nachfolgerinnen von Héloise und Hildegard. Doch hatte die Bewegung in Frankreich und England nie die gleiche Wirkung wie in Deutschland und in den Niederlanden; auch in Spanien war die Zahl viel geringer, obwohl es einige große und einflussreiche Klöster, wie Las Huelgas, gab. Wo wir an anderer Stelle Einblicke in das Leben der Nonnen im späten Mittelalter tun können, zeigt sich mehr häusliche Bequemlichkeit oder Unbequemlichkeit als ein tiefer Einfluss einer religiösen Bewegung auf die Frauen. Doch war der religiöse Impuls im 14. Jahrhundert – dem Zeitalter der heiligen Birgitta von Schweden, Gründerin der Birgittinnen, und der heiligen Katharina von Siena, Ordensfrau und Mahnerin der Päpste – nicht ganz erstorben und erfreute sich im 16. Jahrhundert, in den Tagen der heiligen Theresia von Avila, einer großartigen Wiederbelebung.

Zum Abschluss haben wir ein kleines Kloster ausgewählt, das, neben Essen und Fontevrault gestellt, in Bezug auf die häusliche Bequemlichkeit betrachtet werden kann; kein sehr großes Haus, doch auch nicht arm; erst im 13. Jahrhundert gegründet, sind seine Gebäude über das ganze Spätmittelalter hinweg nach und nach dazugekommen; ein guter Rahmen daher für eine der berühmtesten Nonnen des Mittelalters, für Chaucers Priorin. Über die Geschichte von Lacock wissen wir wenig. Es wurde von Ela, Gräfin von Salisbury, 1232 gegründet. Sie scheint sich ein zisterziensisches Kloster gewünscht zu haben, es wurde jedoch schließlich eine Gemeinschaft von Augustiner-Chorfrauen daraus. Es war mittelmäßig gut ausgestattet und hatte unter keinen großen Ärgernissen zu leiden. Auch entging es der Armut, der im späten Mittelalter einige Häuser durch das Ausbleiben von Mitgift oder einfach durch schlechte Organisation verfielen. Der Kreuzgang wurde im 15. Jahrhundert zum großen Teil neu erbaut, was darauf hinweist, dass es immer noch einen Zufluss an Mitteln gab und die Nonnen noch in den Hauptgebäuden des Klosters lebten und arbeiteten. In den Jahren 1535 und 1536 gab es dort immer noch fünfzehn Nonnen – im 13. Jahrhundert war es vielleicht die doppelte Anzahl gewesen –, vier Kapläne und fast vierzig Bedienstete. Bei der Auflösung 1539 waren die Gebäude in einem so guten Zustand, dass sie sich leicht in das reizvolle Landhaus verwandeln ließen, das heute noch besteht. Aus der ersten Zeit sind der Kapitelsaal und Reste der übrigen Gebäude des Klosters erhalten. An ihnen lässt sich hinreichend erkennen, wie eng sich die Anlage von Nonnenklöstern an das Vorbild der Männerklöster hielt. Der große Unterschied bestand darin, dass Nonnen die Gottesdienste nicht selbst halten konnten, dass sie hinsichtlich der Messe (und meist mindestens für einen Teil ihrer Musik) vollkommen auf die Hilfe von männlichen Kaplänen angewiesen waren, die getrennt von den Nonnen untergebracht werden mussten. Chaucers Priorin, Madame Eglentyne, ist das eindrucksvolle Gegenstück zu Petronilla von Fontevrault: eine durch und durch weltliche Dame, die auf geziemende und charmante Art Leben und Status ihrer weltlichen Kolleginnen imitierte. Doch wäre es falsch, dies überzubewerten. Sie war nicht weltlicher als der Mönch; auch würden Ironie und Satire ihre Wirkung verfehlen, wenn Chaucer sie nicht gegen ein Ideal und eine Lebensweise, die allen wohlbekannt ist, abgehoben hätte. Es ist nicht bekannt, ob die zeitgenössische Äbtissin von Lacock weltlicher oder geistlicher als Chaucers Priorin war; wir wissen lediglich, dass diese Äbtissin sowohl in der Welt Chaucers als in der Welt der heiligen Katharina und Birgitta lebte und dass sich ihr Leben in einem Kloster abspielte, das wir heute noch anschauen können.

12 Norbert und Franziskus – Prämonstratenser und Bettelmönche

Norbert von Xanten

Die eigenwilligsten Repräsentanten des apostolischen Lebens waren im 12. Jahrhundert Norbert von Xanten und im frühen 13. Jahrhundert Franziskus von Assisi. Das von ihnen Erreichte ist jedoch sehr verschiedenartig und der Unterschied sehr lehrreich. Der heilige Norbert war Deutscher, Sohn des Grafen von Gennep (heute in Belgien); seine Mutter war mit den Herzögen von Lothringen verwandt und er selbst, so wird gesagt, mit Kaiser Heinrich V. Natürlich wurde er höfisch erzogen und ging 1111 mit dem Kaiser nach Rom, wo er Zeuge der Entführung Papst Paschalis' II. durch seinen Herrn wurde. Die Ereignisse von 1111 hinterließen bei ihm einen tiefen Eindruck, der durch ein, wie es schien, göttliches Eingreifen einige Jahre später noch verstärkt wurde, als er während eines Gewitters vom Pferd geworfen wurde. Dies veranlasste ihn, das apostolische Leben, wie er es sich vorstellte, dem Domkapitel von Xanten, nördlich von Köln, zu predigen, wo er Kanoniker war. Doch der Prophet wurde bei seinen eigenen Leuten nicht sehr wohlwollend aufgenommen, und so machte er sich auf in die Provence, nach Saint-Gilles zu Papst Gelasius II. Gelasius erteilte ihm die Vollmacht zu predigen; im nächsten Jahr unterstellte ihn sein Nachfolger dem Bischof von Laon, Bartholomäus, und so begann seine Laufbahn.

Norbert war von der Veranlagung her Prediger, mehr Missionar als Organisator. Für den Gedanken, eine sich um Norbert scharende Anhängergruppe zu einer Gemeinschaft, dann zu einem Orden zu formen, scheint Bartholomäus verantwortlich zu sein. 1121 begann Norbert mit diesem entscheidenden

Schritt, und in jener Zeit war kein Mangel an guten Ratschlägen hinsichtlich der Gründung eines Ordens; manche empfahlen ihm das Eremitenleben, andere die Richtung von Cîteaux. Norbert wurde offensichtlich zwischen den verschiedenen Richtungen des religiösen Lebens jener Zeit hin und her gerissen, was Anlaß zu mancher Verwirrung unter seinen modernen Interpreten war. Kern des Problems scheint zu sein, dass er für tätige gute Werke frei sein wollte, frei für Predigt und Seelsorge, frei für das Leben Martas, und außerdem den Aposteln auf die unmittelbarste Art nachfolgen wollte, durch Armut, Einfachheit und Predigt; daher zog er die Augustinusregel jener Benedikts vor, denn er hielt sie für apostolischer und praktischer. Aber er kannte auch den heiligen Bernhard gut und bewunderte ihn sehr, und zisterziensischer Einfluss ist an vielen Stellen der Regel von Prémontré zu erkennen, Norberts Gründung und Ausgangspunkt des Prämonstratenserordens. In der Zwischenzeit war Norbert von seinen Freunden in Deutschland nicht vergessen worden, und 1126 wurde ihm angeboten, Erzbischof von Magdeburg zu werden, was ein geeigneter Ausgangspunkt für missionarische Tätigkeit und für die Erschließung neuer Gebiete religiöser Aktivität im Deutschland des 12. Jahrhunderts sein konnte.

Die Versetzung Norberts scheint sich auf die junge Gemeinschaft von Prémontré vorteilhaft ausgewirkt zu haben. Seine Kanoniker blieben in der Obhut von Männern zurück, die als Gesetzgeber und Planer besser geeignet waren als Norbert, und sie konnten den jungen Orden ungehindert so weiterentwickeln, wie sie es für richtig hielten, auch wenn sie dabei ein entschiedener monastisches Muster verfolgten, als Norbert vorgesehen zu haben scheint, so dass schließlich sein Orden der Regularkanoniker sich nur wenig von den Mönchsorden unterschied. Währenddessen war Norbert selbst – wenn auch nur kurz, da er 1134 starb – in der Lage, in Ostdeutschland und darüber hinaus in den Gebieten, wo deutsche Siedler und Slawen aufeinander trafen und sich vermischten, seine außergewöhnliche Gabe als Missionar und geistiger Führer von Missionaren zur Geltung zu bringen. Durch seine Anwesenheit war sichergestellt, dass Prämonstratenser und Zisterzienser in den deutschen Siedlungen im Osten eine führende Rolle spielten.

Das apostolische Leben im 12. und 13. Jahrhundert

Man könnte sagen, dass die stärkste Auswirkung von Bernhards Einfluss auf das Geschehen im 12. Jahrhundert negativ war. Das Eigenartigste an den Orden des 12. Jahrhunderts ist, wie ausgeprägt monastisch sie waren: Alle mit Ausnahme der Ritterorden ließen sich nach und nach innerhalb ihrer Klostermauern nieder. Dies ist um so eigenartiger, als viele ihrer Gründer von missionarischen Bestrebungen ausgegangen waren. So blieb Robert von Arbrissel bis zum Ende seiner Tage ein beliebter Prediger, selbst als er unter der Leitung der seligen Jungfrau Maria und der Äbtissin Petronilla stand.

Tatsächlich kann man annehmen, dass sein Versprechen, ihr zu gehorchen, etwa soviel Wirkung hatte wie das Versprechen des heiligen Franziskus, den Tieren des Feldes zu gehorchen. Entscheidend ist jedoch, dass es gegeben wurde.

Es ist nur natürlich, dass sich bei dem Topf, in dem sich so viele religiöse Geschmacksrichtungen vermischten, zwischen den Anhängern rivalisierender Richtungen auch heftige Kontroversen bildeten. Da gab es Säkularkleriker, die alles Mönchtum brandmarkten, und Mönche, die entsprechend reagierten;[1] Männer aller Art interpretierten das apostolische Leben, das für alles als Ausgangspunkt angesehen wurde, immer und immer wieder neu. Lange Zeit wurde die freie Meinungsvielfalt in Bezug auf die Nachahmung des apostolischen Lebens durch das Ansehen der monastischen Gelübde in Schach gehalten. Man fand einen Platz für in der Welt lebende Laien – schließlich auch für Gruppen bußfertiger Verheirateter – innerhalb des Spektrums des Ordenslebens; doch im frühen 12. Jahrhundert fanden Bewegungen dieser Art meist in einer Form von orthodoxem Mönchtum ihr Ende – oder in Häresie.[2]

Nach Bernhard war im 12. Jahrhundert Norbert von Xanten die einflussreichste Gestalt in diesem Umkreis; und auch wenn er bußfertige Sünder und Geistliche um sich versammelte und sie zu einer asketischen und apostolischen Lebensweise anleitete, fühlte er selbst doch auch weiterhin eine ausgeprägte Berufung zum Missionar. Der von ihm gegründete Orden jedoch ließ sich bald von den Zisterziensern nicht mehr unterscheiden. Norbert war ein Freund von Bernhard und stark von ihm beeinflusst; doch kommt man nicht umhin zu glauben, dass Norberts Anhänger, die seinen Anregungen eine institutionelle Form gaben, noch mehr von den Zisterziensern beeinflusst waren. Es erscheint paradox, dass Norbert, unter allen Ordensgründern am meisten von praktischer Tätigkeit überzeugt, ausgerechnet einen geschlossenen, strengen und zurückgezogenen Orden gründen sollte. Einige der Klöster in Deutschland zeigen immer noch ihre Beziehung zu den für den Drang nach Osten im 12. und 13. Jahrhundert charakteristischen ausgedehnten Siedlungen östlich der Elbe. Die Abgelegenheit eines Klosters wie Blanchland, südlich der schottischen Grenze in einem kleinen Tal inmitten der Moore versteckt, oder die Schönheit Dryburghs, etwas weiter nördlich an der Biegung eines großen Flusses gelegen, umgeben von herrlichen Bäumen und Wasser, weisen uns auch heute noch darauf hin, dass Norbert und Bernhard Freunde waren.

Im Zusammenhang gesehen, ist dies alles jedoch verständlich. Bernhard predigte Stabilität, unterdrückte alle äußere Tätigkeit, baute hohe Mauern um seine Klausuren, aber wanderte selbst in der Welt herum und kam fast jedem Ruf zu praktischem Handeln nach. Norbert spürte die strenge Autorität des zisterziensischen Lebens und wollte sich ihr anvertrauen; der Einfluss der Welt, in der er lebte, führte ihn nach Cîteaux und Clairvaux. Auch spürte er als ein in der antiken und neuen Literatur des christlichen Lebens belesener Intellektueller, dass die Augustinusregel apostolischer, der Bibel mehr entsprechend war als die Regel Benedikts. Meditation über das Leben der Apostel führte ihn zu Augustinus, zu praktischen guten Werken, auf das Gebiet missionarischer Tätigkeit.

Trotz des Ansehens Bernhards und seines Ideals hielt sich die Ansicht, dass das apostolische Leben auch weiterhin die Hilfe für die christliche Bevölkerung und die Missionsarbeit innerhalb und außerhalb der Christenheit einschließen sollte, das ganze 12. Jahrhundert hindurch. Von Zeit zu Zeit sammelten sich kleine Gruppen von Büßern oder Wanderern in einer Gemeinschaft; ihr Ziel waren Armut und gute Werke, oder sie wollten vor allem von der Welt zurückgezogen leben. Es gab vielfältige Richtungen. Viele davon entwickelten sich zu Mönchs- und Kanonikergemeinschaften; einige – die Anhänger des Engländers Gilbert von Sempringham, der wie Norbert ein glühender und sogar etwas übertriebener Bewunderer Bernhards war[3] – schufen einen Orden von Nonnen und Kanonikern, die streng getrennt in Doppelklöstern lebten. Bei fortschreitendem Reichtum der Welt kam es im Laufe der Zeit als Reaktion auf das zunehmende Interesse an materiellen Gütern zu einer stärkeren Betonung der Armut. Ein Kaufmann aus Lyon, Waldo oder Valdes, der als Reaktion auf seinen eigenen Wunsch nach Reichtum um 1173 eine Gemeinschaft von armen Predigern bildete, wurde vom Papst zunächst unter der Bedingung akzeptiert, dass er neben anderem schwor, nicht zu glauben, dass alle Reichen in die Hölle kämen. Bald verschwand er aus dem Gesichtskreis des Papstes und wurde der Gründer der Waldenser-Kirche; viele dieser Gruppen wurden Mitte und Ende des 12. Jahrhunderts zu „Ketzern". Die Folge war, dass orthodoxe Hierarchen, vor allem jene Gruppe strenger zisterziensischer Bischöfe, die der Papst zur Reformierung der Kirche und Abwehr der Ketzer in und um Narbonne eingesetzt hatte, jeden solchen armen Wanderer als potentiellen Ketzer ansahen.

So machte sich die Christenheit bereit für den heiligen Franziskus; oder eher, so ist man gezwungen zu sagen, schob es den Zeitpunkt, zu dem er kommen sollte, auf. Sowohl das Ansehen des Klosters wie die Furcht vor Häresie waren an der Wende vom 12. zum 13. Jahrhundert sehr ausgeprägt. Dies ist ein wesentlicher Grund dafür, warum die Bettelorden nicht früher entstanden, obwohl einige jener früheren Gruppen nicht ketzerisch und in ihrer Lebensweise von den Bettelorden kaum zu unterscheiden waren.

Wie Norbert von Xanten fand auch Franziskus von Assisi den Weg zu seiner Berufung durch einen, wie er glaubte, direkten, persönlichen Aufruf, dem Leben der Apostel in Armut und Schlichtheit nachzufolgen; doch er gab den gleichen Worten eine neue Bedeutung und wies das Modell von Cîteaux, das die monastische Szene im 12. Jahrhundert beherrscht hatte, zurück. Sohn eines reichen Kaufmanns in Assisi, verbrachte Franziskus seine Jugend mit der ruhelosen Suche nach einem Betätigungsfeld, das für sein unternehmungslustiges Wesen passender war als das Kontor. Zunächst wollte er Ritter in einer Söldnertruppe werden; dann wurde er in die Kleinkriege zwischen rivalisierenden Städten verwickelt, doch ein Jahr in einem Gefängnis in Perugia ließ ihn den Unterschied zwischen in einer romantischen Phantasie entstandenen Ritterabenteuern und der grausamen Wirklichkeit des Krieges erkennen. Als er Anfang Zwanzig war, wurde ihm nach und nach klar, dass seine Berufung im spirituellen Abenteuer bestand, um 1209/10 begann er Anhänger zu sammeln und seine Regel aufzustellen.

1210 erhielt Franziskus' Regel die informelle, mündliche Zustimmung von Papst Innozenz III., die endgültige, überarbeitete Fassung wurde als Inhalt einer von Innozenz' Nachfolger, Honorius III., 1223 erlassenen päpstlichen Bulle verkündet. In der Ausdrucksweise unterschied sich diese endgültige Regel von jener durch Franziskus und seine kleine Nachfolgergruppe vorgelegten sehr. Doch der Gründer selbst hielt immer daran fest, dass es sich im Wesen um die gleiche Regel handele, welche die Lebensform beschrieb, die ihm zu Beginn von Gott selbst geoffenbart worden war. Sie enthielt ein monastisches Element: Die Bettelmönche mussten Keuschheit, Gehorsam und Armut geloben und lebten in Häusern, die eine schlichtere und bescheidenere Version der traditionellen Klöster darstellten. Sie enthielt auch ein apostolisches Element: die Lebensweise war den von Jesus an seine Jünger gegebenen Anweisungen, dass sie zu zweit hinausgehen sollten, ohne Geld und überflüssigen Besitz, getreu nachgebildet. Also waren die Franziskaner zum Wandern bestimmt und zu einer größeren Armut, als sie irgendein Orden bisher vorgeschrieben hatte. Die Gebildeten oder für diese Aufgabe Geeigneten unter ihnen sollten predigen. Doch Franziskus ging immer davon aus, dass seine Brüder einfach und demütig, die meisten von ihnen Laienbrüder sein sollten, die nicht predigen, sondern mit den Armen und jedem, den sie trafen, arbeiten und das christliche Leben lehren sollten, indem sie es lebten.

Auf Papst Innozenz müssen Franziskus und seine Anhänger 1210 ähnlich gewirkt haben wie manche anderen frommen Wanderergruppen, die um seinen Segen baten. Mit dem heute möglichen Überblick kann man erkennen, dass es sich hier um den Beginn einer großen Bewegung handelte, die zur Entstehung der Bettelorden führte. Bis 1220 gab es zwei Orden, die Franziskaner und die Dominikaner, die „Minderbrüder" und die „Predigerbrüder", wie sie von ihren Gründern bezeichnet wurden. Als Franziskus 1226 starb, waren beide auf dem Wege zu großen, aufblühenden Gemeinschaften, und im Laufe des Jahrhunderts kamen weitere Orden hinzu. War im religiösen Leben das 12. Jahrhundert das Zeitalter der Mönche und Kanoniker gewesen, so war das 13. das Zeitalter der Bettelorden. Doch auf die Frage: Was war das Neue in der Botschaft des Franziskus, was hatte er zu bieten, das kein früherer Orden, keine Gruppe und kein Gründer bisher zum Ausdruck gebracht hatte? – auf diese Frage ist eine Antwort außerordentlich schwer zu finden. Der monastische Einfluss, die Inspiration des apostolischen Lebens, das Streben nach Armut und Einfachheit: zu allem gibt es im 12. Jahrhundert Parallelen, vor allem bei den informellen Gruppen, die sich an der Wende zum 13. Jahrhundert entwickelten. Das Beste, was man sagen kann, ist, dass der persönliche Impuls des Franziskus mit einer mächtigen Strömung der Zeit zusammentraf und sich mit ihr verband, so wie es ein Jahrhundert zuvor bei den Zisterziensern gewesen war, und dass er sich der Gunst der päpstlichen Kurie erfreute: gleichermaßen bedeutsam war vielleicht auch, dass er noch vor Ablauf der ersten zehn Jahre im heiligen Dominikus einen Gleichgesinnten fand.

So viel kann mit Überzeugung gesagt werden; doch wird sich das Wesen von Franziskus' Inspiration immer der Definition entziehen. In erster Linie sollte jedoch gesagt werden, dass er eine Gabe zur Beeinflussung von Menschen besaß, jener des heiligen Bernhard vergleichbar, und dass er es verstand, aus Armut und Gehorsam positive, aufregende, ja romantische Eigenschaften zu machen. Er schuf und verhalf der Idee des Bettelmönches zu Ansehen: ein demütiger Mönch, mit dem Kloster als Ausgangspunkt, an dessen Mauern er jedoch nicht gebunden war, ein Mann, der sein Leben vor den Augen der Öffentlichkeit lebte und alle Menschen anregte, seinem Beispiel zu folgen.

Franziskanische und dominikanische Bettelmönche

Die Bettelorden sind nicht Thema dieses Buches; doch ist das monastische Leben des 12. und 13. Jahrhunderts ohne sie unverständlich. Denn Franziskus (um 1181–1226) und Dominikus (um 1171–1221) leiteten vieles in ihrer Inspiration vom Mönchtum ihrer Zeit ab. Andererseits tritt gerade dadurch die Neuheit mancher Elemente nur deutlicher hervor.

Franziskus und Dominikus waren sich sehr unähnlich; der Spanier Dominikus war zunächst ein ernsthafter, konventioneller Augustiner-Chorherr mit dem ausgeprägten Wunsch zum Predigen und einem noch ausgeprägteren Verlangen, seinen Vorgesetzten zu gehorchen. Dies führte ihn zu jahrelanger Arbeit auf dem dornigsten missionarischen Tätigkeitsfeld jener Zeit, unter den Katharern in Südfrankreich. In Toulouse bildete er eine Gruppe von Mitarbeitern; er unternahm Schritte, sie als Orden anerkennen zu lassen. Doch hatte Papst Innozenz III. 1215 das 4. Laterankonzil geleitet und war gezwungen gewesen, den Konzilsmitgliedern zu gestatten, ein Dekret zum Verbot neuer Orden zu erlassen – das heißt, so wie die Klausel von den Amtsträgern der Kurie interpretiert wurde, neuer Regeln. Dies hielt Dominikus paradoxerweise fast überhaupt nicht auf: er nahm die Augustinusregel, auf die er ja bereits die Gelübde abgelegt hatte, als Ausgangsbasis, und wieder einmal war ihre verlockende Ungenauigkeit einer religiösen Bewegung von großem Nutzen. Doch brachte ein viel mächtigerer Einfluss seine Absichten ins Wanken. Plötzlich verließ er Toulouse, wandte den Häretikern den Rücken zu, sandte seine Ordensbrüder (sechzehn an der Zahl) in die christlichen Länder und begann, eine missionarische Wanderbewegung zu organisieren; kurz, er machte Bettelbrüder aus ihnen. Ich habe kaum Zweifel daran, dass diese Änderung sich zum Teil aus dem Zusammentreffen mit Franziskus ergab.[4]

Das apostolische Leben war immer aus neuer Meditation über das Evangelium entstanden; und es ist daher kein Zufall, dass Gedanken und Leben des heiligen Franziskus von dem unmittelbaren Eindruck, den ein eines Morgens in der Messe gehörter Abschnitt aus dem Evangelium des Matthäus in seinem Verstand und seiner Phantasie hinterließ, geleitet wurden. „Geht aber und predigt und sprecht: ‚Das Himmelreich ist nahe herbeigekommen ... Umsonst habt ihr's empfangen, umsonst gebt es auch. Ihr sollt nicht Gold noch Silber, noch Erz in euren Gürteln haben, auch keine Tasche zur Wegfahrt ... denn ein Arbeiter ist seiner Speise wert.'" Franziskus fühlte sich berufen durch Gottes direkte Belehrung – „der Herr selbst hat mir geoffenbart" – wie zu leben und ein Orden von Männern zu gründen sei, die in der Welt lebten und arbeiteten. Von Natur aus war Franziskus wählerisch, er mochte Bettler nicht und hatte einen Widerwillen gegen Aussätzige. Er lernte, dies zu überwinden, doch blieb ihr Los eines der zentralen Themen seiner Sicht des Lebens. Warum waren die Apostel ärmlich gekleidet und noch ärmlicher ausgerüstet ausgeschickt worden? Zu dieser Frage verfassten im 13. und 14. Jahrhundert gebildete Männer viele Abhandlungen. Für Franziskus schien dies lediglich Antwort auf eine Erfahrungstatsache zu sein: Um den Armen zu helfen, in ihrem schlimmen Leben den Weg zu Christus zu finden, musste man so arm sein wie sie; nur auf diese Weise konnte man darauf hoffen, ihnen durch das Beispiel zu zeigen, dass Armut etwas

Heiliges, sogar etwas Erregendes war. Er war ein genialer Lehrer, erachtete jedoch immer das Beispiel weit höher als das Gebot: Er scharte Männer um sich, die aus ganz verschiedenem Holz geschnitzt waren, und erwartete nur von einer kleinen Minderheit die Fähigkeit zu formgerechtem Predigen. Basis seines Lebens war das Beispiel, und als er vor dem Kardinalskollegium zu predigen hatte, führte er einen Tanz auf, um darzustellen, wie die Liebe Gottes vermittelt werden sollte. Auf lange Sicht gesehen, fasste er in seinem „Orden" alle Lebensbereiche zusammen – zölibatäre Bettelmönche bildeten seinen Ersten Orden, in strenger Abgeschiedenheit lebende Nonnen den Zweiten – denn selbst Franziskus konnte sich wandernde Frauen nicht als religiösen Orden vorstellen – und nach einer einfachen Lebensregel lebende Verheiratete den Dritten Orden, die Terziaren.

Auch das Leben der Bettelmönche zeigt eine weit gefächerte Wertschätzung der von Franziskus übernommenen Traditionen. Dies lässt sich in den Kirchen von Assisi erkennen, in denen er weiterlebt: in der kleinen Portiuncula-Kapelle – wenn man die sie umgebende spätere Kirche einmal nicht beachtet – in San Damiano außerhalb der Mauern, in der Einsiedelei Carceri auf den Hügeln hoch über der Stadt und in seinem eigenen Grabmal, der herrlichen Basilika am Rande der Stadt. Das Monument des heiligen Dominikus befindet sich in Bologna, allerdings in einem ganz anderen Sinn. Es steht in jener Stadt, in die der alternde, entwurzelte Gründer kam, um seine eigene und die Jugend seines Ordens durch die Neuaufnahme von Studenten zu erneuern. Bologna und Paris waren seine Hauptquartiere. Franziskus hatte seine Aktivitäten ursprünglich weiter ausgedehnt als Dominikus und keine Grenzen anerkannt. Er reiste nach Ägypten, um den Sultan zu besuchen, und durch ganz Italien, wobei er Rom mehrmals besuchte. Doch kam er von Zeit zu Zeit zurück nach Assisi, das immer der Mittelpunkt seines Lebens blieb; und dorthin brachten sie ihn auch, um zu sterben.

Carceri ist ein zauberhafter Ort, an dem der Petrus Damiani des 15. Jahrhunderts, der heilige Bernhardin, Gründer der Franziskaner-Observanten, die alte Heimstätte von Franziskus und

Die Einsiedelei Carceri bei Assisi. Franziskus selbst zog sich immer wieder gern an diesen Ort zurück; der heilige Bernhardin von Siena errichtete hier im 15. Jahrhundert ein kleines Kloster.

seiner engsten Gefährten wiederherstellte. Man kann ihre Zellen immer noch besuchen, jede einem der bekannten Namen zugeschrieben – Franziskus, Leo, Rufino und Masseo. „Jene, die ein religiöses Leben in einer Einsiedelei führen wollen", sagte der Heilige in einer seiner Schriften, „die lasst höchstens zu dreien oder vieren gehen. Lasst zwei von ihnen die Mütter sein, die zwei Söhne haben, oder wenigstens jede einen; der eine soll das Leben von Marta, der andere das von Maria führen."[5] Dies ist besonders charakteristisch: zunächst in der Ausdrucksweise, denn alles, was Franziskus schrieb, war knapp, schlicht und doch einfühlsam; außerdem ist es bezeichnend für seine

Fra Angelico, Marienkrönung (Florenz, San Marco). Die dargestellten Heiligen sind Thomas von Aquin, Benedikt, Dominikus, Franziskus, Petrus Martyr und der Evangelist Markus. Das Bild zeigt also die typische Kleidung der Dominikaner, Benediktiner, Franziskaner und – vielleicht – auch der Eremiten (Markus).

Lehre, denn dieser geselligste aller Ordensgründer liebte und pflegte auch das Eremitenleben. Der Geist der anachoretischen Bewegung in Italien lebt in Carceri fort, und eine der stärksten Versuchungen für Franziskus war es, für immer dort zu bleiben. Häufig fühlte er selbst den Ruf, Maria zu sein und zu Füßen Christi zu sitzen, und unterschätzte daher die Bedeutung dieses Rufes bei anderen nie. Bei den Überlegungen, was dieser oder jener Bruder tun sollte, betrachtete er das Problem immer vom menschlichen und persönlichen Standpunkt aus; er ging daran nicht wie ein Administrator, der ein Arbeitsschema plant, sondern als ein Meister, der mit Sympathie und Feingefühl erwog, was das Beste für jede einzelne Seele war. Im Rückblick muss es uns scheinen, dass er manchmal eine verfeinerte Anarchie predigte und ausübte; seine Ansicht über das Los des Administrators drückte er einem gegenüber, der sich durch die Aufdringlichkeit mancher Brüder belästigt fühlte, aus, indem er sagte: „und zeige deine Liebe zu ihnen dadurch, dass du nicht wünschst, sie wären bessere Christen!"[6] Doch fühlte Franziskus, der geistliche Berater und Eremit, auch den starken Drang zum Predigen und zur Vorbereitung seiner Brüder auf ihre Arbeit in den Städten Umbriens und der ganzen Welt.

Und so gehen wir mit ihm hinunter zu dem nicht weit von den Stadttoren entfernten Kloster, nach San Damiano, wo er in der ersten Zeit nach seiner Bekehrung gelebt hatte. Später war es eine Zeitlang Heimat der Nonnen, der heiligen Klara und ihrer Gefährtinnen. Es vermittelt aber immer noch eine lebhafte Vorstellung von der Lebensweise der ersten Brüder, als der Orden sich auszubreiten begann. Doch was soll man über die Basilika sagen? Sie ist ein herrliches Bauwerk, berühmt geworden durch die Fresken, die ihre Wände bedecken. Viele Bewunderer, von damals bis heute, haben ihre Großartigkeit verkündet: ein prächtiges Monument für den Apostel der Armut – das ist entweder ein feinsinniges Paradoxon oder ein Ärgernis.

„Als Franziskus eines Tages krank im Bischofspalast von Assisi lag, sagte ein frommer, heiligmäßiger Bruder im Scherz zu ihm: ‚Für wie viel wirst du dem Herrn all dein Sackleinen verkaufen? Viel kostbarer Brokat und Seidenstoff wird deinen kleinen Körper, der jetzt in Sackleinen gehüllt ist, bedecken.' Denn der heilige Franziskus trug zu diesem Zeitpunkt wegen seiner Krankheit eine Lederbandage, die mit Sackleinen und einem Gewand aus Sackleinen bedeckt war. Die Antwort des heiligen Franziskus kam nicht von ihm selbst, sondern vom Heiligen Geist durch ihn, er sagte mit großer geistlicher Inbrunst und Freude: ‚Du sprichst die Wahrheit, denn so wird es sein.'"[7]

Doch Franziskus dachte an das Paradies, nicht an die Basilika San Francesco.

Als er im Sterben lag, sandten die Bürger von Assisi Soldaten aus, um ihn zu beschützen und heimzubringen; denn sie wussten, dass sein Leib nach seinem Tod eine überaus kostbare und sehr begehrte Reliquie sein würde und dass alle Nachbarstädte versuchen würden, sich ihn zu holen. So versteckten sie seinen Leichnam nach seinem Tod in einem Felsen, ganz unten in einer riesigen, dreistöckigen Kirche, um die sie ein großes Kloster bauten mit dem Ergebnis, dass das ganze wie eine herausfordernd in Richtung Perugia schauende Festung wirkt, der größten Rivalin von Assisi, in deren Gefängnis Franziskus selbst einmal eine Reihe von unglücklichen Monaten verbracht hatte. Er würde es vorgezogen haben, ohne großen Aufwand in der Portiuncula-Kapelle begraben zu werden, doch ist die Pracht seines Schreines nicht gänzlich unangemessen. Denn bei aller Liebe zur Einfachheit und Demut erkannte Franziskus, dass er Mittelpunkt eines Persönlichkeitskultes war, und begrüßte das.

Auch wenn Dominikus aus seinen Missions-Kanonikern nach dem Vorbild von Franziskus Bettelmönche machte, zeigte er doch bei all seinen anderen Verordnungen eine scharfsinnige Anerkennung der Schwierigkeiten, mit denen die Franziskaner konfrontiert wurden. Er wünschte sich seinen Orden als eine Gemeinschaft von ausgebildeten und erfahrenen Predigern aus einer ausgewählten Klasse – den aufstrebenden Studenten, ausgewählt nicht auf Grund ihrer Bildung, sondern weil ein Student in den am Anfang stehenden Universitäten jener Zeit neben einer gründlichen Bildung auch eine Liebe zum Abenteuer mitbringen musste. Anstelle der lockeren Struktur des Franziskanerordens – immer in Gärung, immer in der Krisis – begann er, vollendet von seinem Nachfolger Jordan von Sachsen, mit der Errichtung einer ordensgemäßen, hierarchisch gestuften Struktur. Franziskus machte seine eigene Inspiration und sein Beispiel zum Maßstab und Fixpunkt seines Ordens – Dominikus verbarg seine Persönlichkeit und ist im Vergleich zu Franziskus auch heute noch als Mensch verhältnismäßig unbekannt. Statt dessen errichtete er einen Rahmen für Entwicklung und Diskussion, Basis für einen Orden, der nicht vom göttlichen Funken eines Einzelnen abhängig war. Der Erfolg war groß und nötigt uns Bewunderung ab, auch wenn wir höchstens eine fragwürdige Dankbarkeit gegenüber dem Apostel einer Komitee-Organisation empfinden. So verbanden sich zwei gegensätzliche Persönlichkeiten zur Gründung jenes apostolischen Ordens, von dem sich die Gründer im 12. Jahrhundert so oft abgewandt hatten; und die Persönlichkeit des Dominikus ist in dieser Hinsicht so entscheidend wie die von Franziskus, denn jeder trug zum Erfolg des anderen bei, und als die beiden Gründer nicht mehr waren, hatten die Orden die Möglichkeit, sich einander mehr anzugleichen, auch wenn sie sich im Verlauf dieses Prozesses manchmal von den Absichten ihrer Gründer entfernten.

Am Anfang unserer Untersuchung stießen wir auf die Bescheidenheit des heiligen Benedikt, der seine Vorstellungen vom monastischen Leben vorwiegend mit den Worten eines anderen zum Ausdruck brachte. Auf ähnliche Weise übernahm Dominikus die Basis der Lebensweise der Dominikaner aus zwei früheren Regeln. Sein Orden wurde nach der Augustinusregel gegründet. Die Vorschriften, die Dominikus für den Tagesablauf in den Klöstern seines Ordens aufsetzte, waren von denen von Prémontré abgeleitet, die ihrerseits wieder viel von Cîteaux enthielten. Auf diese Weise lebte und herrschte die asketische, monastische Tradition des 12. Jahrhunderts auch weiterhin, doch war ihrem Einfluss eine deutliche Grenze gesetzt. Denn die Satzungen der Dominikaner waren in allen Punkten den praktischen Bedürfnissen eines Predigerordens angepasst.

In zweierlei Hinsicht standen die Bettelmönche im Gegensatz zu den Mönchen und Kanonikern des 13. Jahrhunderts: Sie hatten die spezielle Aufgabe, zu wandern, zu predigen und in der Welt der Laien ein Beispiel zu geben; außerdem waren sie Bettler, die ausschließlich von den Almosen lebten, die sie sammelten. Mönche und Kanoniker ließen den Bettelnapf herumgehen, und manches Bauwerk wurde zum Teil durch eine Bettelreise einer Gruppe von Ordensangehörigen mit den Reliquien des Heiligen, für den es gebaut werden sollte, finanziert. Doch die Bettelmönche lebten ausschließlich vom Betteln, sie hatten keinen eigenen Besitz.[8] Sie waren und sind Bettelorden. Die Auswüchse, zu denen dies führen konnte, wurden durch Chaucers Porträt eines Bettelmönchs in seinem Prolog zu den *Canterbury Tales* offenkundig, vielleicht das härteste in seiner Porträtgalerie. Die Satire geht davon aus, dass solcher Missbrauch bekannt war. Es ist immer ein Fehler, einen Orden nur nach seinen Idealen und seinen Heiligen zu beurteilen. Wären jedoch alle Bettelmönche wie der fürstliche Bettler in Chaucers Phantasie, würde der Scherz nicht ankommen und die Satire langweilen. Ebenso falsch ist es, eine religiöse Bewegung an ihren bekannt gewordenen Misserfolgen zu messen. Nur wenige Männer haben die Welt so offensichtlich bereichert wie Franziskus und Dominikus.

Doch ist dies noch nicht das letzte Wort; unser Interesse gilt vor allem ihrer Beziehung zu den Mönchsorden. Die Bettelorden boten jenen eine Möglichkeit, die sowohl wandern und predigen als auch ein Leben nach einer Regel leben wollten; ein Jahrhundert lang oder auch länger waren sie die modernste religiöse Bewegung ihrer Zeit. Sie hatten die Initiative, die im 12. Jahrhundert von den Zisterziensern ausgegangen war, an sich gerissen. Die Mönchsorden erreichten im späten Mittelalter nie wieder den gleichen Stand. Sie bestanden weiter und hielten eine Lebensform aufrecht; hier und da entstanden lokale Neubelebungen von besonderer Inbrunst. Im 16. und 17. und noch einmal im 19. Jahrhundert änderten Neuerungen allgemeinerer Art das Wesen der Orden, wie es die Bettelorden im 13. Jahrhundert getan hatten. Doch haben die Orden der Mönche und Kanoniker innerhalb der Christenheit nie wieder den Platz eingenommen, den sie in der besten Zeit des heiligen Bernhard und der zisterziensischen Bewegung Mitte des 12. Jahrhunderts innehatten.

Zusammenführung

13 Drei Klosterbesuche

Wir haben die Geschichte des Ordenslebens vom Frühchristentum bis zum 13. Jahrhundert verfolgt. Wenn wir die einzelnen Teile zusammensetzen, stehen wir zunächst vor der schwierigen Frage: Lässt sich unsere Geschichte wirklich zusammenbringen mit den sichtbaren Überresten der Klöster aus dem Mittelalter? Lässt sich „Wasser aus dem Stein schlagen", werden die Bauwerke ihre Geschichte preisgeben? Dies ist eine wirkliche Aufgabe, und es wäre falsch, sie auf die leichte Schulter zu nehmen: Die Antwort liegt in den Gedanken und der Vorstellungskraft des Lesers. Doch kann an Hand verschiedenartiger, sowohl an Geschichte wie an Überresten reicher Beispiele auf einiges hingewiesen werden, das uns zu den Antworten führt, die wir suchen. Aus diesem Grund machen wir uns auf zur Besichtigung von drei der geschichtsträchtigsten Klosterkomplexe in Europa.

1. Fountains

Die Abtei Fountains in Yorkshire/England liegt am Ende einer schönen Rasenfläche, umrahmt von den bewaldeten Rändern eines schmalen Tales und verschönt durch einen plätschernden Fluss: eine architektonische Sünde des 18. Jahrhunderts oder, anders betrachtet, ein durch und durch repräsentatives Monument des Europa des 12. Jahrhunderts. Es handelt sich um eine eigenartige Verbindung der praktischsten Aspekte der Renaissance im 12. Jahrhundert und der romantischsten Aspekte der „gotischen" Gesinnung im 18. Jahrhundert: ein pikanter Gegensatz, der Gedanken und Phantasie in Bewegung setzt und durch den sich viele Fragen über die Entstehung aufdrängen.[1]

Auf den ersten Blick scheint der Vergleich jener beiden Jahrhunderte, die zusammen die heutige Abtei Fountains hervorbrachten, weiter nichts als ein interessanter Widerspruch zu sein. Die zisterziensischen Mönche, die diese Abtei im 12. Jahrhundert erbauten, wählten die Lage, weil sie abseits von Städten und Dörfern lag und sie allein sein wollten; sie wählten dieses Tal, weil es die beiden am nötigsten gebrauchten Dinge bot: eine zur Errichtung eines großen Gebäudekomplexes passende ebene Fläche und ausreichend fließendes Wasser für ihre Waschbecken, Leitungen und Mühlräder. Sie bauten eine große Abtei, solide, weiträumig und praktisch; aber weder komfortabel noch dekorativ – mit Ausnahme der Kapelle der Neun Altäre aus der Mitte des 13. Jahrhunderts im Ostteil der Kirche und des schönen Turmes aus dem 16. Jahrhundert. Der Rest der Bauten stammt im Wesentlichen aus dem 12. und frühen 13. Jahrhundert, ein eindrucksvolles Monument der Fähigkeiten der zisterziensischen Architekten aus der frühen Zeit des Ordens.

Als Gegensatz hierzu geben die gepflegten Rasenflächen und die Bäume der ganzen Szenerie ihren romantischen Charme, und diese stammen aus dem 18. Jahrhundert; soweit bekannt, war das Tal im Mittelalter nur gering bewaldet, und der anschließende Park war Gras- und Weideland. Die Gutsbesitzer des 18. Jahrhunderts verschönerten die europäische Landschaft und bereicherten unsere Zivilisation um etwas Dauerhaftes. In der Zeit um die Jahrtausendwende, wo so vieles von dem, was sie geschaffen haben, der Zerstörung ausgesetzt ist, lernen wir, ihre schöpferischen Bemühungen zu schätzen, die solch außergewöhnliche landschaftliche Schönheit hervorbrachten – was gleichermaßen den Verbesserungen durch den Menschen wie den vorhandenen Möglichkeiten der Natur zu verdanken ist. Ihre Betätigung hatte allerdings auch eine Kehrseite, denn gelegentlich behandelten sie die Einwohner ihrer Landgebiete ebenso sorglos wie deren natürliche Beschaffenheit. Manch zeitgenössischer und auch manch moderner Historiker hat über die Verbesserungsaktivitäten der Gutsbesitzer des 18. Jahrhunderts, die Felder einfriedeten und Parks anlegten, etwa folgendermaßen berichtet:

Fountains, Ruine des Kapitelsaals.

„Sie machen Dörfer und Kirchen dem Erdboden gleich, werfen die Anwohner hinaus ... ebnen alles mit dem Pflug ein, so dass man beim Betrachten eines Ortes, den man gekannt hatte, sagen könnte: ‚und Gras wächst jetzt dort, wo Troja einst stand'."

Doch diese Worte stammen aus der Feder eines Satirikers des 12. Jahrhunderts, der über die Zisterzienser schrieb; und obwohl es sich um eine satirische Sprache und nicht um unbeteiligte Zustimmung handelt, haben sich die grundlegenden Tatsachen als wahr erwiesen. „... sie wurden angewiesen, in öden Gegenden zu wohnen, und öde Gegenden werden sie finden oder erzeugen ..."[2], schrieb Walter Map, zugegeben mit der Freiheit des Satirikers, der nicht wirklich davon ausgeht, dass seine Satire gelesen wird – und sie wurde vor dem 19. Jahrhundert auch nicht gelesen –, und einige seiner größeren Beschuldigungen lassen sich nicht überprüfen. Auf jeden Fall ist heute klar, dass die Zisterzienser nicht nur darauf bestanden, von ihren Gründern Land und Felder frei von ländlichen Siedlern oder Pächtern zu erhalten, sondern in manchen Fällen auch nichts gegen Enteignung im großen Stil hatten oder sich sogar daran beteiligten.[3] Fountains gehörte nicht dazu; als die Mönche sich hier niederließen, war das Tal eine Wildnis. Doch sie vertrieben bald darauf Bauern, die nicht weit davon entfernt in Hütten lebten.

Sie lebten in der Einöde, weil ihre Regeln von dem Gedanken an die Wurzel und die Quelle des monastischen Ideals beeinflusst waren, von dem Leben in der ägyptischen und syrischen Wüste zur Zeit des heiligen Antonius und des heiligen Pachomius (siehe S. 21 ff.). In der Praxis hieß das, dass sie in den unberührten Landstrichen Europas lebten. „Glaube einem, der es erfahren hat", schrieb Bernhard von Clairvaux, dessen Anhänger die ersten Mönche von Fountains waren, „in den Wäldern wirst du etwas finden, was du in Büchern nie finden kannst. Steine und Bäume werden dich etwas lehren, was du von den Lehrern in der Schule nie gehört hast. Denkst du, dass aus dem Felsen kein Honig, aus dem härtesten Stein kein Wasser fließen kann? Geben die Berge nicht Süße ab, fließen nicht die Hügel über von Milch und Honig und die Täler von Getreide?"[4] Zweifellos enthalten diese Sätze heute Zwischentöne, die ihrem Autor vollkommen unbekannt waren. Doch ist die Ansicht nicht haltbar, dass die Menschen im 12. Jahrhundert gegenüber der

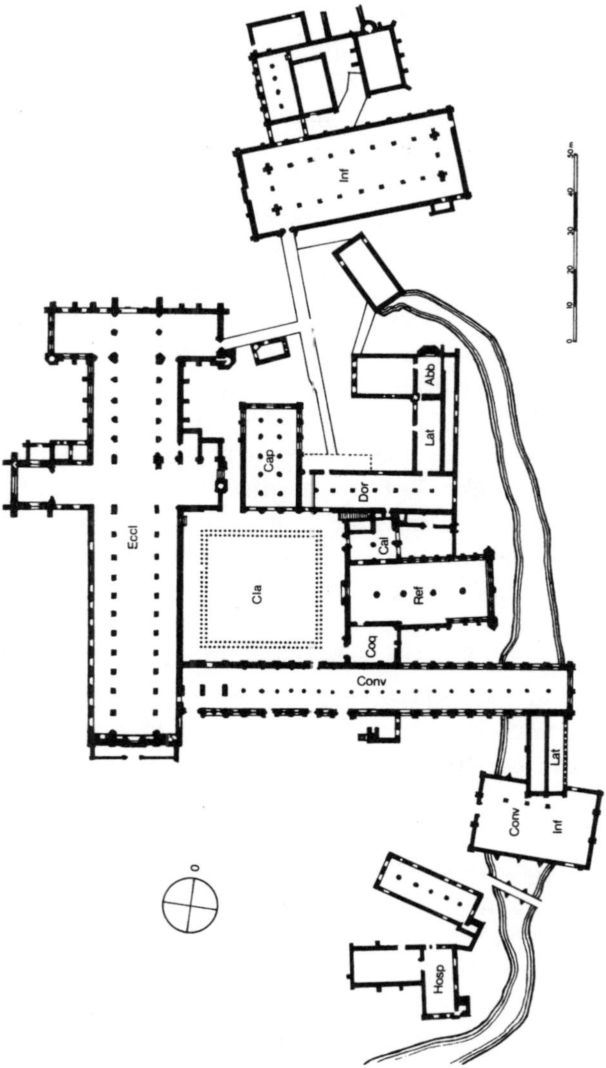

Fountains, Grundriss. Der Kern der Anlage stammt aus dem 12. Jahrhundert. Im 13. Jahrhundert wurde das Refektorium erneuert und der Bereich der Laienbrüder erweitert. Der Wohnbereich des Abtes und die Krankenstation stammen im Wesentlichen aus dem 14. Jahrhundert.

Schönheit der Natur gleichgültig waren. Mehr als ein Kräuter- oder Tierbuch jener Zeit deutet schon auf eine Neigung zum Porträtieren natürlicher Objekte hin, was um so erstaunlicher ist, als es im Gegensatz zur damals üblichen Kunstrichtung steht.[5]

Unabhängig von den Zwischentönen war Bernhards entscheidender Punkt, dass Stille und Einsamkeit die besten Lehrmeister eines Mönches seien. Ein bisschen abgewandelt, könnte diese Überlegung ein Thema dieses Buches sein. In den Steinen der Abtei und den Bäumen entlang der Lichtung, in der sie steht, sind die Schlüssel zu einem Großteil der Geschichte von Fountains enthalten. Enthüllt der Anblick von Osten besonders deutlich die moderne Anlage der Abtei mitten zwischen den von Landschaftsgärtnern gepflanzten Bäumen, so macht der westliche Teil den heutigen Besucher unmittelbar mit ihrer ursprünglichen Funktion bekannt. Geht man vorbei an Fountains Hall, aus Steinen der Abtei an der Wende vom 16. zum 17. Jahrhundert erbaut, und an den Fundamenten der alten Mühle, dem Back- und Gästehaus, so steht man vor der ungeheuren Länge des Bereiches der Laienbrüder. Refektorium und Schreibsaal unten und das Dormitorium oben zeigen in diesem Westflügel noch deutlich, von welch großer Zahl an Bewohnern man in der frühen Zeit ausgegangen war; er wurde für etwa zweihundert Brüder zu einer Zeit gebaut, in der man davon ausging, dass viele von ihnen in den abseits liegenden Höfen oder Meistereien wohnten. Dieser Bereich liegt zwischen der Kirche, einem ungemein schwerfälligen und soliden Bauwerk auf dem festesten Grund des Tales, und dem Fluss, der für alle praktischen Tätigkeiten in der großen Gemeinschaft genutzt wurde. Er lieferte die zur Bewegung der Mühlräder notwendige Wassermenge und den Wasservorrat für die Küchen von Laienbrüdern und Mönchen; außerdem füllte er die Leitungen zum Abtransport der Abwässer aus dem Gästehaus, aus den Latrinen und der Küche der Laienbrüder und etwas weiter östlich aus Küche und Latrinen der Mönche, schließlich noch aus der Krankenstation und dem Wohnbereich des Abtes.

Zentrum des Hauptkomplexes ist der quadratische, 38 m breite Kreuzgang; die Gebäude passen maßstabgerecht dazu. Doch unterscheiden sich Refektorium, Heizstube, Bereich der Novizen, Kapitelsaal, so groß sie auch sein mögen, nur in der Größe von anderen zisterziensischen Gebäuden des 12. Jahrhunderts. Das Dormitorium der Mönche, für etwa fünfzig oder fünfundsiebzig Mönche entworfen, ist nicht so gut erhalten wie das der Laienbrüder, doch verlief es, wie üblich, über dem Ostteil, über dem Kapitelsaal, um den Mönchen den direkten Zugang zur Kirche zu ermöglichen.

Ein Teil der Gebäude musste nach einem Überfall auf die Abtei 1147 wieder aufgebaut werden, und der Großteil dessen, was heute zu sehen ist, stammt aus der Zeit zwischen 1150 und 1250. In jener Periode wurde so solide und stabil gebaut, dass fast nichts davon je erneuert werden musste; auch wäre es sicher nicht leicht gewesen, später wesentliche Änderungen im Material vorzunehmen. Fountains besaß zahlreiche Meiereien und ausgedehnte Besitztümer, vor allem Schafweiden, doch war es in seinen Mitteln nie mit den alten Königsgründungen wie Glastonbury und St. Albans vergleichbar. Mindestens zwei Jahrhunderte lang war die Gemeinschaft von Fountains wesentlich größer als jene, doch ihre Einkünfte beträchtlich geringer; und nach der großen Bauperiode werden Spenden und Almosen für Gebäude auch nicht mehr so leicht zur Verfügung gestanden haben. Daher fanden später nur zwei wesentliche Änderungen statt: der Neubau von Abtswohnung und Krankenstation in einem erheblich größeren Maßstab (hauptsächlich im 14. Jahrhundert) sowie der Bau des hübschen Glockenturms, frühem zisterziensischem Brauch zuwiderlaufend, durch Abt Huby im frühen 16. Jahrhundert. Viele Veränderungen wurden im Spätmittelalter an der Inneneinrichtung der Abtei vorgenommen, doch ist davon nichts erhalten, wodurch die Ruinen der Abtei im Wesentlichen ein Monument des zisterziensischen Modells darstellen, wie es im 12. und frühen 13. Jahrhundert aussah.

In neuerer Zeit ist häufig darüber diskutiert worden, ob das zisterziensische Modell etwas wesentlich Neues gebracht hatte, wie neuartig der Orden war und wie groß der Bruch mit dem traditionellen Mönchtum. Dies ist eine Frage, bei deren Beantwortung Fountains uns helfen kann, denn Dokumente und Ruinen stimmen hier vollkommen überein. Die Dokumente wurden in jüngster Zeit rückhaltloser Kritik unterworfen, und die romantische Geschichte von der Flucht der ersten Mönche aus der Abtei St. Mary in York und dem schlimmen Winteraufenthalt im ungenügenden Schutz einer Ulme ist heute kaum mehr haltbar.[6] Doch zweifelt niemand daran, dass die Geschichte in York begann, in einer Abtei, die ganz bewusst die Verbindung der besten monastischen Inspiration in Nordengland im späten 11. Jahrhundert mit der anderen bedeutendsten Gemeinschaftsform jener Zeit, der aufstrebenden Stadt, pflegte. In seinem Wesen repräsentierte St. Mary in York die traditionellen monastischen Ideale, in die einige neue Ideen eingedrungen waren.

Eine Generation später wurde eine Gruppe von Mönchen durch einige englische Anhänger des heiligen Bernhard aufgestört, die auf dem Weg zur Gründung des ersten zisterziensischen Klosters im Norden waren, der Abtei Rievaulx (1131/32). Im darauffolgenden Jahr unterbreiteten sie ihrem alternden Abt Gottfried Reformvorschläge; und es scheint, dass es seine Unfähigkeit war, die in einer uneinigen Gemeinschaft auftretenden menschlichen Probleme zu lösen, welche die Krise beschleunigte. Der Erzbischof von York, Thurstan von Bayeux, kam persönlich, um sich ein Bild zu machen; das Ergebnis war ein Aufstand, dem der Erzbischof nur knapp ohne Prügel entging, wobei er die Reformer mitnahm. Einige gingen schließlich nach St. Mary zurück, die anderen lebten einige Monate lang als Gäste des Erzbischofs, ohne zu wissen, was sie tun sollten. Schließlich entschlossen sie sich, dem zisterziensischen Orden beizutreten. Sie wurden in Fountains angesiedelt, auf dem Grund und Boden des Erzbischofs; und Bernhard von Clairvaux schickte einen seiner Mönche, Gottfried von Clairvaux, um die Umwandlung in eine zisterziensische Abtei zu vollenden. Aus dieser Gruppe kamen einige der bedeutendsten zisterziensischen Führer in der Mitte des 12. Jahrhunderts. In mancher Hinsicht zeigen Karriere und Tätigkeit dieser Männer, dass sie ihre Welt als von St. Mary in York sehr verschieden ansahen; doch hatten sie einige Monate, vielleicht sogar ein oder zwei Jahre gezögert, ehe sie den Zisterziensern beigetreten waren, womit sie zeigten (wie man festgestellt hat[7]), dass ihnen zu Anfang nicht klar war, dass der Anspruch der Zisterzienser im Bereich eines älteren Klosters nicht voll erfüllt werden konnte.

Das gleiche gilt auch für die Gebäude: Es gibt sehr viele Elemente, die Fountains und mit ihm ausnahmslos alle Zisterzienserklöster jener Zeit mit herkömmlichen Abteien gemeinsam haben. Das Grundmodell – die große, vornehme Kirche; Kreuzgang und Hof als Zentrum des häuslichen Lebens der Mönche; die Gemeinschaftsräume für Tag und Nacht, Kapitelsaal, Refektorium, Sprechzimmer, Dormitorium – alle liegen sie in benediktinischen und zisterziensischen Häusern oder in denen anderer Orden gleich. Einige charakteristische Eigenheiten weisen alle Zisterzienserklöster auf: ein ungewöhnliches Maß an Uniformität und einen großen Flügel für die Laienbrüder. Doch in Stil und Art der Gebäude zeigt sich der Unterschied am deutlichsten und muss im 12. Jahrhundert noch viel deutlicher als heute gewesen sein, denn immer vermieden die Zisterzienser reiche Skulptur, üppige Gemälde, Glasmalerei, kostbare Reliquiare, großartige Gänge. Ihre Kirchen waren durch farbloses Glas heller als andere, durch unbearbeitete oder weißgetünchte Wände eintöniger; selbst die Proportionen waren absichtlich plump. So betonen die Bauwerke ebenso wie die Dokumente, was auf den ersten Blick nur verwirrend wirkt: Die Zisterzienser waren den anderen Gemeinschaften gleichzeitig sehr ähnlich und vollkommen unähnlich. Doch entspricht diese Zwiespältigkeit so sehr der menschlichen Natur und der menschlichen Erfahrung, wie es ordentliche Gemüter stört; und sie spiegelt sich auch im persönlichen Geschmack und den Freundschaften mancher bedeutender Mönche wider. Unter den Führern und den Mitgliedern der alten und der neuen Klöster waren viele, die sich an Kontroversen beteiligten, aber noch mehr, die enge, dauerhafte Freundschaften unterhielten. Der Mann, der die Gründung von Fountains ermöglichte, Erzbischof Thurstan, wurde damit ein vornehmer Gönner der Zisterzienser; er starb im Priorat Pontefract als Cluniazenser. Bemerkenswert ist vielleicht auch, dass er als Nachkomme eines verheirateten Kanonikers von St. Paul dem früheren moralischen Verfall sein Leben verdankt. Einem vergleichbaren Geschlecht aus dem Norden entstammte der bedeutendste der englischen Zisterzienser, der heilige Ailred von Rievaulx, zu dessen Freunden der berühmte Cluniazenser Gilbert Foliot, Bischof von Hereford und London (1148–1187), gehörte und der weitere Zisterzienser zu seinen engsten Freunden zählte; ein enger Verwandter von ihm starb in ein zisterziensisches Gewand gehüllt.

Ein Akademiker wird vielleicht eine Ähnlichkeit mit einigen modernen Universitäten und Colleges feststellen. Von innen gesehen, mag der Unterschied wesentlich erscheinen und zu mancher scharfsinnigen Betrachtung Anlass geben. Für den Außenstehenden sind diese Institutionen häufig nicht voneinander zu unterscheiden; setzt er sich damit auseinander, wirken sie häufig auch verwirrend; denn ein typisches Merkmal mancher moderner akademischer Gemeinschaften ist eine eigenartige Kombination von humanem, liberalem, kosmopolitischem Geist mit einer gleichermaßen kleinlichen, engstirnigen, intoleranten Einstellung. Das gleiche galt für die religiösen Orden des Mittelalters, und daraus resultiert ihre besondere Faszination, wenn wir die Geduld aufbringen, mitten in den Ruinen zu sitzen und die Steine genau zu betrachten; und beides, Steine wie Bücher, zu lesen.

2. Mont-Saint-Michel

Der berühmte Mont-Saint-Michel, das Kloster des „durch das Meer gefährdeten heiligen Michael", erfordert unsere Aufmerksamkeit vor allem deshalb, weil es über viele Jahrhunderte hinweg den Angriffen von Seiten der Menschen und der

Naturgewalten erfolgreich widerstand. Seine Gründung[8] im Jahr 708 bedeutete den ersten Höhepunkt der Verehrung des Erzengels mit dem Schwert; die Abtei bestand bis zur Französischen Revolution.[9]

Der Michaels-Kult hatte seine erste Blütezeit im 7. und 8. Jahrhundert und gedieh dann wie nie vorher oder später im 11. und 12. Jahrhundert. Sein Hauptzentrum in der westlichen Christenheit war immer der Monte Gargano in Italien gewesen, doch wurde im Mittelalter manche Bergspitze mit einer dem heiligen Michael geweihten Kapelle oder seinem Heiligtum geschmückt. Nach einer frühen Legende mit vermutlich authentischem Kern übertrug 708 der heilige Aubert, Bischof von Avranches, Reliquien – welcher Art sie auch sein mochten – vom Monte Gargano zu dem kleinen Felshügel, der dort in das Meer vorspringt, wo die Bretagne und die Normandie aneinander grenzen. Ohne Zweifel herrschte in früher Zeit auf dem Hügel der Geist des bretonischen oder keltischen Mönchtums, und wir können ihn uns als Heimstatt von höchstens einer kleinen Eremitengruppe vorstellen, die in einer oder mehreren rund um die Kapelle auf der Hügelspitze angelegten Zellen lebten, gleich ihren Brüdern an der Westküste Irlands umgeben vom Meer und den Seevögeln. Doch im 9. und 10. Jahrhundert wurde die Diözese Avranches Teil des neuen normannischen Fürstentums, das zuerst heidnisch, dann unter neuen Einflüssen von neuem bekehrt wurde. Weiterhin strömten Wallfahrer zum Hügel, die Normannen brachten außerdem den Handel, so dass im 10. Jahrhundert dort eine kleine Stadt entstand; ihr Mittelpunkt war die kleine Kirche, deren Mittelschiff innerhalb der jetzigen Krypta noch besteht – der älteste Teil des heutigen Klosterkomplexes. 966 machte Herzog Richard I. aus dieser Kirche eine Abtei, indem er Mönche von Saint-Wandrille dort ansiedelte. Wir wissen wenig über ihre frühe Geschichte, bis sie zu Beginn des 11. Jahrhunderts sich der Strömung des normannischen Mönchtums anschloss, der Leitung von Wilhelm von Volpiano unterstellt wurde und zu einem Zentrum der aufblühenden Klosterwelt der Normandie des 11. Jahrhunderts wurde (siehe S. 59). Die Querschiffe mit ihren Krypten und ein Teil des Mittelschiffes zeigen deutlich, dass die Abtei im 11. Jahrhundert in Blüte stand; sie gehören zu den frühesten erhaltenen Monumenten des normannischen Mönchtums des 11. Jahrhunderts. In weltlicher Hinsicht gedieh die Abtei zweifellos; wie die sich zu ihren Füßen kauernde Seefahrergemeinde wandte sie sich dem Meer zu[10] und gewann reichen Besitz auf Jersey und, nach der normannischen Eroberung, in England. Dazu gehörte angemessenerweise St. Michael's Mount in Cornwall, das gleichwertige Gegenstück zu Mont-Saint-Michel im keltischen Britannien.

Äbte und Mönche müssen häufig vom Meer bedroht gewesen sein, doch ihre eigenen Bedürfnisse, verbunden mit dem Ruhm ihrer Kirche als Wallfahrtszentrum, hielten sie auf ihrem schmalen Felsplateau. Die Anlage der Abtei Mont-Saint-Michel ist eine bewegende bildliche Darstellung des Triumphs der Religion über den gesunden Menschenverstand. Man kann sich kaum eine ungünstigere Lage für die beiden Formen des mittelalterlichen Gemeinschaftslebens – Stadt und Kloster – vorstellen.

Die Stadt gibt immer noch Zeugnis von der engen Verbindung zwischen Klosterleben und weltlicher Gesellschaft, selbst an einem so isolierten Ort. Die Art dieser Verbindung zeigt sich innerhalb des Klosters genauer. Da die große Kirche die ganze Hügelkuppe einnahm, mussten sich die Klostergebäude wagemutig an die steil abfallenden Felsränder drängen. So sind die einzelnen Elemente des Klosterkomplexes, normalerweise über eine ebene Fläche verteilt, in einer Reihe von übereinanderstehenden Gebäuden mit zwei oder drei Stockwerken enthalten; und es ist faszinierend zu sehen, wie das Durcheinander der Anlage eine Ordnung erhielt. Im Norden liegt das Meer, vom Kloster durch einen kleinen Wald und einen Steilhang getrennt. Hier, zwischen dem Meer und der massigen Kirche auf der Hügelkuppe, lagen die Klostergebäude, durch die Lage so weit wie möglich abseits von den Menschen und allen Ablenkungen mit Ausnahme des Lärms von Seemöwen und Wellen. Im Süden, zwischen Kirche und Stadt, lagen der Wohnbereich des Abtes, die Gebäude des Herrn

Mont-Saint-Michel, Gesamtansicht.

von Mont-Saint-Michel, wo das Oberhaupt der Gemeinschaft wichtige Besucher und führende Städter traf. Noch immer führt die Haupttreppe von der Stadt am Abt und seiner Kirche vorbei nach oben, überführt von einer entzückenden Brücke aus dem 15. Jahrhundert. Hier schrieb im späten 12. Jahrhundert der Abt und Historiker Robert von Torigny in seiner Chronik die Geschichte der Normandie, nebenbei aber auch die seiner Abtei, und fügte der Urkundensammlung der Abtei ein Register der Urkunden seines eigenen Amtes hinzu.[11]

Die Bereiche der Mönche nördlich der Kirche befinden sich in zwei Gebäudekomplexen, von denen der kleinere aus dem 11. und 12. Jahrhundert, der größere, „La Merveille", aus dem 13. Jahrhundert stammt. Zur *Merveille* gehören einige der schönsten Klostergebäude Europas, doch muss zunächst gesagt werden, dass dieser Komplex den ursprünglichen Grundriss des frühen Kreuzganges verbirgt. Die kleinere Gruppe besteht aus der ersten Wohnung des Almosenpflegers, wo die Armen verpflegt und unbedeutendere Gäste in der *Salle de l'Aquilon* empfangen wurden, dem Sprechzimmer der Mönche (mit der alten Küche und dem Refektorium) und dem Dormitorium der Mönche (oder, wie manche meinen, dem Kapitelsaal) in den zwei darüber liegenden Stockwerken. So kommt man vom ursprünglichen Eingang aus von den öffentlichsten zu den abgeschlossensten Räumen.

Hinter der alten Wohnung des Almosenpflegers befinden sich die Überreste der Kirche aus dem 10. Jahrhundert, jetzt eine der seligen Jungfrau Maria geweihte Krypta, Notre-Dame-sous-terre, daneben und darüber die erhaltenen Teile der romanischen Kirche aus dem 11. und 12. Jahrhundert – der größte Teil der Kirche stammt aus dieser Zeit, mit Ausnahme des Chores und des Westteiles, die später einstürzten.

Robert von Torignys Gönner war Heinrich II., König von England, Herzog der Normandie, Graf von Anjou und Herzog von Aquitanien. 1204–5 wurde Heinrichs jüngster Sohn, König Johann, von König Philipp II. (Philippe Auguste) von Frankreich aus der Normandie und dem Anjou vertrieben. Im Zuge dieser

Eroberung wurde ein Versuch zur Verteidigung des Mont-Saint-Michel unternommen, einer von Natur aus starken Festung, und Philipps Vasall, Guy de Thouars, brannte die Stadt und einige der Klostergebäude nieder, um sie zur Aufgabe zu veranlassen. Die Bemühungen waren erfolgreich; doch König Philipp unterstützte in seinem Bestreben, den Berg, seinen Fürsten und die einflussreichen Bewohner mit dem neuen Regime auszusöhnen, einen großartigen Wiederaufbau. Damals entstand *La Merveille*, die in ihrer gegenwärtigen Form einen fast kompletten Klosterkomplex darstellt. Ganz unten befindet sich ein großer Lagerraum, wie ihn jede Abtei benötigte – dazu bestimmt, um unverderbliche Waren für einen großen mittelalterlichen Haushalt über lange Zeit aufzubewahren, da der Transport (im Vergleich zu heute) außerordentlich teuer war; außerdem behielten die Mönche des Berges immer die Möglichkeit einer Belagerung im Auge, vor allem im frühen 13. Jahrhundert. Im Erdgeschoss befindet sich überdies die neue Wohnung des Almosenpflegers, der Saal zum Empfang der ärmeren Gäste und zur Verteilung der milden Gaben des Abtes. Die Gemeinschaft hatte über ihre Stadt und ihr Königreich der Seefahrer sowohl die geistliche wie die weltliche Herrschaft; die Aufgaben eines Wohlfahrtsstaates, soweit sie überhaupt wahrgenommen wurden, oblagen im Mittelalter ausschließlich der Kirche. Das Gebäude ist wie die Abhandlungen über das kanonische Recht, das die Regeln der Wohlfahrtskirche beinhaltete, eine eindrucksvolle Erinnerungsstätte an die Aufgaben der Mönche; doch liegt es nicht in seiner Natur, uns zu sagen, wie sie sie erfüllten.

La Merveille gibt symbolisch die Hierarchie der Gesellschaft des Mittelalters wieder. Das zweite Stockwerk umfasst, wie das erste, zwei große Räume; im einen wurden die gewöhnlichen Gäste der Abtei unterhalten, bewirtet und beherbergt – Gäste, die nicht arm genug für die Wohnung des Almosenpflegers waren, aber auch nicht bedeutend genug für die Tafel des Abtes. Der zweite Raum war ursprünglich die Heizstube, die Wärmestube der Mönche und ihr Sprechzimmer im Winter. Heute heißt er *Salle des Chevaliers* nach einem im Mittelalter gegründeten und für eine gewisse Zeit von Mont-Saint-Michel ausgehenden Ritterorden; und so mag uns der jetzige Name der *Salle des Chevaliers* an das feudale Element in der Hierarchie des Berges und an die kriegerische Wesensart des St.-Michaels-Kultes erinnern. Im 13. Jahrhundert war ein Abt in der Normandie ebenso wie in England gleichzeitig Feudalherr und Oberhaupt einer Klostergemeinschaft und musste zu seiner eigenen und zur Verteidigung seines Herzogs eine bestimmte Zahl von Rittern mobilisieren können; doch würden diese sich nicht in der *Salle des Chevaliers*, sondern in der Halle des Abtes versammelt haben. Im dritten Stockwerk von *La Merveille* aßen und arbeiteten die Mönche in Refektorium und Kreuzgang; und über dem Kreuzgang ragt das große Bauwerk auf, in dem Mönche und Besucher Gott anbeteten, Heimstatt des heiligen Michael, in der Gott während der Messe an den Altären zugegen und dennoch, seinem Wesen gemäß, immer und überall und zu allen Zeiten anwesend war: der alles umfassende Gipfel der bestehenden Hierarchie der Sterblichen und Unsterblichen.

Der Kreuzgang ist eine der zauberhaftesten Schöpfungen der gotischen Architektur der Normandie. Ohne Zweifel erinnert er an die Wiege der Gotik in der nicht weit entfernten Ile de France, woher König Philipp kam. Doch deutet sein Stil noch mehr das Paradoxon der normannischen Gotik an: In den Jahren, in denen die französischen Könige nicht nur ferne Lehnsherren, sondern direkte Oberherren der Normandie wurden, entwickelten die gotischen Steinmetzen des Herzogtums einen eigenen Stil, der enger mit England als mit Frankreich in Verbindung stand. Etwas davon ist in der Kathedrale von Rouen zu erkennen; am schönsten und klarsten zeigt er sich in Coutances, der seit der Zerstörung der Kathedrale von Avranches dem Mont-Saint-Michel am nächsten gelegenen normannischen Kathedrale. Sowohl die Form der Bögen als auch die tiefe Modellierung der figürlichen Darstellungen erinnern stark an Coutances.[12] Vieles erinnert auch an die Kathedrale von Salisbury. Doch weist das Blattwerk im Kreuzgang von Mont-Saint-Michel eine Reichhaltigkeit und ganz eigene Phantasie auf, die

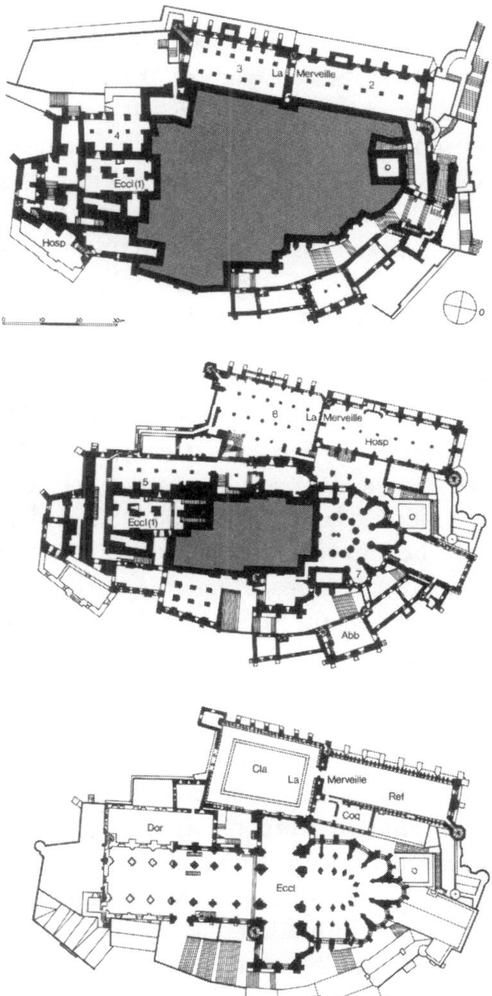

Mont-Saint-Michel, Grundriss auf drei Ebenen (Zustand um 1500)
1: Notre Dame sous terre (ältere Kirche). 2:Wohnung des Almosenpflegers. 3: Keller. 4: Salle de l'Aquilon (alte Wohnung des Almosenpflegers). 5: Sprechzimmer der Mönche. 6: Salle des Chevaliers, ursprünglich Wärmestube.

das religiöse Empfinden jener Zeit auf ganz direkte Art zum Ausdruck bringt. Ist Jesus als leidender Mensch oder als König zu sehen? König und Richter war er auf jeden Fall, und so tritt er in einer der Szenen im Westteil des Kreuzganges auf. Aber er war auch Mensch, und so zeigt eine andere Szene den leidenden Christus am Kreuz. Der große Apostel des menschgewordenen Jesus war im 13. Jahrhundert Franziskus von Assisi, und in der Nähe des Gekreuzigten findet sich eine nun fast gänzlich verwitterte Darstellung des heiligen Franziskus, datiert 1228, die sich auf seine Heiligsprechung in diesem Jahr bezieht. Dies ist ein wertvoller Hinweis auf das Datum des ganzen Bauwerkes, der zeigt, dass das traditionelle Mönchtum auch dann noch gedeihen konnte, als das neue Mönchtum des 12. Jahrhunderts seinen Höhepunkt überschritten hatte und das apostolische Leben der Bettelmönche damit in Wettstreit getreten war. Interessant ist auch der Gedanke, dass sich ausgerechnet in Frankreich das erste bekannte Bild des Heiligen befindet, der der Franke, der Franzose, Francesco genannt wurde, obwohl er nach Geburt, Leben und Tod ein Mann Umbriens war.

In der ganzen *Merveille* lässt sich die Entwicklung der normannischen Gotik studieren; doch in der Kirche selbst findet man sich wieder zurückversetzt in die Blütezeit des traditionellen Mönchtums. Die Krypta des Chores und das Mittelschiff stellen ein kompaktes, ziemlich nüchternes Monument des 11. Jahrhunderts dar. Die Ruinen von Jumièges, bemerkenswertestes Überbleibsel dieser ersten Gruppe kompakter romanischer Kirchen in Nordwestfrankreich, sind Zeugnis des Augenblickes, als im 11. Jahrhundert die Mode, riesige Kirchen zu bauen, zum ersten Mal bis zum Meer vorgedrungen war. Bald darauf fand gleichzeitig im normannischen England und in der Normandie der größte aller Bauschübe des Jahrhunderts statt. Auf Jumièges, Bernay und Mont-Saint-Michel folgten die Abteien von Caen, Winchester, St. Albans, eine Vielzahl von weiteren und schließlich Durham. Durham stammt im Wesentlichen aus dem frühen 12. Jahrhundert, als Westteil und Westfront von Mont-Saint-Michel wiederaufgebaut wurden. Für den modernen Betrachter macht es kaum einen Unterschied, ob die Kirchen ursprünglich Kathedralen, Klosterkathedralen[13] oder Abteien waren, das heißt, ob ihre Chöre für Gemeinschaften von Säkularkanonikern oder Mönchen vorgesehen waren. In beiden Fällen waren Raum für den vollen Umfang der Offizien und Gestühl für eine große Gemeinschaft erforderlich. In der Abtei oder der Klosterkathedrale war die Gemeinschaft meistens vollständiger anwesend, es gab (jedenfalls im 12. und 13. Jahrhundert) mehr Priester, die jeden Morgen einen Altar benötigten, und es bestanden gewisse liturgische Unterschiede im Brauchtum von Mönchen und Säkularkanonikern. Doch in architektonischer Hinsicht waren diese Unterschiede nie sehr auffallend. Diese riesigen Kirchen waren Ausdruck von Zeitgeschmack, Großzügigkeit, religiösem Empfinden – und des Bemühens normannischer Laien, Bischöfe und Geistlicher, Billigung vor Christus dem Richter zu finden. Zum andern wurden sie so groß gebaut, um darin Laien-Pilgern und Besucher, den Mönchen, dem heiligen Michael und Gott selbst Raum geben zu können.

An die Gegenwart des heiligen Michael erinnert heute in erster Linie ein Abbild oberhalb des hohen Turmhelmes. Zwischen Mittelschiff, Chor und Turmhelm liegen viele Jahrhunderte. Im 15. Jahrhundert waren die Äbte häufig von Mont-Saint-Michel abwesend, bedeutende Männer, die geschickt ihren fürstlichen Rang durch die Kumulation der Einkünfte aus mehreren Abteien und anderen Würden behaupteten. Einer davon war Kardinal d'Estouteville; er vernachlässigte seine Abtei jedoch nicht so sehr, dass er nicht beim Wiederaufbau des Chores geholfen hätte, der 1421 eingestürzt war. Im darauf folgenden Jahrhundert wurde der Chor fertiggestellt und der Turmhelm hinzugefügt.

In Fountains stießen wir auf eine Welt für sich: eine Gemeinschaft, die, soweit es die Umstände und menschlichen Angelegenheiten zuließen, von ihrer Umgebung abgeschnitten war. In Mont-Saint-Michel finden wir Spuren einer Gemeinschaft, die mit den Bürgern ihrer Stadt und mit den Pilgern in engerem Kontakt stand. Durch diesen Gegensatz werden wir mit einer der wichtigsten Streitfragen der Geschichte des

Mönchtums konfrontiert: Ist das Leben des Mönchs und seiner Gemeinschaft nach innen gerichtet, introvertiert, auf die eigenen Angelegenheiten und die eigene Rettung bezogen – oder nach außen gerichtet, darauf abgestellt, der Außenwelt sowohl in praktischer Hinsicht als auch durch Gebet zu helfen? Gäbe es auf diese Frage eine einzige Antwort, wäre entweder Fountains oder Mont-Saint-Michel unverständlich. Fountains spiegelt den dringenden Wunsch nach Weltflucht wider, Mont-Saint-Michel das Bestreben, in der Welt zu leben, aber nicht dazuzugehören; oder besser, die Hände gleichzeitig in Reichweite von Erde und Himmel zu halten – eine schwierige akrobatische Haltung, die in dieser eigenartigen Auftürmung von waghalsig an einen in den Kanal hineinragenden Felsen gedrängten Gebäuden symbolisch zum Ausdruck kommt.

3. Sant'Ambrogio in Mailand

Unsere dritte Besichtigung gilt einem sicher in einem Weltzentrum gelegenen Kloster, das nicht nur die engen und dauerhaften Verbindungen des traditionellen Mönchtums mit der Welt dokumentiert, sondern auch die langen Zeitspannen, in denen sich diese Verbindungen entwickelt haben. Es gibt tatsächlich kein gewaltigeres Beispiel von der Macht der Tradition in der Kirchengeschichte als die Basilika des heiligen Ambrosius, Sant' Ambrogio, in Mailand.

Auf den ersten Blick scheinen die dort entstandenen Klöster und das üppig gedeihende Ordensleben von Sant' Ambrogio mit der eigentlichen Bedeutung der Basilika nur wenig zusammenzuhängen; und in gewisser Hinsicht ist das genau der Grund unseres Besuches. Denn hier liegen die Reliquien eines der größten Kirchenväter, umgeben von den Märtyrern Mailands, zu deren Ehren Ambrosius selbst diese Kirche zunächst gebaut hatte. Er begann 379 mit dem Bau, und der junge afrikanische Rhetor Augustinus gehörte zu denen, die die ersten Fortschritte miterlebten. 386 weihte Ambrosius seine Basilika und brachte feierlich die Reliquien der heiligen Nabor und Felix, Valeria, Viktor und Vitalis in einer Anzahl von Oratorien unter, in der Basilika selbst die heiligen Gervasius und Protasius; und neben diesen Märtyrern liegt Ambrosius selbst, seit er dort 397 begraben wurde. Es war immer dieses Kultzentrum gewesen, das die Kirche des Ambrosius bis zu einem gewissen Maß mit Rom als dem Zentrum der italienischen Kirche rivalisieren ließ. Von allen großen Kirchen Italiens nahm Mailand die Untertanentreue zum Papsttum im frühen Mittelalter am leichtesten, und das Papsttum schaute seinerseits misstrauisch auf den auf dem alten Thron in Sant'Ambrogio und dem nicht so alten Thron in der Kathedrale sitzenden Nachfolger des heiligen Ambrosius. Im Laufe der Jahrhunderte trennte ein besonderer Ritus die Kirchenprovinz Mailand vom übrigen Italien und schließlich auch von der westlichen Christenheit; römisch im Ursprung und doch unabhängig genug, um die Beziehungen der Ambrosianischen Kirche zur Kirche Petri zu symbolisieren.

Sant'Ambrogio ist wie ein Palimpsest, ein mehrfach beschriebenes Pergament, dem viele verschiedene Epochen ihren Stempel aufgedrückt haben. Von der ursprünglichen Basilika sind nur noch einige Fragmente erhalten, doch wurde ihre äußere Form bei allen späteren Neubauten beibehalten. Die Tradition hat bei den späteren Bauherren einen so tiefen Eindruck hinterlassen, dass hinsichtlich des Alters der heutigen Basilika viele unterschiedliche Schätzungen gemacht wurden.[14] Es scheint jetzt ziemlich klar zu sein, dass die Krypta, die aus den Jahren nach 789 stammt, den ersten größeren Neubau aus dem 8. Jahrhundert darstellt, als Erzbischof Petrus versuchte, die Kirche in ein Kloster umzuwandeln. Die Klostergemeinschaft wurde in jenem Jahr gegründet und entwickelte sich rasch zu einem der bedeutendsten monastischen Zentren im Kaiserreich Karls des Großen. Es gibt nur noch wenige so herrliche Zeugnisse von Kunst und Reichtum der Karolinger wie den goldenen Altar, den Erzbischof Angilbert um 835 der Basilika schenkte. Auf ihm sind Szenen aus dem Leben von Christus und Ambrosius dargestellt; Erzbischof, Abt und Mönche zelebrierten die Messe in Gegenwart Christi und des bedeutenden Vorgängers des Abtes, jenes Heiligen, der Abtei, Basilika, Stadt und Provinz beherrschte und dessen *alter ego* zu sein der Erzbischof behauptete. Obwohl sich das Kloster außerhalb der ursprünglichen Stadtgrenzen befand, umgeben von den alten Friedhöfen und den anderen Friedhofskirchen, wurde es in die mittelalterliche Stadt einbezogen und war ein belebtes Zentrum städtischen und klösterlichen Verkehrs.

Sant'Ambrogio war die Heimstätte von Mönchen, aber nicht nur von Mönchen geworden. Dies galt in einem ganz besonderen Sinn, denn die Kanoniker, die in Sant'Ambrogio und dem dazugehörigen Bezirk bis 789 gelebt hatten und verschwinden sollten, als die Mönche hier angesiedelt wurden, weigerten sich zu gehen. Die Folge war, dass anstelle eines Austausches die Erzbischöfe unabsichtlich zwei ganz unterschiedliche Gruppen von Geistlichen in einer Kirche eingesetzt hatten. Im 11. Jahrhundert nahmen die Kanoniker eine Lebensregel an und wurden – was immer sie auch vorher gewesen sein mochten – Regularkanoniker (siehe Kap. 8), so dass sich in der Basilika tatsächlich zwei Gemeinschaften befanden, die unterschiedliche monastische oder quasi-monastische Regeln befolgten. Daher auch die großen Kreuzgänge auf beiden Seiten – nach Norden der Kreuzgang der Kanoniker, nach Süden (wo jetzt die Università Cattolica ist) der Kreuzgang der Mönche. Ihre heutige Form ist das Ergebnis eines neuen Entwurfes von Bramante (um 1492) und vieler späterer Umbauten; doch zeugen sie immer noch von diesem außergewöhnlichen Abschnitt der Geschichte. Das Vorhandensein von zwei Türmen zeigt diese Unterteilung noch deutlicher. Ein großer Teil des Einkommens jeder Mönchsgemeinschaft im frühen Mittelalter bestand normalerweise aus den Opfern der Gläubigen. Vom 9. Jahrhundert an läuteten in dem kleineren Turm die Glocken, um die Gläubigen zur feierlichen Messe der Mönche zu rufen. Auch die Kanoniker zelebrierten die Messe, doch sie hatten keinen Glockenturm, und es war ihnen nicht gestattet, Glocken zu läuten.

Mailand, Sant'Ambrogio, Atrium (Innenhof) aus dem 11./12. Jahrhundert mit dem Glockenturm der Mönche (rechts) und dem der Kanoniker (links).

Im 11. und 12. Jahrhundert nahm Mailand an Größe, Bevölkerung, Reichtum und politischer Macht zu. Die Stadt war schon lange eines der Hauptzentren – und das unbestrittene kirchliche Zentrum – der Lombardei gewesen. Nun begann sie in ihrer Region auch eine vorherrschende politische Rolle zu spielen, zunächst unter der Ägide des heiligen Ambrosius und der ihm nachfolgenden Erzbischöfe, später unter den Stadtvätern, als diese, wie in anderen italienischen Städten, von der Herrschaft des Erzbischofs zunehmend unabhängiger wurden. In Mailand spielten sich im 11. Jahrhundert einige der dramatischsten Ereignisse des Investiturstreits ab. Kaiser Heinrich IV. (1056–1106) versuchte, seine Macht in Norditalien durch die Einsetzung und die Unterstützung von Erzbischöfen aus den traditionellen, ziemlich liberalen Klerikerdynastien zu erhalten; daraufhin unterstützte Papst Gregor VII. (1073–1085; siehe S. 106 f.) eine Bürgerbewegung, die die alte Aristokratie vertreiben wollte, um die Herrschaft in die Hände der asketischen, unverheirateten Geistlichen der Bewegung für eine Kirchenreform zu legen. Die politische Szene und auch die politische und kirchliche Richtung der Erzbischöfe änderte sich viele Male.

So änderte sich auch das Schicksal der Mönche und Kanoniker von Sant'Ambrogio, die ihren eigenen häuslichen Konflikt mit den Problemen von Erzbischof, Kaiser, Papst und Stadtgemeinde verwickelt sahen. Es gelang den Kanonikern, die politischen Wirren dazu zu benutzen, einen größeren Anteil der Spenden für sich zu gewinnen; doch 1098 beschuldigten sie die Mönche, in die Basilika eingebrochen zu sein und ihren Anteil gewaltsam an sich genommen zu haben. Zu Beginn des 12. Jahrhunderts gingen die Kanoniker zu einem größeren Gegenangriff über und begannen mit dem Bau eines Glockenturmes, der höher als der der Mönche war. Schließlich wurde eine Reihe von Verlegenheitslösungen durchgesetzt, die bis zum Verschwinden beider Gemeinschaften zur Zeit der Französischen Revolution bestehen blieben. Die Entscheidung fiel 1144, als ein Erzbischof, der sich zwar mit der Kommune überworfen hatte, aber mit Papst und Kaiser auf gutem Fuße stand, feierlich verkündete, dass der herrliche neue Glockenturm der Kanoniker, den Mönche und Kommune hatten zerstören wollen, bestehen bleiben konnte; und er steht bis zum heutigen Tag, Symbol der Generationen des 11. und 12. Jahrhunderts, als die Probleme zwischen Papst und Kaiser und die Zukunft von Mailand enger mit den Altären von Sant'Ambrogio verbunden waren als je zuvor oder seitdem.

Das große Atrium, obwohl aus dem 11. und 12. Jahrhundert stammend, ist in seiner Form eine Verbindung zwischen der Welt des heiligen Ambrosius und des heiligen Benedikt und der in diesem Buch behandelten Epoche. Die Form ähnelt sowohl dem Hof eines großen Hauses als auch dem Kreuzgang eines Klosters, wie es die von Bramante im selben Gebäudekomplex errichteten Kreuzgänge der Mönche und Kanoniker waren. Diese Art von Atrium, vor dem Westportal angelegt, wurde im 4. und 5. Jahrhundert üblicherweise großen Basiliken angefügt.[15] Das hatte in der frühen Zeit nichts mit dem Mönchtum zu tun; es war vor allem Treffpunkt des Laienstandes, der sich zum Gottesdienst zusammenfand, und war meist einer Friedhofskirche angefügt, in der Märtyrer begraben waren oder verehrt wurden, wie in Sant'Ambrogio selbst und in der Nachbarkirche San Lorenzo, wo noch beträchtliche Reste eines alten Atriums zu sehen sind. Im Laufe der Zeit wurde einer Reihe dieser Kirchen ein Kloster angegliedert – wie bei beiden Friedhofsbasiliken Mailands, den Santi Quattro Coronati in Rom und manchen anderen; außerdem findet man sie in Nordeuropa in karolingischer Zeit als Teil des Klosterkomplexes in Saint-Riquier und Essen.[16] Als das heutige Atrium von Sant'Ambrogio um 1080 begonnen wurde, war es altmodisch, aber nicht ganz aus der Mode; denn es wurde, vor allem bei großen Prozessionen außerhalb der Kirche und durch das Westtor am Palmsonntag, in die Liturgie einbezogen. So erklären dieses und andere Feste die Verbreitung von Westkapellen und Höfen in verschiedenen Formen, häufig Paradies oder Galiläa genannt.

Sie waren nicht auf Klosterkirchen beschränkt, noch gehörte der Kreuzgang unbedingt zu dieser Kirche, denn vor allem in Italien sind Kreuzgänge bei Kirchen, die nie monastisch waren, weit verbreitet, und sogar in England erhielten die Stadt-Kathedralen im Mittelalter schöne Kreuzgänge. Dennoch war der Kreuzgang im gebräuchlichen Sinn ein abgeschlossener Hof zwischen der Kirche und den Wohngebäuden einer Gemeinschaft, ein in gewissem Sinne typisches Merkmal des Klostergrundrisses, im Gegensatz zum Atrium, das ein dem Laienstand zugänglicher Hof zwischen Kirche und Welt war. Der Ursprung des Kreuzgangs ist unklar. Obwohl es unwahrscheinlich ist, dass es bis zum Hochmittelalter irgendeine Einheit in der Klosteranlage gab – denn der Zwang zu einem einheitlichen Grundriss im 11. und 12. Jahrhundert lässt den Eindruck von einer Uniformität entstehen, der in Bezug auf frühere Zeiten irreführend sein kann –, wurden Spuren von Kreuzgängen oder Beispiele von um einen quadratischen Hof gruppierten Gebäuden schon viel früher gefunden. Es ist möglich, dass sich der Kreuzgang aus dem Atrium der Antike entwickelte; oder dass beides aus den in antiken römischen Häusern und Villen üblichen Höfen entstand. Es ist schwer, diese Forderung in einem weniger freundlichen Klima als dem der Mittelmeerländer nicht als Härte zu empfinden, wo Höfe und Atrien ursprünglich entstanden waren. Eine interessante Frage ist, wann ihr Gebrauch üblich wurde; das war im Wesentlichen ein Produkt des 10. und 11. Jahrhunderts. Eine noch lohnendere Frage ist, wann es im kalten Norden üblich wurde, in die offenen Bögen des Kreuzganges Glas einzusetzen;[17] wahrscheinlich nicht vor dem 13. Jahrhundert. So verbrachte der Mönch im Norden also drei bis vier Jahrhunderte lang seine Tage praktisch im Freien. Bei der Art des Lebens im frühen Mittelalter ist dies weniger überraschend, als es uns scheint. Und es ist ein eindrucksvolles Zeugnis für die Kraft der Tradition und die Macht des Brauchtums, das Teil der Regel wurde.

Der Kreuzgang wurde zum Zentrum der Festung, in der sich das monastische Leben abspielte, Symbol für die Trennung von der Welt, die Hingabe an ein Leben des Geistes, die Beständigkeit in der religiösen Bindung. Im vierten Kapitel seiner Regel führt der heilige Benedikt Eigenschaften, Einstellungen und Tugenden eines Mönches auf, die er „die Werkzeuge des geistlichen Handwerks" nennt. „Und die Werkstatt, in der wir alle diese Fähigkeiten unermüdlich einsetzen, sind die *claustra* (die Einfriedung, das „Kloster") und die Stabilität des Gemeinschaftslebens." Es ist dies ein sehr charakteristischer Abschnitt der Regel, denn Benedikt liebte es, Metaphern und konkrete Vorstellungen auf eine Weise zu vermischen, die einen Übersetzer verwirren kann. Bei der Übersetzung von „claustra" als Kreuzgang haben wir ein bisschen vorgegriffen, denn er meinte damit einfach die Klausur, den Gebäudekomplex des Klosters; was wir als Kreuzgang kennen, wurde erst einige Jahrhunderte später erfunden. Doch wurde im Hoch- und Spätmittelalter von jedem unter den Geboten Benedikts stehenden Mönch erwartet, dass er diesen Abschnitt – und die ganze Regel – auswendig kannte; und ab dem 11. Jahrhundert verband sich in ihren Gedanken mit dem Wort „claustra" der Kreuzgang. Ursprünglich waren damit die Schließvorrichtungen gemeint, mit denen die Festung verriegelt und verbarrikadiert war; und Benedikt liebte dieses Wort, weil damit das Gefühl von Vertrauen und Sicherheit verbunden war, das er jenen, die in der Festung lebten, vor allem vermitteln wollte. Später bezeichnete das Wort dann die Festung selbst („ein' feste Burg"), die Festung Gottes gegen den Teufel, die Festung der Menschen gegen die barbarische, sündige Laienwelt des frühen Mittelalters. Im Laufe der Zeit setzte sich für die Bauten dieser Festung eine besondere Form durch. Ebenso wie die befestigten Städte des 9., 10. und 11. Jahrhunderts ein Schema erhielten, in dem die Mauer rund um den Stadtrand und der Marktplatz im Zentrum wesentliche Merkmale darstellten, wurde in dieser Epoche auch der Grundriss des Klosters gestaltet und festgelegt. Zentrum war eine große Kirche, in der der Gottesdienst, das *opus Dei*, vollzogen wurde. Neben der Kirche lag der bescheidenere Hof, in der die Arbeit des Menschen getan wurde, der Kreuzgang. Er stellte den wesentlichen Lebens- und Bewegungsraum einer Gruppe von Gemeinschaftsgebäuden dar und wurde daher als nützlich angesehen; nach innen gerichtet, symbolisierte er das monastische Ideal und die Stabilität und blieb für alle Zeit die „claustra" der Regel Benedikts.

14 Die monastische Landkarte Europas um 1300

Die Historiker des Mönchtums neigen zu zwei verschiedenen Richtungen: Es gibt jene, die die Höhepunkte, die schöpferischen Epochen, beschreiben, und jene, die die Tiefen absuchen und die Torheiten und Irrungen der Klosterwelt aufzeichnen. Das Einerlei und das Alltägliche bietet wenig Denkwürdiges und scheint häufig nur Teil dessen zu sein, was Alexander Pope als „die Eintönigkeit der Vergangenheit" bezeichnet; und doch leben die meisten von uns in dem Einerlei der Gegenwart, auch wenn wir sie noch so sehr dramatisieren, und daher sollte für das lange Leben und das Überleben einer großen Zahl von Ordenshäusern in vielen Teilen Europas ein selbstverständliches Empfinden und Interesse bestehen.

Das Jahr 1300 bezeichnet die Mitte zwischen Entstehung und Verfall. In allen Teilen Europas hatte die Geschwindigkeit neuer Gründungen nachgelassen, und der Bevölkerungszuwachs, der so viele Klöster mit Nachwuchs versorgt hatte, wurde langsam geringer. Im Jahr 1300 waren die religiösen Gemeinschaften des Mittelalters fast überall in Europa einem Gleichgewicht so nahe wie niemals sonst; daher ist dies der ideale Zeitpunkt, die Karte zu entfalten und die Klostergeographie des westlichen Christentums zu betrachten.

Eine solche Karte muss notwendigerweise ein Palimpsest sein. Wir werden sehr schnell eine Vielfalt von übereinander liegenden Mustern erkennen, die durch die traditionellen monastischen Bewegungen des 10. und 11. Jahrhunderts und die neuen Orden des 11. und 12. Jahrhunderts entstanden sind; auch werden wir in vielen Gebieten auf ein Heer von Rittern und Bettelmönchen stoßen. Ebenso auffällig ist jedoch auch ein weiteres Merkmal der Karte: der Unterschied zwischen den alten Heimatgebieten der monastischen Observanz des Westens und den neu kolonialisierten Grenzgebieten. Das westliche Christentum war im Westen vom Atlantik, im Süden vom Islam, im Osten von Byzanz und dem weiten, bedrohlichen Mongolenreich begrenzt. Im Jahr 1300 waren die Grenzen einigermaßen klar, und die Bedrohung, dass der Islam noch einmal die spanische Halbinsel einnehmen würde, wie er das im 8. und 9. Jahrhundert fast vollständig getan hatte, oder dass die Mongolen ihrem Reich die ganze christliche Welt einverleiben würden, hatte nachgelassen. Der alte Kern des westlichen Christentums lag in Italien und Frankreich, Westdeutschland und England; hier könnte man noch den äußersten Norden Spaniens und Skandinavien anfügen, die seit dem 11. Jahrhundert christlich, jedoch für monastische Orden nie ein sehr fruchtbares Gebiet waren. Das übrige Spanien war Grenzgebiet zum Islam, eine Tatsache, die sich in der monastischen Geographie sehr deutlich widerspiegelt; ähnlich war es mit Sizilien und auch mit den immer noch christlicher Herrschaft unterstehenden Mittelmeerinseln, vor allem Rhodos, Malta und Zypern, die zu verschiedenen Zeiten Zentren der Ritterorden waren. Die kurze Herrschaft der Könige von Jerusalem war zu Ende, und die kleine Zahl an Klöstern in Palästina war vor 1300 zurückgezogen worden (siehe S. 188). Das byzantinische Kaiserreich war nach dem vierten Kreuzzug von 1204 für einige Zeit von westlichen Fürsten regiert worden, wodurch ein gewisser Zustrom von westlichen Ordensangehörigen stattgefunden hatte. Im Jahr 1300 war dies vorbei, die Nachfolger des heiligen Benedikt hatten sich in die traditionellen Gebiete der Papstherrschaft zurückgezogen und dem heiligen Basilius und seinen Nachfolgern das Feld im größten Teil des heutigen Griechenland, Rumänien, Bulgarien, Jugoslawien und Russland überlassen. In Polen, Böhmen und Teilen Ungarns stand jedoch eine gewisse Anzahl von Klöstern in Blüte; vor allem in Polen und Schlesien waren wie in Irland viele von ihnen Zeichen für das Aufeinandertreffen von zwei Völkern und zwei Kulturen. Kastilien und Portugal waren typische Grenzland-Königreiche;

in Polen, Ostdeutschland und Irland dagegen trafen Kolonialherren und Untergebene sowohl in den Klostergemeinschaften als auch in Burgen und Städten aufeinander.

Das Interesse an der religionsgeschichtlichen Entwicklung in Spanien und Portugal steht in keinem Verhältnis zur Zahl der dort anzutreffenden Gründungen. Vor der Mitte des 11. Jahrhunderts befand sich nur ungefähr ein Viertel der Halbinsel in christlicher Hand; und obwohl in den ersten Generationen der *Reconquista*, der Wiedereroberung (um 1050 bis etwa 1100) in den meisten Gebieten Spaniens Christen und Moslems ohne ernsthafte religiöse Anfeindung nebeneinander lebten und sich in vielen Moslem-Emiraten bedeutende christliche Gemeinschaften befanden, waren Klöster auf den Norden beschränkt. Im 11. Jahrhundert wurde eine Anzahl benediktinischer und cluniazensischer Häuser wiederbelebt oder gegründet. In Katalonien waren sie durch die Welt des westlichen Mittelmeeres mit Norditalien und der Provence verbunden; der wichtigste Einfluss kam von Saint-Victor in Marseille, einem Kloster unter dem Einfluss Clunys, nicht von Cluny selbst (siehe S. 60). In Aragón und Alt-Kastilien, an den Pilgerstraßen nach Santiago de Compostela, war der Einfluss Clunys stärker, vor allem an der Wende vom 11. zum 12. Jahrhundert; und obwohl der direkte Einfluss etwas überschätzt worden ist, zogen die Pilger auf diesen Straßen an mehreren Klöstern vorbei, die Cluny unterstanden oder unabhängige Zentren cluniazensischer Observanz waren. So wurde im Osten das alte Kloster Ripoll von Cuxa und Saint-Victor reformiert; weiter westlich entstanden cluniazensische Reformzentren in Silos und Sahagún. Im Jahr 1300 waren dies unabhängige Benediktinerabteien, doch bestanden immer noch etwa fünfundzwanzig von Cluny abhängige Priorate in der cluniazensischen Provinz Spaniens.

Im 12. Jahrhundert drangen mehrere andere Orden in Spanien und Portugal ein; doch der stärkste Einfluss war zisterziensisch. In den sicher in christlicher Hand befindlichen Regionen breitete sich Mitte des 12. Jahrhunderts von Poblet und Santes Creus (1150/51) in Katalonien bis zum Norden Portugals eine

Vielzahl von Zisterzienserklöstern aus; und sie dehnten sich bis nach Alcobaça (um 1153) und in die Außenbezirke von Lissabon aus, nachdem das Gebiet aus den Händen der Moslems zurückerobert worden war. Poblet war Abkömmling von Clairvaux, ebenso wie ein Teil der kastilischen und die meisten der portugiesischen Häuser; Alcobaça war die letzte noch vor dem Tod des heiligen Bernhard direkt von Clairvaux ausgehende Gründung. Im Laufe der Zeit bekamen einige dieser Klöster die Nähe der Moslems zu spüren, und Alcobaça selbst musste nach einem massiven Überfall im 13. Jahrhundert zu weiten Teilen neu aufgebaut werden. Im Norden und Nordosten trat in der dualistischen Häresie der Katharer oder Albigenser während der zweiten Hälfte des 12. Jahrhunderts ein Konkurrent des katholischen religiösen Lebens auf. Der gewaltige Abt von Poblet, Armand Amaury, wurde Erzbischof von Narbonne und kirchlicher Leiter des Albigenser-Kreuzzuges (1209). Dies war ein erstes Anzeichen einer zunehmenden Intoleranz gegenüber Rassen- und Religionsunterschieden, die im 15. Jahrhundert Moslems und Juden aus Spanien vertreiben sollte. Die späteren Stadien der Wiedereroberung waren fanatischer als die früheren, und bis 1300 war der größte Teil der Halbinsel in christlicher Hand. Daher ist es verständlich, dass in diesem Teil der Halbinsel und vor allem im Süden die religiösen Orden typischerweise von den Ritterorden vertreten wurden. Neben der Förderung von Templern und Johannitern brachte die Iberische Halbinsel auch eine ganze Gruppe von neuen Orden hervor, manche verhältnismäßig lokal begrenzt und kurzlebig,[1] andere groß genug, um, wie der Orden von Santiago und der Orden von Calatrava, Unterdrückung und Zusammenschlüsse zu überstehen.[2] Der „Orden de Christo" und der Orden von Calatrava gehörten zu einer unter zisterziensischen Vorzeichen gegründeten Gruppe, auch waren einige ihrer Klöster zisterziensischen Ursprungs, sie wurden aber während der Kriege im 13. Jahrhundert von Abteien in Burgen umgewandelt. So hatten im Jahr 1300 die Ordenshäuser, ob sie nun Stätten des Friedens oder des Krieges waren, häufig ein wehrhaftes Aussehen. Der Einfluss von Cîteaux war sehr stark und ergriff nicht nur die Ritter, sondern, wie das große Kloster Las Huelgas besonders deutlich zeigt, auch die Frauen; doch war auch der Einfluss der Regularkanoniker nicht unbedeutend, denn der wichtigste spanische Orden des Mittelalters, der Predigerorden, wurde von einem Augustiner-Chorherrn von Osma, dem heiligen Dominikus von Caleruega, gegründet.

Im 12. Jahrhundert breiteten sich die Zisterzienser außerdem bis auf die Inseln und vor allem bis nach Sizilien aus; und obwohl sich auf Sizilien bedeutende benediktinische Gründungen befanden, hatte es doch zu lange außerhalb der christlichen Sphäre gelegen – erst nach einer zwei Jahrhunderte dauernden Herrschaft der Moslems wurde die Insel um 1060 von einer das päpstliche Banner tragenden normannischen Armee erobert – als dass das traditionelle Mönchtum hätte tief verankert sein können. Seit Gregor VII. (1073–1087) und noch mehr seit Urban II., dem cluniazensischen Papst, der den ersten Kreuzzug predigte (1088–1099), war durch päpstliche Schutzherrschaft und Intervention in Verbindung mit der Großzügigkeit der normannischen Eroberer bei der Verteilung ihrer eigenen und anderer Leute Güter die Entwicklung von Häusern gefördert worden, die von Monte Cassino und La Cava aus gegründet und reformiert wurden und an die Stelle der alten griechischen Klöster im tiefen Süden und auf Sizilien traten. Auf dem Höhepunkt dieser Entwicklung gehörten zu La Cava dei Tirreni auch San Paolo fuori le Mura in Rom und die große Abtei Monreale in Sizilien; und zusammen mit den Häusern von La Cava kamen zuerst einige, dann viele Regularkanoniker.

An den östlichen Grenzen Europas zeigte sich ein anderes Schema von Besiedlung und Eroberung in einer in ihrem Wesen ganz anderen monastischen Landschaft, die jedoch ebenso eng mit der eigenen Eroberungs- und Besiedlungsgeschichte zusammenhing. Die Anfänge sind unklar, doch lassen sich in Polen und Böhmen, deren Klostergeschichte am gründlichsten erforscht ist, drei genau abgegrenzte Phasen unterscheiden.[3] Die Bekehrung Böhmens war der Zusammenarbeit zwischen den römischen Missionaren und dem einheimischen Herrschergeschlecht zu verdanken; die ersten beiden Gründungen waren das Werk der Prinzessin Mlada-Maria, zunächst Äbtissin des Klosters Hradcany in Prag, und des heiligen Adalbert, der die Abtei Brevnov gründete. In Polen spielte in den Anfängen des Christentums ein anderer italienischer Einfluss eine Rolle, und zwar die vom heiligen Romuald inspirierten Eremiten. In beiden Ländern waren – nach einer jahrhundertelangen Tradition – unter den Missionaren Mönche gewesen, und den frühen Domkapiteln scheinen – wie jenem in Toledo Ende des 11. Jahrhunderts – sowohl Mönche wie Kanoniker angehört zu haben. Bereits Mitte des 11. Jahrhunderts bildeten Brevnov und seine Tochterklöster ein wichtiges Element sowohl im weltlichen wie im geistlich-kirchlichen Leben Böhmens, vergleichbar der Bedeutung der kaiserlichen Klöster in Deutschland. Währenddessen erlebte Polen eine Zeit des Bürgerkrieges und des Aufruhrs, in der das Klosterleben verschwand; hierauf erfolgten jedoch Neugründungen, von denen Tyniec in der Nähe von Krakau die dauerhafteste und mächtigste war. Die dritte Epoche in Polen begann Mitte und Ende des 12. Jahrhunderts mit dem Auftauchen der Zisterzienser. Zu diesem Zeitpunkt waren Böhmen und Ostdeutschland mehr unter westlichen Einfluss gekommen. Die Zisterzienser und Prämonstratenser schufen, als die deutschen Grenzen sich immer weiter vorschoben und in ursprünglich slawischen Gebieten immer mehr deutsche Städte und Dörfer entstanden, im Grenzgebiet bedeutende Niederlassungen. In diesen Gebieten waren Klöster nie so zahlreich wie weiter im Westen, und Häuser aus früher Zeit gab es nur ganz wenige. Doch gediehen Zisterzienser, Regularkanoniker und Bettelorden in allen Ländern des päpstlichen Einflussbereichs. Das Wesen des zisterziensischen Einflusses lässt sich an ungefähren Zahlen abschätzen: in den deutschen Gebieten östlich der Elbe um 1300 etwa fünfzehn Klöster, in Polen einschließlich Schlesien dreiundzwanzig, in Böhmen, Mähren und der Slowakei vierzehn, in Ungarn neun, in Rumänien und Jugoslawien sieben.[4] Die am weitesten entfernten Niederlassungen befanden sich in Falkenau in der Nähe von Dorpat in Estland und in Dünamünde in Lettland, wo sich 1208 eine Gemeinschaft zusammenfand, die zwanzig Jahre später bei einem Massaker umkam. Meist lebten die zisterziensischen Niederlassungen jedoch in Frieden, wenn sie auch nicht selten in die Lokalpolitik verwickelt waren. Die meisten dieser Klöster waren Abkömmlinge von Morimond, dessen Töchter und Enkeltöchter über den Rhein gekommen waren und über Zentren wie Altenberg in Deutschland und in Mittel- und Osteuropa eine große Zahl neuer Klöster gegründet hatten. Maulbronn ist ein charakteristisches Beispiel eines Klosters dieser zweiten Generation. Die Besiedlung Polens begann in den vierziger Jahren des 12. Jahrhunderts; 1176/77 zeigte sich die kosmopolitische Natur des Zisterzienserordens in der Gründung der Abtei St. Maria und St. Thomas von Canterbury (1173 heiliggesprochen) in Sulejów, die direkt von Morimond aus erfolgte. Die wesentlichen Bemühungen dort und anderswo in Osteuropa fanden in den Jahren zwischen 1175 und 1250 statt.[5] Ganz allgemein zeigte sich in diesen Gebieten die weiter westlich für das 12. Jahrhundert charakteristische Blüte des Mönchtums im 13. Jahrhundert. Schon um 1250 traten die Bettelmönche als Konkurrenz auf, und der späte Einzug des Mönchtums ist ohne Zweifel einer der Gründe dafür, dass die Zahl der Häuser der Mönchsorden schließlich so viel geringer war als die der Bettelorden.

In den slawischen Ländern entstand wie in Irland gelegentlich innerhalb der zisterziensischen Gemeinschaft eine Sprach- und Kulturbarriere, in Irland zwischen den Angelsachsen und den Kelten, in Polen zwischen Deutschen und Slawen. Das irische Beispiel ist viel besser belegt, und in der Vergangenheit wurde häufig zu bereitwillig angenommen, dass ethnische Konflikte in zisterziensischen Gemeinschaften östlich der Elbe im Allgemeinen abgewendet wurden. Es ist jedoch klar, dass sie in manchen Fällen eher Zentren der Aussöhnung als Stätten des Kolonialismus schufen und dass die Trennung zwischen den Deutsch Sprechenden und Slawisch Sprechenden nicht immer – vielleicht kaum je – auch nur in etwa der Trennung zwischen Chormönchen und Laienbrüdern im zisterziensischen Kreuzgang entsprach.

Morimond beherrschte also das weite Gebiet Mittel- und Osteuropas; entlang der Ostseeküste stoßen wir jedoch auf den direkten Einfluss des heiligen Bernhard und der Klosterfamilie von Clairvaux. Zu dieser Familie gehörten im Jahr 1300 fünf Häuser nahe der Südküste (drei davon im heutigen Polen), fünf in Schweden – und noch eines auf der Insel Gotland –, fünf in Dänemark und drei in Norwegen. Dies ist nicht die gesamte Aufstellung des Ordens in Skandinavien, aber beinahe.[6] Der Einfluss von Cluny und Gorze war in diesen Ländern nie zu finden, da sie erst im 10. und 11. Jahrhundert bekehrt wurden. Daher hatte das traditionelle Mönchtum hier nur einen schwachen Einfluss. Kurz vor 1100[7] wurde ein Tochterhaus des englischen Klosters Evesham in Odense in Dänemark gegründet, an anderen Orten entstand eine kleine Zahl von Klöstern englischen und deutschen Ursprungs. Der entscheidende Schritt kann jedoch mit der Entsendung von Mönchen von Clairvaux nach Alvastra 1143, in einen Teil Schwedens, der erst in jüngerer Zeit und sehr oberflächlich bekehrt worden war. „Ich habe mein Vaterhaus verlassen – habe alles Wünschenswerte in der Welt hinter mir gelassen ... und bin zu dir gekommen, Vater, in der Hoffnung, mich an deiner süßen Gegenwart zu erfreuen", rief einer der Mönche von Clairvaux aus, als er von Bernhard für Schweden bestimmt wurde. – „Ich hatte gehofft, den Tag des Jüngsten Gerichts mitten unter den heiligen Leichnamen der Brüder auf diesem Friedhof zu erwarten. Und heute wirfst du mich hinaus ..."[8] Bernhard versprach ihm, dass er in Clairvaux sterben werde, und die Gruppe machte sich auf den Weg, dem nordischen Klima zu trotzen, Alvastra und Nydala zu gründen, von wo aus der Orden sich in andere Gebiete Schwedens ausbreitete. Einige Jahre später rief eine andere Gruppe aus Clairvaux in Esrom die erste dänische Gemeinschaft ins Leben; und zwei englische Tochterhäuser von Clairvaux, Fountains und Kirkstead, hatten 1146/47 Abordnungen nach Lyse und Hovedö in Norwegen gesandt.

In keinem Teil Westeuropas lässt sich das monastische Leben weiter zurückverfolgen oder war es tiefer verankert als in Irland;

doch stammte das typische Erscheinungsbild der Ordenshäuser dort aus dem 12. und 13. Jahrhundert, nicht früher. Eine neue Ära war um 1124 angebrochen, als der heilige Malachias Abt von Bangor wurde, dem ersten alten Kloster, das reformiert wurde; später wurde er Bischof in drei verschiedenen Bistümern und verbrachte viel Zeit auf Reisen. Nach seinem Tod im Jahr 1148 schrieb der heilige Bernhard persönlich seine Lebensgeschichte, ein Zeichen für den bedeutenden Eindruck, den Malachias im Zentrum der monastischen Welt jener Zeit zu hinterlassen vermocht hatte. Malachias war tief beeindruckt von der zisterziensischen Lebensweise, ebenso von dem praktischen Nutzen der Regularkanoniker, den er selbst in der bemerkenswerten französischen Abtei Arrouaise erlebt hatte,[9] deren Regeln vom heiligen Bernhard beeinflusst waren. Schließlich waren zwischen 1142 und etwa 1230 etwa dreißig bis vierzig Zisterzienserklöster und über hundert Augustiner-Chorherrenstifte gegründet worden. Malachias hatte die Fundamente für eine neue irische Kirche gelegt, in der sich heimische Tradition und die neuen kosmopolitischen Richtungen des 12. Jahrhunderts vermischten; ein tragisches Missgeschick – die englische Invasion in den siebziger Jahren des 12. Jahrhunderts – machte daraus bis zu einem gewissen Grad ein Zentrum des Kolonialismus. Von 1216 bis 1228 rebellierten die Mönche des großen Klosters Mellifont gegen eine Disziplin, die mit Fremdherrschaft in Verbindung gebracht worden war. 1228 wurde ein mutiger englischer Mönch, Stephan von Lexington, damals Abt von Stanley, später Abt von Clairvaux, vom Generalkapitel zur Visitation gesandt. Er beendete die Rebellion, begann in der Folge jedoch mit einem Verfahren, ausländische Äbte zu ernennen und ausländische Mönche in den irischen Zisterzienserklöstern anzusiedeln. Dies war ursprünglich nicht als Festigung englischer Herrschaft gedacht; doch in den Augen der Iren wurde das sehr rasch mit den allgemeinen Methoden und Bestrebungen englischer Vorherrschaft in ihrer Kirche in Verbindung gebracht; und als der Zugriff des Generalkapitels nachließ, wurden die höchsten zisterziensischen Oberen immer offensichtlicher englisch. Die Rebellion in Mellifont war der erste einer langen Reihe von Zusammenstößen. Doch wäre es zu oberflächlich, die Kolonialherrschaft als das einzige Vermächtnis des irischen Mönchtums im 12. Jahrhundert anzusehen; denn zu einem späteren Zeitpunkt, als die Engländer ihre eigenen Klöster auflösten, erfreute sich eine kleine Zahl irischer Gemeinschaften einer späten Blüte, und die endgültige Auflösung wurde bis zum 18. Jahrhundert hinausgeschoben; so liegt in Irland zwischen dem alten Mönchtum und den Neugründungen im 19. und 20. Jahrhundert keine große Zeitspanne.

Was Malachias in Irland im großen Stil anregte – und (so sollte man meinen) weit über die wirtschaftlichen Möglichkeiten eines armen Landes hinaus –, versuchte König David (1124–1153) in bescheidenerem Rahmen in Schottland. Er war der jüngste und zivilisierteste Sohn der heiligen Margareta und somit ein Bruder Matildas, der Frau Heinrichs I., der außerdem Graf von Huntingdon und Northampton und ein führender englischer Baron war. Seine bemerkenswerte Errungenschaft war, das südliche Schottland mit einem Netz von normannisch-schottischen Lehnsherrschaften zu überziehen; darunter befand sich eine Anzahl von Ordenshäusern, deren Zentrum in der Nähe der englischen Grenze lag, wo ihm eine Reihe von religiösen Orden Gründung und Unterstützung verdankte – die Benediktiner von Tiron in Kelso, die Zisterzienser in Melrose, die Augustiner-Chorherren in Jedburgh, die Prämonstratenser in Dryburgh: eine bemerkenswerte Gruppe, deren Klosterruinen ein Denkmal für den verschwenderischsten und phantasievollsten monastischen Gönner jener Zeit darstellen.

Wales hatte keinen Malachias und keinen David; doch in einem Land, das ursprünglich ebenso arm war wie Irland, gab es doch eine kleine Gruppe von Benediktinerklöstern, meist Außenposten der normannischen Besiedlung, eine kleine Gruppe von Augustiner-Chorherrenstiften und eine Handvoll Zisterzienserklöster, in denen Waliser und Engländer ebenso unbefangen zusammenkamen wie in den erfolgreichsten Häusern der deutsch-slawischen Grenzgebiete.

Keines dieser Länder im Grenzbereich des westlichen Christentums besaß eine mit England, Frankreich, Deutschland oder Italien vergleichbare Dichte an Klöstern und Mönchen. Beim gegenwärtigen Stand der Untersuchungen können nur für England einigermaßen genaue Zahlen angegeben werden.[10] Zwischen 1066 und der Mitte des 12. Jahrhunderts nahm die Zahl der Klöster etwa um das Zehnfache zu, sie stieg von 60 auf etwa 600 an (die reinen Mönchsklöster von 48 auf etwa 500); dies stellt wahrscheinlich einen Zuwachs von Klosterbewohnern von etwas über 1000 auf 7000–8000 dar. Um 1300 betrug die Gesamtsumme 1000 Klöster mit 17 000–18 000 Ordensangehörigen; hier sind jedoch die Bettelorden mitgerechnet, und ein wesentlicher Teil der Ausdehnung bestand in kleinen Häusern, vor allem von Kanonikern, und manchmal winzigen Filialen. Dennoch ist klar, dass eine gewaltige Zunahme stattgefunden hatte und dass sich dies nicht auf England beschränkte. In all diesen Ländern ist die monastische Landkarte eindeutig ein Palimpsest, dem das traditionelle Mönchtum von Cluny, Gorze, Glastonbury, Fruttuaria, La Cava, Hirsau usw. überall seinen tiefen Stempel aufgedrückt hat, ebenso wie die neuen Bewegungen des späten 11., des 12. und 13. Jahrhunderts. Im Jahr 1300 dürfte es für einen Reisenden schwierig gewesen sein, in diesen Ländern einen Ort zu finden, der mehr als dreißig Kilometer vom nächsten Ordenshaus entfernt lag, in den dicht besiedelten Gebieten, den Niederlanden, im Rheinland, in Burgund, der Normandie, im Poitou, der Provence, der Lombardei und der Toskana, sogar mehr als fünfzehn Kilometer – und selbst heute kann man in vielen Teilen Westeuropas wochenlang von einer Abteiruine aus dem Mittelalter zur nächsten wandern.

Dieser Reisende des Jahres 1300 würde die Bettelorden und die Zisterzienser überall ebenso häufig angetroffen haben wie die Klöster des traditionellen Mönchtums. Doch würde er von Region zu Region einige bemerkenswerte Unterschiede in der Zusammensetzung festgestellt haben. In Süditalien, im Königreich Neapel (oder „Königreich beider Sizilien"), befindet er sich in der Welt von La Cava und Monte Cassino, in der die alten Bewegungen immer noch gediehen und die Zisterzienser nur beschränkt, aber sichtbar Fuß gefasst hatten. Fast jeder Orden hatte sein Haus in Rom oder in dessen Nähe; und hier standen von Cassino beeinflusste Klöster neben jenen, die von Fruttuaria in der Lombardei reformiert waren; auch hier waren in Fossanova, Casamari, Tre Fontane und anderswo die Zisterzienser vertreten. In Umbrien und den Marken, der Heimat des heiligen Franziskus, lebten Bettelmönche und Eremiten Seite an Seite; hier und in der Toskana lagen auf den Hügeln und in den Städten die meisten der von Camaldoli und Vallombrosa aus entstandenen Klöster. Wieder weiter nördlich findet man in Fruttuaria und Sant'Ambrogio in Mailand traditionelle Zentren, in Chiaravalle Zisterzienser; und dann kommen wir vom Bereich von Camaldoli in den der Chartreuse, bescheiden über das ganze Alpengebiet und Nordeuropa verteilt, aber mit Zentrum in den Regionen von Rhône und Rhein. In Burgund befinden wir uns in der Heimat von Cluny und Cîteaux, den Hauptorten der größten aller monastischen Kongregationen. Selbst zur Zeit des Niedergangs im späten 14. und im 15. Jahrhundert ging Cluny davon aus, dass ihm etwa 700 Klöster unterstanden, und die Zahl war vermutlich im 12. und 13. Jahrhundert höher.[11] Cîteaux hatte wahrscheinlich die gleiche Anzahl von Tochterhäusern, in denen im Jahr 1300 zweifellos eine viel größere Zahl von Mönchen lebte, als Cluny zählen konnte – denn viele Cluniazenserklöster waren sehr klein, und die Laienbrüder hoben die Zahl der Zisterzienser noch an. Cluny, Cîteaux und Prémontré liegen nicht weit voneinander entfernt, ihre Tochterhäuser sind über ganz Frankreich und England verbreitet. In Dijon, dem Zentrum Burgunds, befindet sich Saint-Bénigne, die Heimat des heiligen Wilhelm von Volpiano, der die im 11. Jahrhundert in der Normandie und im frühen normannischen England verbreitete Observanz angeregt hatte. In Deutschland und in der Provence stoßen wir auf zahlreiche von Cluny beeinflusste Häuser, vor allem über Saint-Victor in Marseille und Hirsau; so hatte sich der Einfluss Hirsaus im späten 11. und 12. Jahrhundert auch über ganz Deutschland ausgebreitet.

Doch zeigen sich in der monastischen Landschaft Deutschlands eindrucksvolle Unterschiede. Zunächst ist da das große Gebiet, in dem Gorze und seine Nachkommen geherrscht haben und nicht Cluny – obwohl die Klöster des traditionellen Mönchtums dem zufälligen Besucher zu beiden Seiten der Grenze zwischen Frankreich und dem deutschen Kaiserreich ziemlich gleich vorgekommen sein müssen. Zweitens stellte die Elbe die alte Grenze des christlichen Deutschland dar, und das Muster sah östlich davon ganz anders aus; dort spielten Prämonstratenser-Chorherren und Zisterziensermönche in der Besiedelung von vorher kaum bewohnten Gebieten eine führende Rolle, und vor allem die Zisterzienser erwiesen sich als Pioniere der Forstwirtschaft und Urbarmachung. Drittens war das weibliche Element in Deutschland und den Niederlanden viel stärker ausgeprägt als anderswo. Dies zeigt sich bei den Zisterziensernonnen besonders deutlich. In England und Wales gab es etwa dreißig Nonnenklöster, die sich irgendwann als Zisterzienser bezeichneten; die meisten waren verhältnismäßig klein und arm und alle, mit Ausnahme einiger weniger, vor 1200 gegründet. In Frankreich wird die Zahl mit etwa 160 angegeben, und ein größerer Teil davon stammte aus dem 13. Jahrhundert. In Deutschland sind es über 250, von denen die meisten nach 1200 gegründet wurden; und obwohl diese Klöster häufig ein bescheidenes Ausmaß hatten, überstieg ihre Gesamtzahl die der Männerklöster. In der Gesamtaufstellung des Ordens in ganz Europa sind die Zahlen nicht so unterschiedlich: etwa 740 Männerklöster und etwa 650 Frauenklöster.[12]

Fragen wir, welche Lebensweise der Reisende im Jahr 1300 in den Kreuzgängen vorgefunden haben würde, so lassen sich aus den Äußerungen jener Zeit zahlreiche Antworten von verwirrender Vielfalt zusammenstellen, doch am Ende können wir uns nur an eine dieser beiden Tatsachen halten: entweder, dass wir heute nicht in das Leben von hunderttausend oder mehr Ordensangehörigen in mehreren tausend Klöstern Einblick haben können; oder, dass das, was wir wissen, darauf hindeutet, dass wir einen Querschnitt der Menschheit vorgefunden hätten, mit den entsprechenden Vorzügen und Nachteilen; viel Einerlei und Routine, viel Verwerfliches, viel Hingabe und manches Heldenhafte.

Einer dieser Reisenden soll für alle sprechen. Auf das Jahr 1300 datiert Dante seine eigene Wanderung durch Hölle, Fegefeuer und Himmel – und schrieb nicht lange danach in Wahrheit seine *Divina Commedia*. Im siebten Himmel bzw. im 22. Gesang des *Paradiso*[13] trifft er auf den heiligen Benedikt, der wie folgt zu ihm spricht:

> „Der Berg, an dem Cassino liegt am Hange,
> Der war dereinst bewohnt auf seinem Gipfel
> Von jenem irrgeführten Heidenvolke.
> Ich war der erste, der dorthin getragen
> Den Namen dessen, der auf Erden brachte
> Die Wahrheit, die uns also hat geläutert.
> Und solche Gnade hat mir dort geleuchtet,
> Dass ich die Orte ringsumher befreite
> Vom Götzendienste, der die Welt verführte.
> Hier diese andern Feuer lebten alle
> Nur der Betrachtung, voll von jener Wärme,
> Die heilige Blüten treibt und heilige Früchte.
> Hier ist Macarius, hier ist Romualdus,
> Hier sind auch meine Brüder, die in Klöstern
> sich aufgehalten und ihr Herz bewahrten."

Dante bittet, Benedikts Gesicht sehen zu dürfen, wird aber vertröstet; zuerst muss er wie jeder, der der Regel nachfolgt, die Leiter der Demut erklimmen (vgl. das 7. Kapitel der Benediktsregel).

> „O Bruder, dies dein hohes Sehnen
> Wird sich erfüllen in der letzten Sphäre,
> Wo mein's und alle andern sich erfüllen.
> Dort ist ganz rein und reif und ganz vollkommen

Ein jeder Wunsch, und nur in jenem Kreise
Ist jeder Teil, wo er von je gewesen.
Denn er ist ohne Ort und ohne Pole,
Und unsere Leiter kann bis dorthin reichen,
Weshalb sie deinen Augen so entschwindet.
Bis dorthin hat auch der Erzvater Jakob
Sie mit den obern Teilen reichen sehen,
Als sie ihm voll von Engeln einst erschienen.
Doch um sie zu besteigen, hebt jetzt keiner
Den Fuß auf Erden; meine Ordensregel
Ist drunten nutzlos ein Papier geblieben.
Die Mauern, die einst die Abtei gewesen,
Sind nun Spelunken, und der Mönche Kutten
Sind Säcke voll von schlechtem Mehl geworden.

Der schwerste Wucher ist nicht so sehr gegen
Den Willen Gottes wie die bösen Früchte,
Die also toll gemacht das Herz der Mönche.
Denn alles, was die Kirche hat, gehörte
Den Leuten, die um Gottes willen bitten,
Und nicht Verwandten oder schlimmerem Anhang.
Das Fleisch der Menschen ist ja so gebrechlich,
Dass guter Anbeginn dort nicht genug ist
Vom Eichentrieb bis zu den Eichelfrüchten.
Petrus begann einst ohne Gold und Silber,
Und ich begann mit Beten und mit Fasten,
Und auch Franziskus demutvoll den Orden.
Wenn du betrachtest, wie sie angefangen,
Und dann betrachtest, wie ihr Werk geendet,
So siehst du, dass aus Weißem Schwarz geworden.
Doch wahrlich, dass der Jordan aufwärts strebte,
Und dass das Meer geteilt nach Gottes Willen,
War wunderbarer noch als hier die Hilfe."

15 Epilog

Die Klöster Westeuropas haben viele Wechselfälle erlebt. Einige haben überlebt oder sind wiederbelebt worden; in La Chartreuse, in Camaldoli und Vallombrosa hat sich das Leben seit dem Mittelalter kaum verändert; immer noch – vielleicht sollte man lieber sagen, wieder – sind Tausende von Mönchen und Kanonikern über die ganze Christenheit verteilt. Einige Beispiele zeigen die Veränderungen, welche die Zeit mit sich gebracht hat. Die kleinen Zisterzienserklöster in der Provence blieben entweder bestehen, oder sie verschwanden allmählich; in beiden Fällen verfügten sie weder über die Mittel noch den Ehrgeiz für große Veränderungen; nie wurden sie in große Landhäuser umgewandelt und wurden auch nicht zum Steinbruch für die nahe gelegenen Städte.[1] Wie in England wurden in vielen Teilen Deutschlands und der Schweiz die Klöster in der Reformation hinweggefegt; was die Reformation begonnen hatte, führten die Französische Revolution und Napoleon noch weiter, vor allem in Frankreich und Italien; und die meisten Gemeinschaften, die noch übriggeblieben waren, wurden, wenigstens für einige Zeit, im Zuge neuerer antiklerikaler Bewegungen ausgelöscht. Doch nicht alle, denn in Einsiedeln in der Schweiz kann man das Zentrum eines der längsten ununterbrochenen Geschichtsabschnitte in Europa besichtigen: ein Benediktinerkloster aus sehr früher Zeit, das immer noch gedeiht; außerdem Zentrum eines großen Gutes und einer der bedeutendsten Orte des Kantons Schwyz. Ein Besuch des katholischen Einsiedeln vom nahegelegenen Zürich aus, dem Zürich Zwinglis, einer der größten protestantischen Städte und Kantone der Schweiz, ist wie die Reise in eine andere Welt, wo es die Reformation nicht gibt. Doch zeigt sich der noch bestehende Reichtum der Abtei vor allem auch im vollständigen Fehlen mittelalterlicher Gebäude; sie ist ein großes und mächtiges Zentrum des Barock, jenes Kunststils, der Ausdruck einer gelungenen Gegenreformation ist, die besonders in Süddeutschland und Österreich mit einer Fülle von prachtvollen Kirchen- und Klosterbauten eine Renaissance monastischen Lebens erkennen lässt.

Die Welt der Klöster von 1300–1500

Hier handelt es sich um bedeutende Veränderungen in späterer Zeit, doch werfen wir zunächst einen Blick auf eines der feinsten Beispiele für den Verlauf der Klostergeschichte nach 1300, dem eigentlichen Abschlussdatum dieses Buches. In Lacock in England finden wir eine Gruppe mittelalterlicher Klostergebäude, die in einem Landhaus aus dem 16. und 18. Jahrhundert aufgehen. Aus diesem Grund sind sie ein ausgezeichnetes Beispiel für die Planung des Wohnbereiches im Spätmittelalter und für Vorgehensweise und Geisteshaltung jener, die sie auflösten. Im englischen Kloster Much Wenlock waren die Veränderungen noch geringfügiger. Im 15. Jahrhundert baute sich der Prior eines der entzückendsten Herrenhäuser, die in ganz Europa erhalten sind, als seinen Wohnbereich, und die Mönche veränderten währenddessen die daran angrenzende Krankenstation erheblich. In diesen beiden Gebäuden gab es, wenigstens für die älteren Mönche, wahrscheinlich sogar für den größten Teil der Gemeinschaft, recht komfortable und einigermaßen abgegrenzte Wohnbereiche – an unseren Maßstäben gemessen nicht luxuriös, aber dem Lebensstandard des Landadels von beschiedenem Wohlstand im 15. Jahrhundert angemessen. Ohne Zweifel hielten die Mönche den Betrieb aufrecht und auch einigermaßen die Gottesdienste in ihrer riesigen Kirche. Zweifellos suchten sie den Kreuzgang auf; die Jüngeren haben wahrscheinlich in abgeteilten Zellen im Dormitorium geschlafen, im Refektorium gegessen, nachdem sie sich im immer noch mit Skulpturen aus dem 12. Jahrhundert verzierten Lavabo die Hände gewaschen hatten. Doch scheint eine Neigung und eine Hinwendung zu den wohnlicheren Klostergebäuden bestanden zu haben, zur Krankenstation, wo man Fleisch essen konnte und das große Schweigen nicht ganz so ernst genommen wurde, und zur Wohnung des Priors, die den Eindruck macht, als sei sie Mittelpunkt ihres Lebens, vor allem aber ihrer Gastfreundschaft gewesen. Bei der Auflösung erforderten solche Gebäude keine Veränderung, um den Bedürfnissen mehrerer Generationen von Landedelleuten mit bescheidenem Reichtum und großen Familien zu genügen. Die Mönche gingen weg; die heilige Milburga, die seit dem 12. Jahrhundert während vieler Wechselfälle über die kleine Stadt und die Kirche gewacht hatte, wurde rücksichtslos aus ihrem Heiligtum entfernt. Kirche und Kreuzgang verfielen. Doch in die Wohnung des Priors und die Krankenstation zog bald wieder Leben ein; bis zum heutigen Tag ist es ein bescheidener Landsitz.

Hinter dieser Geschichte lässt sich eine Welt vermuten, in der Prioren und Mönche vergleichsweise angenehm lebten, sie lebten das Leben von mäßig wohlhabenden Landedelleuten: weit entfernt von jenem geistlichen Abenteuer, durch das Much Wenlock in zurückliegenden Jahrhunderten entstanden und wiedergegründet worden war und auf das der zisterziensische Komplex im benachbarten Buildwas zurückgeht.

Ich gebrauche das Wort vermuten, denn aus dieser Periode der Stagnation wissen wir über das Innenleben der meisten Klöster wenig. Im Spätmittelalter gab es von Zeit zu Zeit Reformbestrebungen: besonders bei den Bettelorden hatten sie einigen Aufsehen erregenden Erfolg, und ein oder zwei Orden, zum Beispiel die Kartäuser, waren solcher Reform nicht bedürftig. Doch zum größten Teil erklommen, soweit wir wissen, die Ordensangehörigen ab 1300 bis zur Reformation und Gegenreformation nicht, wie Bernhard es ihnen vorgeschrieben hatte, die Leiter Jakobs (siehe S. 82). Dies brachte ihnen im 14. und 15. Jahrhundert heftige Kritik ein, und auch in jüngster Zeit wurden sie deshalb häufig verdammt, vor allem von zwei Arten von Kritikern: von außen, durch strenge protestantische

Gegner der mittelalterlichen Kirche, wie G. G. Coulton, der trotz seiner protestantischen Einstellung über die Mönche des Mittelalters auf eine Weise schrieb, als wäre er selbst ein mittelalterlicher Reformer auf der Spur der Laster jener Zeit; und von innen, durch Historiker wie Dom David Knowles, die sie an Benedikt und Bernhard gemessen und als unzureichend erkannt haben. Zweifellos gab es viele Skandale und Missstände; doch stößt man darauf sowohl in den Dokumenten aus dem 11. und 12. Jahrhundert wie aus dem 14. und 15. Jahrhundert. Manchmal weist eine genaue Chronik oder der Bericht über die Visitation eines Bischofs darauf hin, dass etwas ernsthaft im Argen lag. Das sollte nicht überraschen. Auch muss es damals wie heute weit verbreitet gewesen sein, dass eine Gemeinschaft von kluger und vernünftiger Leitung recht gut geführt wurde und einen erfreulichen Gemeinsinn aufwies auch ohne ein gewaltiges geistliches Leben. Doch wird ein solcher Oberer entfernt, oder es macht sich der Geist der Geschwätzigkeit und der Zwietracht breit, so kann eine Gemeinschaft auch ohne die Sünden wider Keuschheit, Armut und Gehorsam schnell verfallen, die in jedem Jahrhundert von Zeit zu Zeit ausbrachen. Manchmal wurde eine Gemeinschaft durch einen schwachen Abt oder eine zerstrittene Clique älterer Mönche demoralisiert; manchmal führten Misswirtschaft und Schulden zu wirklicher Not, sogar zum Auszug von Mönchen oder Nonnen. Viel häufiger jedoch, soweit wir wissen, bestanden diese Gemeinschaften weiter, ohne in ihrer Umgebung mit ihrer besonderen Frömmigkeit zu beeindrucken und ohne in der Geschichtsschreibung durch Skandale oder Schande einen Eindruck zu hinterlassen. Auf die Dauer lebten unzählige Gemeinschaften irgendwo zwischen Inbrunst und Verfall weiter, das Spätmittelalter hindurch bis zur Reformation – und in vielen Ländern weit über die Reformation hinaus – in jenem Einerlei, für das die Wohnung des Priors in Much Wenlock Beispiel ist. Bei aller Kritik, der sie unterworfen waren, sahen sie sich als ein Teil der Gesellschaft und wurden so auch weithin akzeptiert. Doch konnte diese Billigung in Frage gestellt werden, und es gab zwischen dem 11. und dem 19. Jahrhundert keine Zeit, in der nicht ein eifriger Reformer oder ein habgieriger weltlicher Herrscher im Namen der Reform eine Reihe von Klöstern abschaffte.

Jedes Zeitalter hatte, seit Dante seiner Hoffnung auf eine Erneuerung des religiösen Lebens Ausdruck gegeben hatte, etwas von dem vom heiligen Bernhard beklagten Verfall erlebt und etwas von der Erneuerung. Alles, was jenseits von 1300 liegt, muss für uns Epilog sein; doch wäre es ganz falsch, selbst die letzten Jahrhunderte des Mittelalters lediglich als Rückgang anzusehen; und es wäre noch schlechter, ohne ein Wort über die bedeutende Wiederbelebung im 16. und 17. Jahrhundert und noch einmal im 19. und 20. Jahrhundert zu schließen.

Der schwarze Tod von 1348 bis 1349 und der starke Rückgang der Bevölkerung, die die Klöster mit Nachwuchs versorgt hatte, trugen zur Verschärfung der Krise bei: Viele Gemeinschaften waren nur noch ein Schatten ihrer selbst; viele schienen kaum viel mehr als Bewahrer eines alten Erbes zu sein, an dessen ursprünglichen Zweck man sich nur noch vage erinnerte. Und dennoch gründete zur gleichen Zeit die heilige Birgitta in Schweden einen neuen Doppelorden, und der heilige Bernhardin begann im 15. Jahrhundert mit einer Erneuerung unter den Franziskanern, die nicht nur zahllose Häuser wie die Einsiedelei Carceri oberhalb Assisi mit neuem Leben erfüllte, sondern schließlich in allen Bettelorden eine Wiederbelebung hervorrief.

Die Entwicklung seit 1500

So war die Bühne frei für das Drama der Reformation im 16. Jahrhundert, und mit der Reformation kam der erste heftige Angriff: Er begann in Deutschland um 1520 mit Luther und seinen Anhängern und dehnte sich um 1530 nach England aus, wo Heinrich VIII. nach Heirat und Geld strebte. Als Henry und Thomas Cromwell in den späten dreißiger Jahren des 16. Jahrhunderts in England das ganze monastische Gefüge zerstörten, wurden unzählige Gemeinschaften fast ohne ein Wort in den

Ruhestand geschickt. Hier und dort erhoben sich laut Stimmen gegen einen so zynischen Akt der Zerstörung und Plünderung; und in einigen Klöstern – vor allem unter den Kartäusern in London – gab es Märtyrer für das religiöse Leben. In anderen Teilen Europas, in denen der Protestantismus Erfolg hatte, wurden die Ordensangehörigen aus ihren Klöstern entfernt und ihr Land konfisziert. Selten war der Bruch so plötzlich und so vollkommen wie in England – in Schottland zum Beispiel gab es zwei Generationen des langsamen Verfalls und der Säkularisation, in denen die weltlichen Fürsten nach und nach Titel und Besitztümer der Äbte übernahmen und der letzte Mönch noch im Besitz einiger seiner früheren Rechte in seiner Abtei sterben konnte. Doch in den protestantischen Gemeinden des 16. Jahrhunderts blieb nichts dem monastischen Leben Entsprechendes bestehen.

So war um 1600 das Ordensleben praktisch von den britischen Inseln verschwunden, mit Ausnahme einiger Teile Irlands, mit Ausnahme auch der Jesuiten und anderer verborgener, verbotener Gruppen; die Abteien in den Niederlanden, im protestantischen Teil Deutschlands und in Skandinavien waren verschwunden, in Frankreich hatten viele unter den Angriffen der Hugenotten gelitten. Anderswo war das 16. Jahrhundert das neue goldene Zeitalter religiöser Observanz, als die Jesuiten und die Unbeschuhten Karmeliten – die Orden des heiligen Ignatius von Loyola, der heiligen Theresia von Avila und des heiligen Johannes vom Kreuz und viele andere – religiöse Ideen verbreiteten, von denen man in anderen Jahrhunderten nicht einmal geträumt hatte. Sowohl die kontemplativen wie die aktiven Flügel erhielten neues Leben und neue Impulse; und im 17. Jahrhundert unterwarf sich manch alte Abtei oder Kongregation der Reform. Hierzu gehörte auch die humane, gebildete, kultivierte Kongregation der Mauriner, der reformierten Benediktiner, die unerwarteterweise unter der Gönnerschaft von Kardinal Richelieu gegründet wurde. Im Laufe der Zeit gehörten hierzu schließlich der Mont-Saint-Michel und viele andere große Klöster; zu ihren Mönchen gehörten einige der fähigsten Theologen und Kirchenhistoriker des 17. und 18. Jahrhunderts, vor allem Dom Jean Mabillon, ein frommer, demütiger Mönch, der dennoch in der wissenschaftlichen Revolution des 17. Jahrhunderts eine bemerkenswerte Rolle spielte, da er die Grundlagen für das wissenschaftliche Studium der mittelalterlichen Geschichte schuf.

Mabillon war ein friedliebender Mann; doch wurde er von Zeit zu Zeit in Kontroversen einbezogen. So gehört zu seinen dramatischsten Gefechten sein Federkrieg mit dem berühmtesten und puritanischsten Reformer jener Zeit, dem *abbé tempête* Armand de Rancé, dem Gründer des Ordens der reformierten Zisterzienser, der nach seiner eigenen Abtei La Trappe benannten Trappisten. Der Kern von de Rancés Standpunkt war, dass sich Mönche nicht mit intellektuellen Studien befassen sollten. Die Antwort Mabillons zeigt, wie tief die wissenschaftliche Bildung in der benediktinischen Tradition verwurzelt war. In mancher Hinsicht war de Rancé eine Karikatur des heiligen Bernhard; doch vermittelte er dem kontemplativen Leben neue Impulse, die dazu beitrugen, dass das monastische Ideal die Französische Revolution überlebte; und er ermöglichte es, dass sein Streit mit Mabillon in einer jener dramatischen Versöhnungen endete, die Bernhard so sehr geliebt hatte. Doch die Trappisten waren für die Zisterzienser lediglich *eine* Möglichkeit der Reform, und die Ideale Bernhards und das kontemplative Leben haben außer der durch den stürmischen Abt angestoßenen noch viele andere Entwicklungen erlebt.

In gewisser Hinsicht glich das 18. Jahrhundert in der Klostergeschichte dem 15. Jahrhundert: Die Orden bestanden weiter, der Sturm war nahe, wurde aber innerhalb des Kreuzganges kaum wahrgenommen. Zwischen 1780 und 1810 wurde die Mehrheit der noch bestehenden religiösen Gemeinschaften in Europa aufgelöst, ihre Insassen pensioniert, heimgeschickt oder zum weltlichen Leben gezwungen. Zunächst zeigten die „aufgeklärten" Despoten ihren Despotismus auf charakteristische Weise, und Joseph II. löste im österreichischen Kaiserreich eine ganze Anzahl von Ordenshäusern auf. Als Nächstes vernichtete die Französische Revolution alle noch bestehenden Häuser in Frankreich: Viele wurden verständlicherweise als Symbol von Privileg und Kaste gehasst, und solche Empfindungen wurden, wie in England zur Zeit Heinrichs VIII., als Vorwand für die totale Zerstörung gerne aufgegriffen. Als die Armeen der Revolution und Napoleons durch Europa marschierten, fielen die Abteien in jedem eroberten Land – in ganz Deutschland, in weiten Teilen Österreichs und Italiens. Einige blieben bestehen, doch ein nüchterner Beobachter müsste Anfang oder Mitte des 19. Jahrhunderts wahrscheinlich angenommen haben, das Ordensleben werde so lange verfolgt werden, bis es überhaupt nicht mehr bestehen werde. Sicher, von Zeit zu Zeit war ihm sogar in Frankreich eine Wiederbelebung gestattet, doch waren solche Entwicklungen im 19. Jahrhundert verhältnismäßig kurzlebig, und antiklerikale Bewegungen wurden in der Dritten Republik wieder sehr mächtig. Zwischen 1880 und 1903 wurden die Mönche von Solesmes viermal vertrieben und kehrten erst 1922 endgültig zurück.[2] Vor allem in den abgeschiedeneren Gebieten der Schweiz und Österreichs gibt es einige Abteien, deren Leben fast ungestört weiterging; doch gibt es kein Land, das nicht ein gewisses Maß an Unterdrückung, Aufhebung, Zwang oder Verfolgung erlebt hätte. Eigenartigerweise hat das europäische Mönchtum ausgerechnet im protestantischen England die problemloseste Geschichte der letzten zweihundert Jahre aufzuweisen.

Unter diesen Voraussetzungen mag man durchaus auf den Gedanken gekommen sein, dass das Ordensleben heute eine Erinnerung an frühere Zeiten sei, dass hier und da noch einige Überreste von Ordensgemeinschaften weiterbeständen, von einer nachsichtigen Regierung vergessen oder geduldet. Deshalb ist die Erkenntnis eine Überraschung, dass es heute auf der ganzen Welt über eine Million römisch-katholischer Ordensangehöriger gibt, nicht eingerechnet die vielen orthodoxen Mönche und das moderne Phänomen der protestantischen Ordensangehörigen.[3] Dies ist zunächst eine überwältigende Zahl. Die meisten gebildeten Menschen von heute, die mit den religiösen

Orden in keiner engen Beziehung stehen, glauben, dass die Mönche im Mittelalter am zahlreichsten waren. Ohne Zweifel ist dies in einem gewissen Sinn richtig. Denn wenn wir davon ausgingen, dass es im Jahr 1300 etwa 150 000–200 000 Ordensangehörige in der westlichen Christenheit gab, so gehörten dazu mit Sicherheit weit mehr als die etwa 20 000 Benediktiner, Zisterzienser und Kartäuser, die heute der Regel des heiligen Benedikt folgen; und selbst wenn es heute wahrscheinlich mehr Bettelmönche gibt als um 1300, so handelt es sich dennoch im Vergleich zu der um ein Vielfaches angewachsenen Bevölkerung Europas um einen geringen Anstieg.

Beim Studium der laufenden Statistiken ergeben sich drei herausragende Unterschiede: Erstens sind die Orden nun weltweit verbreitet, und auch wenn Verfolgung in einigen Teilen Asiens und Osteuropas zu ihrer Auflösung geführt hat, ist Amerika in jüngerer Zeit Heimat von vielen der am meisten florierenden Klöster aller Richtungen geworden. Zweitens gehören die meisten Ordensangehörigen zu Orden, die in diesem Buch kaum oder gar nicht erwähnt wurden. Es gibt viele tausend Mönche, die den alten Regeln folgen, und über 50 000 Bettelmönche; außerdem gibt es aber auch etwa 36 000 Jesuiten und viele Mitglieder der im 19. und frühen 20. Jahrhundert entstandenen neuen Orden. Viele sind klein, doch gehören auch einige von erheblicher Größe dazu, zum Beispiel die Schulbrüder (fast 18 000) und die Maristen-Brüder (etwa 10 000). Drittens ist für die modernen Orden charakteristisch, dass die Zahl der Nonnen die der Mönche im Verhältnis drei zu eins übertrifft – eine Million zu etwa 300 000. Dies ist wirklich ein entscheidender Wandel, denn in manchen Teilen Europas waren die Mönche den Nonnen im 12. und 13. Jahrhundert in der Zahl wahrscheinlich um ein Vielfaches überlegen, und selbst in Deutschland und den Niederlanden ist es ziemlich unwahrscheinlich, dass das Verhältnis auch nur in etwa im Gleichgewicht war.

Es wäre faszinierend, über diesen Punkt hinaus Vergleiche anzustellen und unter die Oberfläche der Statistik in das heutige religiöse Leben vorzudringen. Dennoch ist es nötig, noch einen Augenblick länger bei den Unterschieden zwischen Mittelalter und Gegenwart zu verweilen, denn diese Unterschiede lassen uns Vermutungen hinsichtlich der Beziehung von Gesellschaft und Mönchtum im Mittelalter in Frage stellen, die wir sonst allzu leicht hinnehmen würden; auch rufen die Zahlen ins Gedächtnis zurück, dass unser Thema lebendig und aktuell ist und nicht eine Geschichte aus längst vergangener Zeit.

Bedeuten diese Zahlen, dass das Ordensleben jetzt gedeiht und in einer toleranteren Atmosphäre als im 19. Jahrhundert nun einer Zukunft entgegensehen kann, so lang und so erfolgreich wie die Vergangenheit? Das weiß niemand. Die Orden versuchen, eine Fülle von neuen Ideen und Impulsen aufzunehmen; sie sind Angriffen von außen und innen ausgesetzt; zum größten Teil zwar nicht Verfolgung, aber einer zunehmend stärkeren kritischen Prüfung. Dies ist an sich nichts Neues. Kritische Prüfung war vor allem für die *„crise du monachisme"* des 11. und 12. Jahrhunderts charakteristisch, Begleiterscheinung des goldenen Zeitalters der monastischen Ausdehnung im Westen; das gleiche könnte auch von der Wiederbelebung im 19. und 20. Jahrhundert gesagt werden, als eine bemerkenswerte Wiederbelebung der religiösen Orden mit der Ausbreitung des Agnostizismus parallel ging, einer Verneinung der Wurzeln des christlichen Glaubens, die in diesem Ausmaß seit dem frühen Mittelalter ohne Beispiel ist. Es ist offensichtlich, dass der agnostische Humanismus unvermindert weiterbesteht und die Kirchen in den letzten Generationen auf jeden Fall der Zahl nach einen deutlichen Rückgang hinnehmen mussten. Mehr noch, das religiöse Leben hing in nicht geringem Maße von der tief gehenden traditionellen Einstellung der römisch-katholischen Kirche ab. Zwar ist unverkennbar, dass diese Lebensweise in den letzten zwei Jahrhunderten häufig einem neuen Stamm aufgepfropft wurde und in Zentren wie Taizé sich zu üppiger Blüte entfaltete, aber das asketische, zölibatäre Ideal wurde selbst unter Katholiken in einem bisher nicht gekannten Ausmaß in Frage gestellt. In früheren Jahrhunderten war man weithin der

Ansicht, dass das Leben der Ordensangehörigen in gewisser Hinsicht (und manchmal sehr offensichtlich) höher und besser als das der Verheirateten war. Die Andeutung einer solchen Überlegung in der Gegenwart wird angesichts so vieler Ordensangehöriger sofortigen Widerspruch hervorrufen. In den Jahren seit etwa 1970 wurden innerhalb der katholischen Gemeinschaft und der ökumenischen Kirche überhaupt die traditionellen Positionen so tief- und weitgreifend in Frage gestellt, dass die Vorstellung vom monastischen Leben als einer bevorzugten Form des christlichen Ideals sehr rasch im Verschwinden begriffen ist. In den ersten zehn oder zwanzig Jahren nach dem Zweiten Weltkrieg erfreute sich das traditionelle Mönchtum eines verstärkten Zulaufes, bei den kontemplativen ebenso wie bei den mehr aktiven Orden. In den sechziger Jahren trat das genaue Gegenteil ein, wobei die abgeschlosseneren Orden davon am meisten betroffen schienen. Tatsächlich ist dies bezeichnend für die Situation in allen Kirchen: Der Nachwuchs an Geistlichen und Pfarrern ließ in den sechziger Jahren stark nach; alle sahen sie sich einer Identitätskrise gegenüber; die traditionelle Haltung gegenüber dem geistlichen Beruf im weitesten Sinne wurde kritisch beleuchtet. Manche Traditionalisten schreiben die neue Krisis und die Bewegung, die sie als Verfall interpretieren, dem Zustrom neuer Ideen zu; und man kann nicht umhin, mit ihrem Protest gegen das Bestreben mancher Gruppen zu sympathisieren, jegliche religiöse Praxis in eine einzige Form zu pressen. Doch scheint es dem interessierten Außenstehenden, dass die Unruhe darauf hinweist, dass die religiösen Orden lebendig sind – Ruhe und Frieden könnten das nicht. Eine solche Bemerkung würde bei vielen Mönchen der alten Orden ein Lächeln hervorrufen, denn in vielen Klöstern geht ganz offensichtlich eine ununterbrochene, lebendige und wirkungsvolle Lebensweise weiter, nur wenig vom Getöse der Außenwelt beeinflusst – und das geistliche Leben ist nicht Gegenstand von Statistiken oder irgendwelchen zahlenmäßigen Berechnungen.

In der Unruhe des 11. und 12. Jahrhunderts war die Kontroverse von Wachstum begleitet, nicht nur an Zahl, sondern auch an Vielfalt und Tiefe der Erfahrung; damit vergleichbar war im 13. Jahrhundert, als der Ruf nach einem aktiveren Leben – nicht ganz ohne vergleichbare Beispiele in den sechziger und siebziger Jahren dieses Jahrhunderts – den Bettelorden zur Blüte verhalf, die Tatsache, dass in gewisser Hinsicht ein Ausgleich stattfand zwischen neuem Leben in manchen Orden und dem Rückgang in anderen. Das Unbehagen in den Jahren nach 1960 hatte zum Teil in der Forderung nach einem aktiveren Lebens bestanden, in dem Ruf, die Trennung zwischen Kloster und Welt aufzuheben und in einer neuen Bewertung des religiösen Lebens unter noch aktiveren Vorzeichen, als sie dem heiligen Franziskus oder dem heiligen Dominikus vorgeschwebt hatten. Es war eine Verstärkung der alten Spannung zwischen der nach innen und der nach außen gerichteten Sichtweise. Wäre dies alles, so könnte man meinen, es handele sich wie bei den Gezeiten um ein Kommen und Gehen, aber nicht um eine grundlegende Diskussion über eine traditionelle Lebensform. In einer Hinsicht scheint dies eine unpassende Darstellung des gegenwärtigen Dilemmas zu sein. In der Vergangenheit sahen katholische Ordensangehörige ihre Berufung einer Ehedoktrin gegenübergestellt, die das Ideal des Gehorsams zwischen Mann und Frau im Sakrament selten mit dem zölibatären Gehorsam im monastischen Leben auf eine Stufe stellte. Dies ist heute nicht mehr so. Trotz aller Gefahren, denen die christliche Ehe durch gesellschaftliche Entwicklungen, Zeitgeschmack und Gesetz ausgesetzt ist, ist es selbst bei oberflächlicher Lektüre der Literatur der sechziger und siebziger Jahre offensichtlich, dass dem modernen Christen, welcher Konfession er auch angehören mag, ein Ehe-Ideal von neuer Tiefe angeboten wird; es setzt Maßstäbe für Partnerschaft und gemeinsames Handeln, darauf abgestellt, der Vergleichbarkeit der Ehe mit der Einheit zwischen Christus und der Kirche einen wahren Sinn zu geben. Ein Grund hierfür sind theologische Strömungen, die gesellschaftlichen Entwicklungen unserer Zeit ein weiterer Grund – denn es wäre absurd, so zu tun, als ob solche Ideale sich heute nur unter Christen entwickeln würden und nur dort mit ihren sehr sichtbaren Gegnern in der modernen Gesellschaft zu kämpfen hätten. Eine Quelle für diese sich wandelnden Gewohnheiten war die Forderung der Frauen nach einem freieren und gleichwertigeren Platz in der Welt; und dies ist zweifellos auch einer der Gründe dafür, dass die Zahl der Nonnen im vergangenen Jahrhundert so stark anstieg und nun zurückgeht. Moderne Lebensformen und die Ideale der Generation der sechziger Jahre scheinen das Ordensleben auf eine völlig neue Art herauszufordern.

Ein intelligenter Beobachter zur Zeit Napoleons konnte sehr wohl der Ansicht sein, dass das Ordensleben am Ende war. Er würde sich heute sehr dumm vorkommen. Ebenso töricht wäre die Argumentation, dass die Orden aufgeben müssten, weil die gegenwärtigen Angriffe neu sind. Sie haben sich im Gegenteil in der Vergangenheit angesichts von Kontroversen und einer sich wandelnden Lebensweise als erstaunlich beweglich erwiesen. Immer noch gibt es Gebiete, in denen die Klöster mit allem, was in Zusammenhang mit gesellschaftlichen und wirtschaftlichen Rechten besonders abstoßend ist, in Verbindung gebracht werden, wie es in weiten Teilen Europas vor 1789 gewesen war. Heute ist das selten; ebenso häufig betrachtet man sie heute als den verschiedenartigen und neuen Bestrebungen unserer Zeit freundlich gesinnt. Das Eheideal allein wird sie sicher nicht zerstören; denn die Menschheit ist von einer grenzenlosen Vielfalt, und es gibt viele, für die das vollkommene Aufgehen in einer einzigen Verbindung bedeutungslos oder unzureichend ist. Bisher war die Grundtendenz unserer Gesellschaft, dass, bei allen Hochs und Tiefs, die Möglichkeiten der Betätigung für den Menschen eher zu- als abgenommen haben. Wenn das so bleibt, wird auch die geistliche Erfahrung, deren Geschichte in diesem Buch verfolgt wurde, sicherlich immer Anhänger finden und neue Generationen von Bewerbern inspirieren – obwohl der heilige Benedikt möglicherweise von den Abenteuern seiner Nachfahren im dritten Jahrtausend noch mehr überrascht sein würde als damals, als er im Jahr 1300 Dante traf.

Jedes Kloster, dessen Ruinen noch etwas Wesentliches zu erkennen geben, trägt in seinen Zügen einige Geschichten von Wandel und Verfall: Wiederaufbau, Änderung, Zerstörung und schiere Vernachlässigung. Manche weisen Wunden von Kriegen und Revolutionen auf, manche von friedlichem Verfall, manche zeigen Zeichen langer Jahrhunderte der Benutzung, andere des schnellen, heftigen Wandels. In jedem Fall müssen wir uns in Gedanken durch die nachfolgenden Jahrhunderte durcharbeiten, um zu dem Bauwerk und der Gemeinschaft vorzudringen, wie sie im 11., 12. und 13. Jahrhundert bestanden. In diesem Buch habe ich versucht, einen Stein in einen Teich mit klarem Wasser zu werfen. So wie die Ringe sich ausbreiten, erkennen wir, wie das Leben der Mönche des Mittelalters in die gesamte Geschichte einer Epoche eindringt.

In diesem Buch wurde eine Auswahl getroffen, und es ist daher unvollständig. Doch sollte es zeigen, wie die Geschichte eines mittelalterlichen Klosters die Geschichte des Lebens und des Denkens, von Literatur, Gesellschaft, Wirtschaft und Kultur des Hochmittelalters enthüllen kann.

Anmerkungen

Abkürzungen

Atlas Cist. = F. Van der Meer, *Atlas de l'Ordre Cistercien* (Amsterdam – Brüssel 1965).

Backmund = N. Backmund, *Monasticon Praemonstratense,* 3 Bde (Straubing 1949–1956).

Chadwick, *Asceticism* = O. Chadwick, *Western Asceticism, Selected Translations* ...(London 1958).

Chadwick, *Cassian* = O. Chadwick, *John Cassian* (Cambridge ²1968).

Cottineau = L. H. Cottineau, *Répertoire topo-bibliographique des abbayes et prieurés,* 3 Bde (Mâcon 1939–1970).

DHGE = *Dictionnaire d'histoire et de géographie ecclésiastiques* (Paris 1912 ff.).

Dickinson = J. C. Dickinson, *The Origins of the Austin Canons and their Introduction into England* (London 1950).

Dimier (1971) = *L'art cistercien hors de France,* hrsg. von M.-A. Dimier (St-Léger-Vauban 1971).

GB = *Germania Benedictina* (Ottobeuren, später St. Ottilien 1970 ff.).

GP = *Germania Pontificia,* hrsg. von A. Brackmann u. a. (Berlin 1911 ff.).

Hauck = A. Hauck, *Kirchengeschichte Deutschlands* I–III (Leipzig $^{3/4}$1904–1906), IV–V (Leipzig $^{1/2}$1903–1920).

Hunt (1967) = N. Hunt, *Cluny under St Hugh, 1049–1109* (London 1967).

Hunt (1971) = *Cluniac Monasticism in the Central Middle Ages,* hrsg. von N. Hunt (London 1971) [ausgewählte Texte in engl. Übersetzung].

IP = *Italia Pontificia,* hrsg. von P. Kehr u. a. (Berlin 1906 ff.).

KH = D. Knowles und R. N. Hadcock, *Medieval Religious Houses, England and Wales* (London ²1971).

Knowles, *GHE* = D. Knowles, *Great Historical Enterprises: Problems in Monastic History* (London 1963).

Knowles, *MO* = D. Knowles, *The Monastic Order in England, 940–1216* (Cambridge 1940, [2]1963 [Paginierung unverändert, doch mit zusätzl. Anmerkungen usw.]).
Knowles, *RO* = D. Knowles, *The Religious Orders in England,* 3 Bde (Cambridge 1948–1959).
Krautheimer = R. Krautheimer, *Studies in Early Christian, Medieval and Renaissance Art* (New York – London 1969).
La Mendola = *Miscellanea del Centro di Studi Medievali* I–VI, Settimane ... alla Mendola (Mailand 1956–1971).
LThK = Lexikon für Theologie und Kirche, hrsg. von J. Höfer und K. Rahner (Freiburg [2]1957–1968).
MSA = D. Knowles und J. K. S. St. Joseph, *Monastic Sites from the Air* (Cambridge 1952).
PL = *Patrologiae cursus completus, series latina,* hrsg. von J. P. Migne (Paris 1844–1864).
Schmitz = P. Schmitz, *Histoire de l'Ordre de S. Benoît,* 7 Bde (Maredsous 1942–1956; dt. Zürich 1947 ff.; Zitate nach der frz. Ausgabe, [2]1949 ff.).
VCH = *Victoria History of the Counties of England.*
Bibelstellen werden nach der Übersetzung Martin Luthers zitiert.

1 Die Ursprünge des Klosterlebens, S. 19–37

1 Matthäus 19,5–29 (vgl. Lukas 18, vor allem 29). Im griechischen Originaltext ist nur bei Lukas auch vom „Weib" die Rede.
2 Viele Kritiker bezweifeln, dass dieser Brief von Paulus stammt; man kann jedoch davon ausgehen, dass er sonst jedenfalls das Werk eines Schülers ist, der selbst voll und ganz an die Lehren des Apostels glaubte.
3 Apostelgeschichte 4,32.
4 Matthäus 10,9 ff.; Markus 6,8 ff.; Lukas 9,3 ff.; 10,4 ff.; siehe S. 213
5 Siehe S. 133 ff., 146 f., 207 ff.
6 Vgl. D. J. Chitty, *The Desert a City* (Oxford 1966), S. 1 ff. Diese Bewegung verdankt sowohl nicht-christlichen wie christlichen Philosophen viel. In der Vergangenheit wurde heftig diskutiert, ob das christliche Mönchtum heidnischen Wurzeln aufgepfropft wurde oder etwas wesentlich Neues darstellt. Die Antwort hängt entscheidend von der präzisen Fragestellung ab; denn es ist offensichtlich, dass eine große Bewegung in jener Zeit auf Erfahrungen zurückgriff, die umfassender und weiter zurückgehend waren als

die christliche Kirche; auch dass viele ihrer speziellen Merkmale und der grundlegenden Inspiration nur im Zusammenhang mit der frühen Kirche verständlich sind. Im Text wird davon nichts erwähnt, da es hier um das Mönchtum des Mittelalters geht; doch handelt es sich zweifellos um ein sehr interessantes Thema.

7 *Collationes patrum* 18, vor allem Kap. 5 ff., übersetzt nach Chadwick, *Asceticism,* S. 266–267.

8 Chadwick, *Cassian,* S. 25–26 und 86 ff., vor allem 89, wo der Angriff des Hieronymus auf Evagrius' Vorstellung von *apatheia* erklärt und widerlegt wird.

9 *Collationes patrum* 18, Kap. 4; Chadwick, *Asceticism,* S. 266; siehe auch Kap. 2, Anm. 5.

10 Da Thema dieses Buches die Tradition des westlichen Mönchtums ist, kann auf die östliche, orthodoxe Tradition der monastischen Lebensweise nach der Regel des Basilius nicht weiter eingegangen werden. Siehe nächste Anmerkung und A.-J. Festugière, *Les Moines d'orient,* 4 Bde in 3 (Paris 1961–1965) [Lebensbeschreibungen der östlichen Mönche mit Einführung].

11 W. K. Lowther Clarke, *The Ascetic Works of St Basil* (London 1925), S. 163–66 [Längere Regeln, Kap. 7].

12 Matthäus 6,26.

13 Siehe R. A. Markus in: *Work: an Enquiry into Christian Thought and Practice* (London 1960), S. 13–26.

14 *Confessiones,* Buch VIII, Kap. 14–15.

15 *De institutis coenobiorum,* Buch IV gegen Ende, übersetzt nach Chadwick, *Cassian,* S. 93.

16 Der Gebrauch der Schriften Cassians in der späteren Geschichte des Mönchtums ist nie ganz untersucht worden. Handschriften der *Collationes patrum* sind sehr zahlreich, und in den Katalogen großer Klosterbibliotheken fehlen Hinweise darauf ab dem 9. Jahrhundert selten ganz. Doch bei einigen der wichtigsten monastischen Denker des 11. und 12. Jahrhunderts (wie Anselm und Bernhard) scheint sein direkter Einfluss nur schwach zu sein. Sein indirekter Einfluss durch den heiligen Benedikt und Gregor den Großen war gleichbleibend und sehr stark.

17 *Collationes patrum* 9, Kap. 6; 1, Kap. 6, übersetzt nach Chadwick, *Asceticism,* S. 198 und 217.

18 *Collationes patrum* 1, Kap. 5; 7, übersetzt nach Chadwick, *Asceticism,* S. 197–198.

[19] *Collationes patrum* 1, Kap. 8, übersetzt nach Chadwick, *Asceticism*, S. 200

[20] *Collationes patrum* 9, Kap. 9–15, übersetzt nach Chadwick, *Asceticism*, S. 219–220; basierend auf 1 Timotheus 2,1.

[21] *Collationes patrum* 9, Kap. 31, übersetzt nach Chadwick, *Asceticism*, S. 229; siehe auch S. 170 ff. – „Abba" war bei Cassian und anderen frühen Schriftstellern eine respektvolle Anrede für ältere Mönche; dieses Wort ist der etymologische Ursprung von *abbas*/Abt, bezeichnet jedoch nicht unbedingt den Leiter einer Gemeinschaft (vgl. Chadwick, *Asceticism*, S. 31).

[22] Matthäus 5,48 – ein Wort, das in vielen Abschnitten der *Collationes* und der Regel anklingt und besonders Thema von *Collationes patrum* 11 („Über die Vollkommenheit") ist.

2 Die Regel des heiligen Benedikt, S. 38–45

[1] Die hier angeführte Auffassung ist die von A. de Vogüé in der Einführung zu seiner Ausgabe. Siehe Anm. 3.

[2] R. W. Southern, *Western Society and the Church in the Middle Ages*, in: *Pelican History of the Church* II (1970), S. 222.

[3] Knowles, *GHE*, S. 146, aus seinem bewundernswerten Überblick über die Kontroverse bis 1962 (S. 139–195).

[4] Zitate übersetzt nach *Regula Magistri*, hrsg. von A. de Vogüé, Prolog 45 (I, S. 326) bzw. aus P. Schmitz' Ausgabe der Regel Benedikts (siehe S. 299), Prolog, S. 5–6.

[5] Kap. I, S. 7; das Folgende aus Kap. 73, S. 99–100. Die Analyse der vier Arten basiert auf der *Regula Magistri*, Kap. 1; beides stammt aus Cassian, *Collationes patrum* 18, hauptsächlich Kap. 4 ff. (übersetzt nach Chadwick, *Asceticism*, S. 265 ff.).

[6] Siehe S. 26 ff. Über die Fassung der Regel des Basilius, die Benedikt bekannt war, siehe Chadwick, *Cassian*, S. 62–63.

[7] Über den Leserkreis der Regel ist viel diskutiert worden; siehe z. B. Knowles, *GHE*, S. 144, wo die Zurückweisung der These von Abt Chapman zum Ausdruck kommt, dass sie offiziell vom Papst in Auftrag gegeben war. Es scheint klar, dass Benedikt nicht die Absicht hatte, ein Handbuch zum allgemeinen Gebrauch zusammenzustellen, auch nicht für eine große Anzahl von Gemeinschaften; aber er scheint in der Vorstellung geschrieben zu haben, dass die Regel anderswo (also nicht nur in Subiaco und bei seinen Nachbarn oder in Monte Cassino) studiert und in Betracht gezogen werden könnte.

8 Vgl. *Regula Benedicti*, Kap. 2 mit *Regula Magistri*, Kap. 2.
9 Sirach 32, 19 (Vulgata 32, 24).

3 *Die Entwicklung der monastischen Tradition, S. 46–63*

1 Gregor der Große, *Dialoge* II, 36 (hrsg. von U. Moricca, *Fonti per la storia d'Italia* (Rom 1924), S. 131). Zitate aus der und Anklänge an die Regel fehlen auffallend in Gregors monastischem Schrifttum, was nie zufriedenstellend erklärt wurde – mit Ausnahme jener Autoren, die an der widersinnigen Vorstellung festhalten, dass Gregor sie nicht kannte (K. Hallinger in: *Studia Anselmiana* XLII (Rom 1957), S. 231–319; dagegen Knowles, *MO*, [3]1963, S. 750–752; P. Meyvaert, *Bede and Gregory the Great*, Jarrow lecture [1964], S. 26). Ich sage „widersinnig", weil die meisten Kommentatoren von der Angemessenheit der (im Text zitierten) Bezugnahmen auf die Regel beeindruckt sind und davon ausgehen, dass diese Bezugnahmen und Gregors gesamte Einstellung zu Benedikt die Kenntnis der Regel voraussetzt. Die Frage ist noch offen.
2 Über die früheste Handschrift der Regel, Oxford, Bodleian Library, Hatton MS 48, siehe *Early English MSS in Facsimile*, XV, hrsg. von D. H. Farmer (Kopenhagen 1968), bes. S. 25.
3 Das Folgende basiert auf K. Hughes, *The Church in Early Irish Society* (London 1966), bes. Kap. 6–9; 13; dort auch Hinweise auf die reichhaltige moderne Literatur über das keltische Mönchtum.
4 Beda, *Hist. Eccl.* III, 5; 14–17, u. a. (hrsg. von B. Colgrave und R. A. B. Mynors, Oxford Medieval Texts 1969), S. 226–229, 258–267.
5 Siehe A. de Vogüés Einführung zur Regel.
6 Wolfram von Eschenbachs *Willehalm* entstand etwa 1210–1220. Die Geschichte basiert auf früheren französischen *chansons de geste*. Siehe S. 138 f.
7 E. Bishop, *Liturgica Historica* (Oxford 1918), S. 213.
8 Siehe Bishop, S. 349 ff.; über die Reichenau und St. Gallen siehe S. 55 f.

4 *Klosterleben: Arbeit und Gebet, S. 64–79*

1 Um Verwirrung zu vermeiden, bezeichne ich die beiden ersten Offizien als Matutin und Laudes; die älteren, in den *Consuetudines* (d. h. den Texten, die die „Gewohnheiten" festschreiben) des 11. Jahrhunderts immer noch üblichen Bezeichnungen lauteten Nokturn und Matutin. Zur Literatur über Cluny und seine *Consuetudines* siehe S. 301.

2 Diese Stundenangaben beinhalten natürlich eine gewisse Ungenauigkeit; ich führe sie auf, um die ungefähre Länge des Tages darzustellen. Sie sind angegeben in Knowles, *MO*, S. 449, auf der Basis einer großangelegten Studie über mittelalterliche Bräuche.

3 Siehe die historischen Kapitel im Downside-Symposion über *Work* (vgl. Anm. 14 zu Kap. 1).

4 Über die Bibliothek von Cluny siehe L. Delisle, *Le Cabinet des manuscrits de la Bibliothèque Nationale* II (Paris 1874), S. 458 ff.; Delisle, *Inventaire des mss, de la Bibliothèque Nationale: Fonds de Cluni* (Paris 1884); A. Wilmart in: *Revue Mabillon* XI (1921), S. 89 ff. – Die Bücherliste der Jahre um 1040 ist im letzten Band datiert und analysiert.

5 Darüber und über die Wirtschaft Clunys siehe G. Duby in: *Petrus Venerabilis* (siehe S. 300), S. 128–140. Die Mönche von Cluny trugen die gewohnte schwarze Kutte; im 11. Jahrhundert kam in manchen bescheideneren Klöstern, wie z. B. in Bec in der Normandie, der Brauch auf, ungefärbten Stoff zu verwenden, und dieser Brauch wurde von den Zisterziensern als Teil ihrer Verfassung übernommen. Es bestehen Zweifel darüber, was das in der frühen Zeit tatsächlich zu bedeuten hatte, denn die Mönche sind in zisterziensischen Handschriften aus dem frühen 12. Jahrhundert manchmal mit einer braunen, manchmal mit einer grauweißen Kutte dargestellt; schließlich wurde letztere die Norm, und sie wurden danach die „weißen Mönche" genannt.

6 Ulrich, Kap. 17, Sp. 760.

7 Über die Armenfürsorge im Mittelalter siehe B. Tierney, *Medieval Poor Law* (Berkeley – Los Angeles 1959).

8 Siehe Duby (Anm. 5).

9 Siehe Knowles, *Historian and Character and Other Essays* (Cambridge 1963), Kap. 4, bes. S. 62–63, eine brillante Zusammenfassung der *Apologia*, und S. 70–71 über die *Statuta* des Petrus Venerabilis, in denen er viele Missstände bekennt; doch kann man nicht umhin, einiges davon, wie den Zugang der Öffentlichkeit zum Kreuzgang und den Vertrauensbruch von Bediensteten, als natürliche Begleitumstände der Blüte des traditionellen Mönchtums anzusehen und festzustellen, dass sowohl Professor Knowles als auch Abt Petrus etwas zu streng mit einigen ihrer Mönche sind, da sie nicht vergessen können, dass zisterziensische Augen die Regel des heiligen Benedikt gelesen haben: was dies bedeutete, siehe S.161 ff.

[10] Übersetzt nach Petrus Venerabilis, *Letters,* hrsg. von G. Constable (Cambridge (Mass.) 1967), Nr. 20, bes. I, 37–38.

5 Die Eremiten, S. 80–92

[1] Siehe S. 254 f. Über das Werk von Adalbert in Böhmen und Polen siehe *La Mendola* IV, 336 ff. (J. Kloczowski). Zeitgenossen machten manchmal einen Unterschied zwischen dem sesshafteren Eremiten und dem herumziehenden Anachoreten, und der Begriff Einsiedelei wurde ebenso für abgeschieden lebende Gemeinschaften wie für einzelne Zellen gebraucht (vgl. J. Leclercq in: *Cluniac Monasticism,* hrsg. von N. Hunt (London 1971), S. 217). Nach dem heiligen Romuald waren der heilige Robert von Molesme und der heilige Bruno herausragende Beispiele von Wandergründern (siehe S. 158, 84 f).

[2] Bernhard, *Epistola* 91, *PL* 182, 224.

[3] *PL* 145, 246 ff.

[4] Das Folgende ist ein Auszug aus *Magna Vita* I, 13 (hrsg. von Douie und Farmer – I, 38 ff.).

[5] Über Petrus von Tarentaise siehe H. Brultey, *S. Pierre de Tarentaise* (Besançon [2]1945).

[6] *Magna Vita* I 10; IV 12 (I 32–33; II 55–56).

[7] Zeugnisse über die Möblierung von Dormitorien in früher Zeit sind spärlich. Doch die Regel des heiligen Benedikt und viele der Bräuche gehen eindeutig von einem nicht unterteilten und nur sehr sparsam möblierten Dormitorium aus; und dies stimmt mit den erhaltenen Beispielen bis zu jener Periode überein, in der (wahrscheinlich im späten 13. und im 14. Jahrhundert) Holzverkleidung und Raumaufteilung sowohl in der häuslichen wie in der kirchlichen Architektur üblich wurden.

[8] John Milton, *Paradise Lost* I, 302–304 (Übersetzung: Bernhard Schuhmann, München).

[9] *Magna Vita,* II 11 (I 81); vgl. die ähnliche Geschichte des Mönchs von Rievaulx, die Walter Daniel erzählt: *Life of Ailred,* S. 30 ff.

[10] Siehe D. Knowles und W. F. Grimes, *Charterhouse* (London 1954); *MSA,* S. 234–235.

6 *Das Kloster und die Welt, S. 93–117*

1 Siehe C. Brooke, *Medieval Church and Society* (London 1971), S. 153 und Anm.

2 Über das Folgende siehe H. E. J. Cowdrey, *The Cluniacs and the Gregorian Reform* (Oxford 1970), S. 3 ff. und passim.

3 Der Titel „Stellvertreter Christi" wurde im 10. und 11. Jahrhundert gelegentlich auf Könige und Kaiser angewendet; erst im 12. und 13. Jahrhundert wurde er ein rein päpstlicher Titel.

4 Siehe S. 301 (Libri vitae).

5 G. Constable, *Monastic Tithes* (Cambridge 1964), S. 145; Schmitz I, S. 264–265; vgl. auch J. Leclercq in: *Studia Monastica* III (1961), S. 137 ff. Zur Entwicklung der täglichen Messe siehe S. J. P. Van Dijk und J. H. Walker, *The Origins of the Modern Roman Liturgy* (London 1960), S. 51 f.; es wurde weitgehend als allgemeingültige Praxis schon im 11. Jahrhundert angesehen, war jedoch nicht einmal im 13. Jahrhundert allgemein verbindlich.

6 Aus *Epistola* 8 [7] (hrsg. von T. P. McLaughlin, *Mediaeval Studies* XVIII (1956), S. 275; übersetzt nach C. K. Scott Moncrieff (London 1925), S. 188).

7 Über die „Wiedergeburt" der Städte im 11. bis 13. Jahrhundert siehe C. Brooke und G. Keir, *London 800–1216* (London 1975), Kap. 3.

8 KH, passim, bes. S. 488 ff.

9 Er war gewiss Mönch, aber sehr wahrscheinlich nicht in Cluny; vgl. die Belege bei Cowdrey (siehe Anm. 2), S. 148–149.

10 Über seelsorgerische Tätigkeit der Mönche siehe U. Berlière in: *Revue Bénédictine* XXXIX (1927), S. 227–250; 340–364; G. Constable, *Monastic Tithes,* bes. S. 145 ff.; D. J. A. Matthew, *The Norman Monasteries and their English Possessions* (Oxford 1962), bes. S. 51–65; M. Chibnall in: *Journal of Ecclesiastical History* XVIII (1967), S. 165–172 (vgl. dazu Brooke in: *Studies in Church History* VI (Cambridge 1970), S. 82). Über Zehntenabgaben siehe Constable, bes. Teil II, Kap. 3–6.

11 *Vita Gauzlini* (S. 302), II, 57 ff., S. 104 ff.; *Les Miracles de s. Benoît,* hrsg. von E. de Certain (Paris 1858), VIII, 25–27; 30, S. 317–328. Der zweite Brand und der Beginn der neuen Form scheinen in die Zeit Abt Wilhelms (um 1069–1080) gefallen zu sein (vgl. *DHGE* XVII, S. 449; 470).

12 Über das Folgende siehe bes. G. Duby in: *Annales* VII (1952), S. 155–171.

[13] Übersetzt nach *Letters,* hrsg. von G. Constable (S. 300), Nr. 89, I, 229; vgl. Brooke in: *La Mendola* VI, S. 137 ff.

[14] Siehe Brooke, *Medieval Church and Society,* Kap. 8.

7 *Der Beitrag der Klöster zur „Renaissance des 12. Jahrhunderts", S. 118–141*

[1] Siehe J. Harvey in: *Antiquaries Journal* XLVIII (1968), S. 87–99; vgl. Brooke, *Twelfth Century Renaissance* (London 1969/70), S. 101 ff.

[2] Über Suger siehe bes. E. Panofsky, *Abbot Suger on the Abbey Church of Saint-Denis* (Princeton 1946); E. Mâle, *L'art religieux du XII*e *siècle en France* (Paris [4]1940), Kap. V.

[3] Vgl. C. R. Dodwell, *Painting in Europe 800–1200* (Harmondsworth 1971), S. 89 ff.; C. Oursel, *Miniature du XII*e *siècle à l'abbaye de Cîteaux* (Dijon 1926) und *Miniatures cisterciennes (1109–1134)* (Dijon 1960).

[4] Reichhaltiges Material bei Joan Evans, *Romanesque Architecture of the Order of Cluny* (Cambridge 1938); über die Kongregation von Hirsau W. Hoffmann, *Hirsau und die „Hirsauer Bauschule"* (München 1950) – mit dem Ergebnis, dass Hirsau nicht das Zentrum einer besonderen Architekturschule war.

[5] Theophilus, *De diuersis artibus,* hrsg. und übersetzt von C. R. Dodwell (Nelson's Medieval Texts 1961), I, Einl. S. 1–4; über Handschriften siehe Dodwell, S. XXXIV ff. und LVII ff.; B. Bischof, *Mittelalterliche Studien* II (Stuttgart 1967), S. 175–182.

[6] Siehe R. W. Southern, *St. Anselm and His Biographer* (Cambridge 1963), S. 209–217 und die dort aufgeführte Literatur.

[7] Eadmer, *Vita Anselmi,* hrsg. und übersetzt von R. W. Southern (Nelson's Medieval Texts 1962, Nachdruck Oxford Medieval Texts 1972), S. 37–38.

[8] Ordericus Vitalis, hrsg. von M. Chibnall (Oxford Medieval Texts, 1968–1980), VI, 552–7 (übersetzt nach der engl. Version des Autors). Vgl. auch Chibnalls Einführung zum zweiten Band dieser Ausgabe sowie R. W. Church, *St. Anselm* (London 1870), Kap. VI.

8 *Die Augustiner-Chorherren, S. 145–157*

[1] Siehe S. 107 f. und Constable, *Monastic Tithes* (Cambridge 1964), S. 165 ff.

[2] Hauptsächlich weil beide Regeln, obwohl sie meist frei interpretiert wurden, auch wörtlich verstanden werden konnten; und dies lag

vielen der im strengen Sinne monastischen Bewegungen zugrunde, vor allem solchen wie der der Zisterzienser (siehe Kapitel 9), die auf der wörtlichen Interpretation der Regel des heiligen Benedikt basieren.

3 Vgl. J. F. Rivera in: *La Mendola* III, Bd. I, S. 220–237. Toledo und (anscheinend) Osma wurden später weltlich. Die Liste von spanischen Kathedralen, die zu irgendeinem Zeitpunkt augustinisch waren (ebd. S. 236), führt diese beiden nicht auf, dafür Sigüenza (vgl. S. 233–235) und die Stiftskirche von Soria.

4 Die Kanoniker von Saint-Trophime in Arles wurden um 1060 einer Regel unterworfen (J. C. Dickinson, *Origins of the Austin Canons* (London 1950), S. 43; *Gallia Christiana Novissima* III (Valence 1901), S. 168–169, 176; *Gallia Christiana* (Paris 1715–1865), I, S. 96); ob sie dann streng augustinisch waren und blieben, ist nicht klar. Doch ist Arles nicht weit von Avignon, und es ist naheliegend, eine Verbindung mit der dortigen Kathedrale und mit Saint-Ruf anzunehmen (vgl. A. Borg, *Architectural Sculpture in Romanesque Provence* (Oxford 1972), S. 67 und Anm. 22). Erhaltene Gemeinschaftsgebäude und Inschriften im Kreuzgang zeigen, dass sie Mitte und Ende des 12. Jahrhunderts einer Regel folgten; wahrscheinlich waren sie damals Augustiner.

5 Dickinson, S. 108 ff., 125–126 u. a.; Brooke in *La Mendola* VI, S. 136 ff., bes. 141–142.

6 *Libellus de diuersis ordinibus,* hrsg. von G. Constable und B. Smith (Oxford Medieval Texts 1972) mit ausführlichem Kommentar.

7 Chaucer, *Die Canterbury Tales,* Prolog, nach der Ausgabe von Adolf von Düring (Köln 1883–1886) bearbeitet und eingeleitet von Lambert Hoevel. „St. Maur" ist der heilige Maurus, Benedikts Schüler und späterer Gehilfe; er war in Wahrheit nicht Verfasser einer eigenen Regel.

8 Knowles, *RO* II, Anhang I, S. 365–366.

9 Die Zisterzienser, S. 158–184

1 Der berühmteste Fall ist seine Versöhnung mit Abaelard, die, mindestens teilweise auf Bernhards Bitte, von Petrus Venerabilis arrangiert wurde. Bernhard versuchte auch, eine Versöhnung mit Gilbert de la Porrée zu erreichen, dem anderen Theologen, den er angegriffen hatte; doch war dieser Versuch ebenso erfolglos wie der Angriff selbst (John of Salisbury, *Historia Pontificalis* (Nelson's Medieval Texts 1956), S. 26–27).

[2] Stephan Hardings Brief wurde herausgegeben von C. H. Talbot in: *Collectanea Ordinis Cisterciensium Reformatorum* III (1936), S. 66–69; D. L. Bethell in: *Downside Review* LXXIX (1961), S. 349–350.

[3] Gedruckt in: *Statuta Capitulorum Generalium Ordinis Cisterciensis* I, hrsg. von J.-M. Canivez (Löwen 1933), zusammen mit anderen frühen zisterziensischen Statuten; doch wurde in jüngerer Zeit nachgewiesen, dass einige der Klauseln, vor allem jene über das Generalkapitel und das System der Visitation, aus der Mitte des 12. Jahrhundert und nicht aus der Zeit von Stephan Harding stammen. Über die ursprüngliche Fassung siehe die Artikel von J. Turk und C. Noschitzka in: *Analecta S. Ordinis Cisterciensium* I (1945), IV (1948) und VI (1950); sowie über die Geschichte ihrer Entdeckung und die Kontroversen über die Ursprünge der Zisterzienser: Knowles, *GHE*, S. 197 ff.

[4] Mystisches Wissen und Erfahrung werden bei D. Knowles, *The English Mystical Tradition* (London 1961), S. 2–3, folgendermaßen definiert: „Dieses Wissen, diese Erfahrung, nie vollkommen trennbar von einer gleichermaßen unmittelbaren und erfahrungshaften Einheit mit Gott durch die Liebe, ist durch drei Merkmale gekennzeichnet. Der betroffene Mensch erkennt sie als etwas, das ganz anders und realer und angemessener ist als all sein bisheriges Wissen von und seine Liebe zu Gott. Sie wird als etwas gleichzeitig Immanentes und Empfangenes empfunden, als etwas Geist und Seele Bewegendes und Erfüllendes. Sie findet auf einer tieferen Ebene der Persönlichkeit und Seele statt als die normalen Vorgänge des Denkens und Wollens, und der Mystiker ist sich, in sich und in anderen, der Seele, ihrer Eigenschaften und der göttlichen Anwesenheit und Handlungsweise darin als etwas bewusst, das sich vom überlegenden Verstand und seinen Kräften vollkommen unterscheidet. Schließlich ist diese Erfahrung absolut nicht mitteilbar, möglich ist lediglich die schlichte Feststellung, und in dieser Hinsicht sind alle Äußerungen von Mystikern völlig unzureichend als Darstellung der mystischen Erfahrung, doch bringt sie dem, der sie erlebt hat, absolute Gewissheit. Dies ist die traditionelle mystische Theologie, das mystische Wissen von Gott in Reinform."

[5] In verschiedenen Kirchen, vor allem in Rievaulx, Fountains und Tintern sind in den Seitenschiffen noch Reste von Unterteilungen, zweifellos für eine größere Anzahl von Altären, zu erkennen; doch

scheint dies eine Entwicklung des späten 13. und des 14. Jahrhunderts zu sein.

6 *Vita prima s. Bernardi* II, 5 (*PL* 185, 285; zitiert bei Brooke, *Europe in the Central Middle Ages*, S. 70–71).

7 So belegte z. B. König Johann die englischen Zisterzienser im Anfangsstadium seines Streites mit dem Papst mit Geldstrafen oder Steuern; später sah er sich dann zur Gründung der Zisterzienserabtei Beaulieu in Hampshire veranlaßt, zum Teil, um wieder gutzumachen, was er von den Zisterziensern genommen hatte.

8 Siehe Brooke, *Medieval Church and Society*, S. 166 und Anm.; M. Aubert, *L'architecture cistercienne en France* I, S. 317 u. a.

9 Wie in jüngster Zeit von Dom Jean Leclercq hervorgehoben wurde in: *S. Bernard et l'esprit cistercien*, S. 20.

10 Über den Grundriss siehe Aubert (siebe oben Anm. 8) und die Werke von Esser, Dimier und Hahn (siehe unten Anm. 11 und S. 305). Über die Verfassung siehe oben Anm. 3.

11 *Über den Kirchenbau des heiligen Bernhard von Clairvaux*, in: *Archiv für mittelrheinische Kirchengeschichte V* (1953), S. 195–222; vgl. F. Bucher, *Cistercian architectural purism*, in: *Comparative Studies in Society and History* III (1960/1961), S. 89–105, bes. 97–98, 105. Die Geschichte der quadratischen Ostteile, ihrer Ausdruckskraft und ihrer Proportionen ist in H. Hahn, *Frühe Kirchenbaukunst der Zisterzienser*, Berlin 1957, beträchtlich detaillierter dargestellt; dies hat aber den Wert von Essers dramatischer Darstellung der wesentlichen Zeugnisse nicht geschmälert. Hahns Untersuchung der Proportionen hat z. B. gezeigt, dass in Eberbach während der Bauarbeiten an der Kirche eine Grundrissänderung vorgenommen wurde.

12 Ich habe mir sagen lassen, dass der Wasservorrat des Tales durch ausgedehnten Kahlschlag im Laufe der Jahrhunderte entscheidend zurückgegangen ist.

13 Der Entwurf des Kapitelsaales von Sénanque wurde offensichtlich während der Bauarbeiten geändert, und die schweren Rippen scheinen ursprünglich nicht vorgesehen gewesen zu sein. Doch die Grundzüge der Disposition sind für zisterziensische Kreuzgänge charakteristisch und entsprechen mit Sicherheit dem ursprünglichen Plan.

14 Über das Folgende siehe Walter Daniel, *Life of Ailred of Rievaulx*, hrsg. von F. M. Powicke (Nelson's Medieval Texts 1950), S. 12 f.

15 *Life of Ailred,* S. 11–12.

16 Siehe jedoch Powickes Anmerkung, S. 38. Der Kapitelsaal in Rievaulx hatte ursprünglich eine normalere Form; er wurde, sehr wahrscheinlich zur Zeit Ailreds, neu erbaut, und die neue Form hat auffallende Ähnlichkeit mit dem Kapitelsaal aus dem 12. Jahrhundert in Durham, woher Ailred kam.

17 *Life of Ailred,* S. 36–38.

18 Z. B. Briefe 92 und 520 (*Opera,* hrsg. von J. Leclercq, C. H. Talbot, H. M. Rochais (Rom 1957–1977), VII, S. 241; VIII, S. 480–482).

19 *Sermones in Canticum,* Nr. 26 (*Opera* (wie Anm. 18) I, S. 172).

10 Die Ritterorden, S. 185–189

1 Siehe D. W. Lomax, *La Orden de Santiago (1170–1275)* (Madrid 1965).

2 Die beste Studie stammt von V. Gervers-Molnár, *A Középkori Magyarország Rotundái* (Budapest 1972) [in ungarischer Sprache mit engl. Zusammenfassung, S. 84–90].

3 Siehe M. Gervers, *Rotundae Anglicanae,* in: *Actes du XXIIe Congrès International de l'Historie de l'Art (1969)* (Budapest 1972), S. 359–376. Über den Orden der Chorherren vom Heiligen Grab siehe J. C. Dickinson in: *Transactions of the Royal Historical Society,* 5. Reihe, I (1951), S. 71 ff., bes. S. 72.

11 Frauenklöster, S. 190–204

1 Herausgegeben von Germain Morin (Bonn 1933).

2 Über England siehe KH, bes. S. 494 (genaues Verhältnis um 1066: 48 zu 13; doch nahm das Missverhältnis nach der normannischen Eroberung für eine Zeit rasch zu); über Frankreich sind keine vergleichbaren Statistiken erstellt worden: die Feststellung im Text basiert auf einem Überblick, den E. Hallam Smith freundlicherweise für mich angefertigt hat.

3 Siehe S. 55 und 147.

4 A. Schulte, *Der Adel und die deutsche Kirche im Mittelalter,* in: Kirchenrechtliche Abhandlungen, hrsg. von U. Stutz, LXIII/LXIV (Stuttgart 1910), S. 401 ff.

5 N. Hunt, *Cluny under St Hugh* (London 1967), S. 186 ff.

6 Von einem Vater, der seine Tochter in einem Kloster unterbrachte, wurde eine „Mitgift" erwartet, jedoch war deren Eintreibung von den Reformkonzilen verboten worden. Ein gutes Beispiel eines Klos-

ters von sehr bescheidenen Ursprüngen, das durch die Nachbarschaft reicher Bürger und deren Töchter und Vermächtnisse zu bescheidenem Reichtum kam, ist Haliwell, das früheste der Nonnenklöster von London (siehe C. Brooke und G. Keir, *London 800–1216* (London 1975), Kap. 12).

7 Siehe KH, S. 251.

8 Vor allem R. R. Bezzola, *Les origines et la formation de la littérature courtoise en occident* (Paris 1958–1960), bes. II/2, S. 275–292. Die Theorie einer direkten Verbindung ist auf wenig Zustimmung gestoßen, doch hat Bezzolas interessante Diskussion die Aufmerksamkeit auf gewisse Parallelen gelenkt; die nicht nur auf Zufall beruhen können.

9 Ich folge G. Zarnecki (siehe *The Monastic Achievement* (London 1972), S. 93–94) in der Datierung der Grabmäler der Könige auf etwa 1200–1204, der beiden anderen auf etwa 1220 oder etwas später.

10 Die Korrespondenz wurde herausgegeben von J. T. Muckle und T. P. McLaughlin in *Medieval Studies* XII (1950); XV (1953); XVII (1955); XVIII (1956); Übersetzung nach C. K. Scott Moncrieff (London 1925). Die folgenden Zitate finden sich bei Scott Moncrieff, S. 91 und 96; *Mediaeval Studies* XVII, S. 243 und 247. Im Folgenden gehe ich von der Echtheit der Korrespondenz aus, die jedoch umstritten ist.

12 Norbert und Franziskus – Prämonstratenser und Bettelmönche, S. 205–220

1 Siehe bes. *Un débat sur le sacerdoce des moines au XIe siècle*, hrsg. von R. Foreville und J. Leclercq, in: *Studia Anselmiana* XLI, S. 8–118.

2 Siehe Brooke, *Medieval Church and Society* (London 1971), Kap. 7, bes. S. 147 ff., und die dort angeführten Bücher, bes. H. Grundmann, *Religiöse Bewegungen im Mittelalter* (Hildesheim ²1961).

3 Gilbert gründete sein erstes Nonnenkloster (in Sempringham in Lincolnshire) um 1130 und reiste 1147 nach Cîteaux mit der Vorstellung, es zisterziensischer Jurisdiktion zu unterstellen. Die Zisterzienser weigerten sich jedoch, seinen Plan in der von ihm gewünschten Form zu akzeptieren; doch fand er bei Bernhard und dem zisterziensischen Papst Eugen III. (1145–53) in Bezug auf seine Regel manchen Rat. Die Gilbertiner waren nie außerhalb Englands vertreten. Siehe R. Graham, *S. Gilbert of Sempringham and the Gilbertines* (London 1901); KH, S. 194 ff.

[4] Obwohl manche Wissenschaftler bezweifeln, dass Franziskus Dominikus in irgendeiner Hinsicht entscheidend beeinflusst hat; einige haben sogar bezweifelt, dass sie sich überhaupt getroffen haben. Dieses Problem habe ich in *Medieval Church and Society*, S. 222–229, behandelt.

[5] *Opuscula S. Patris Francisci Assisiensis* (Rom ²1941), S. 83–84.

[6] *Epistola* 3 (*Opuscula*, S. 108); über die Deutung von *non* = „nicht" im zitierten Text siehe R. B. Brooke, *Early Franciscan Government* (Cambridge 1959), S. 173, Anm. 3.

[7] *Scripta Leonis, Rufini et Angeli*, hrsg. von R. B. Brooke (Oxford Medieval Texts 1970), Nr. 98, S. 260–263.

[8] Die franziskanische Ablehnung des Besitzes galt uneingeschränkt, sowohl in der Theorie als auch in der Praxis, obwohl das Verhältnis zwischen Besitz und Eigentum zu vielen Schwierigkeiten führte und sie schließlich gezwungen waren hinzunehmen, dass der Heilige Stuhl über Besitz zu ihrem Nutzen verfügen konnte, was in Wirklichkeit (im Gegensatz zu den Absichten des Gründers) hieß, ausschließlich zu ihrem Nutzen. Die Haltung der Dominikaner war nicht so grundsätzlich, auch nicht so absolut; doch lebten beide Orden im Grunde von Almosen. Über die franziskanische Idee und Verfahrensweise siehe M. D. Lambert, *Franciscan Poverty* (London 1961). Andere Bettelorden, die sich im 13. Jahrhundert reichlich entwickelten, werden in diesem Buch nicht erwähnt. Die wichtigsten – die schließlich auch bestehen blieben – waren der Karmeliterorden und die Augustiner-Eremiten. Siehe Knowles, *RO* I, Kap. 17; KH, S. 232 ff.

13 Drei Klosterbesuche, S. 223–249

[1] Studley Park wurde von John Aislabie (Schatzkanzler 1718–1721, gestorben 1742) angelegt und von seinem Sohn, William Aislabie, abgerundet, der den Grundbesitz von Fountains kaufte. Ihre Nachfolger verwandelten die Abtei allmählich von einer romantischen Torheit in eine guterhaltene Ruine, heute untersteht sie dem Denkmalschutz.

[2] Walter Map, *De nugis curialium* I, 25, übersetzt von M. R. James u. a. (Oxford Medieval Texts 1983), S. 92–93. – Das Zitat bei Map stammt aus Ovid, *Heroides* I, 53.

[3] Siehe R. A. Donkin in: *Bulletin of the Institute of Historical Research* XXXIII (1960), S. 141–165; M. W. Barley in: *Nottingham Me-*

diaeval Studies I (1957), S. 75–89. In der Praxis mussten selbst die Zisterzienser Abweichungen von ihren Grundregeln hinnehmen, und diese nahmen mit fortschreitender Zeit zu (siehe Knowles, *MO*, [2]1963, S. 746–747 über Artikel von R. A. Domkin und C. V. Graves über die Ansiedlung der Zisterzienser in England und ihre Tätigkeit auf wirtschaftlichem Gebiet).

4 Bernhard, *Epistola* 106, zitiert *MO*, S. 221; Brooke, *Europe in the Central Middle Ages* (London 1964), S. 302, leicht bearbeitet.

5 Vgl. Brooke, *Twelfth Century Renaissance* (London 1969), Tafel 23.

6 Siehe den Artikel von Baker, aufgeführt in Anm. 7.

7 Siehe bes. L. G. D. Baker in: *Northern History* IV (1969), S. 38 ff.

8 *Millénaire monastique du Mont-Saint-Michel* (S. 307) I, Kap. II (M. Lelegard); in Kapitel I (J. Hoürlier) werden Belege für eine frühere Gründung (um 550–575) angeführt, die eine Außenstelle eines Klosters in Asteriac gewesen sein dürfte. Doch die eigene Geschichte von Mont-Saint-Michel beginnt mit dem heiligen Aubert 708. Zur Literatur über die Abtei siehe S. 307 f. Über den Michaelskult siehe *Millénaire* III sowie O. Chadwick in: H. M. Chadwick u. a., *Studies in Early British History* (Cambridge 1954), S. 182–184; vgl. W. Levison, *England and the Continent in the Eighth Century* (Oxford 1946), S. 263.

9 In jüngerer Zeit entstand das Klosterleben für einige Zeit wieder neu.

10 Dies bedeutet nicht, wie manchmal angenommen, dass die Abtei eine Seemacht wurde; siehe M. Mollat in: *Millénaire* III, S. 73 ff.

11 Hrsg. von L. Delisle in seiner Ausgabe der Chronik von Robert von Torigny, 2 Bde (Rouen 1872–1873); weggelassen in der Ausgabe von R. Howlett, *Chronicles of the Reigns of Stephen ...*, IV (1889).

12 Swaan, *The Gothic Cathedral*, S. 151–154, 200–207.

13 Zum Beispiel von Säkularkanoniker-Kapiteln oder Mönchsgemeinschaften verwaltete Kathedralen (siehe S. 149 f.); Durham selbst und Winchester waren Klosterkathedralen.

14 In Bezug auf das Bauwerk folge ich den Ergebnissen von F. Reggiori, *La Basilica di Sant' Ambrogio* (1966); eine nützliche und gut illustrierte Zusammenfassung ist die von A. M. Romanini (Tesori d'Arte Cristiana VIII (1966)). In Bezug auf die Geschichte der beiden Gemeinschaften bin ich Mgr. Prof. P. Zerbi sehr verpflichtet sowohl für mündliche Auskünfte als auch wegen seiner Aufsätze in: *Studi Medievali*, 3. Reihe, IV (1963), S. 136–216; in: *Vescovi e diocesi in*

Italia nel Medioevo (Padua 1964), S. 245–313; und in: *Miscellanea Gilles Gerard Meersseman* I (Padua 1970), S. 107–132.

[15] Wie in der benachbarten Basilika San Lorenzo, wo Überreste des Atriums noch zu sehen sind. Auch in Saint-Victor, Marseille, sind (sofern richtig identifiziert) noch Spuren des ursprünglichen Atriums zu erkennen.

[16] Jetzt zerstört (siehe S. 191 ff.). Vgl. *Saint Laurent de Liège,* hrsg. von R. Lejeune (Lüttich 1968), S. 39. Über Saint-Riquier siehe A. W. Clapham, *English Romanesque Architecture before the Conquest* (Oxford 1930), S. 78 ff.

[17] Restaurierungen in jüngerer Zeit haben zweifellos häufig die Spuren der mittelalterlichen Verglasung in den Arkaden der Kreuzgänge verwischt. Klar zu sehen sind sie jedoch in der Doppelarkade in Eberbach.

14 Die monastische Landkarte Europas um 1300, S. 250–264

[1] D. W. Lomax, *La Orden de Santiago (1170–1275)* (Madrid 1965), S. 50.

[2] Ebd., bes. S. 41–50.

[3] J. Kloczowski in: *La Mendola* VI, S. 153–172.

[4] Diese Einzelheiten basieren auf dem *Atlas Cist.*; wegen Berichtigungen siehe E. Krausen und P. Zakar in: *Analecta Cisterciensia* XXII (1966), S. 279–290; F. Vongrey und F. Hervay in: *Analecta Cisterciensia* XXIII (1967), S. 115–127. Bei der Angabe der ungefähren Zahlen bin ich von den modernen Grenzen ausgegangen.

[5] Siehe *Atlas Cist.* Über Polen finden sich reichhaltige geschichtliche und architektonische Einzelheiten in *Sztuka Polska przedromanska i romanska do schylku XIII wieku,* hrsg. von M. Walicki, 2 Bde (Warschau 1968), mit zisterziensischem Stammbaum in I, S. 167 (von J. Kloczowski); über Aufstellungen von polnischen Klöstern im 18. Jahrhundert mit vielen Plänen siehe L. Bienkowski, J. Kloczowski, Z. Sulowski, *Zakony Meskie w Polsce w 1772 Roku* (Lublin 1972).

[6] Siehe *Atlas Cist.,* bes. Karte VIII; in Dänemark gab es zwei weitere Häuser, in Schweden eines. Erhaltene Überreste sind in A. Tuulse, *Scandinavia Romanica* (dt. Übersetzung Wien – München 1968) illustriert.

[7] Knowles, *MO,* S. 164 und Anm.; das dort vorgeschlagene Datum (1095/96) geht auf Robert, Abt von Evesham, zurück; es wird be-

richtigt in: *Heads of Religious Houses, England and Wales, 940–1216*, hrsg. von D. Knowles, C. N. L. Brooke und V. C. M. London (Cambridge 1972), S. 47. Doch scheint die Gründung vor dem Tod Wilhelms II. von England im Jahr 1100 erfolgt zu sein.

8 *Vita Bernardi* VII, 27, 55 (*PL* 185, 445), zitiert bei E. Vacandard, *Vie de S. Bernard* (Paris [4]1910), II, S. 416–417.

9 Siehe L. Milis, *L'ordre des Chanoines réguliers d'Arrouaise*, Brügge 1969. Über Malachias und die irische Kirche siehe J. A. Watt, *The Church and the Two Nations in Medieval Ireland* (Cambridge 1970), Kap. 1 und passim über das Folgende. Die Zahlen beruhen auf A. Gwynn und R. N. Hadcock, *Medieval Religious Houses, Ireland* (London 1970).

10 In KH, auf dem das Folgende beruht.

11 Siehe die Listen aus dem 14. und 15. Jahrhundert in: M. Marrier, *Bibliotheca Cluniacensis* (Paris 1614, ND Mâcon 1915), Sp. 1705–1752, und in: J. Evans, *Romanesque Architecture of the Order of Cluny* (Cambridge 1938), S. 153–176. Sie wurden weder eingehender Prüfung unterzogen, noch wurden über frühere Perioden umfangreiche und verläßliche Listen erstellt. Über die Schwierigkeiten siehe N. Hunt, *Cluny under St Hugh* (London 1967), S. 5 ff.

12 Siehe Vongrey und Hervay (siehe oben Anm. 4), S. 137–138, die 742 und 654 angeben.

13 Übersetzung von Hermann Gmelin (Stuttgart 1949), Verse 37–51; 61–96; Benedikt nennt unter seinen Gefährten Macarius und Romuald: zwei der bekanntesten ersten Mönche in Ägypten hießen Macarius; über Romuald siehe S. 81 ff.

15 Epilog, S. 265–278

1 In manchen Fällen fielen in oder nach der Französischen Revolution vollkommen geräumte Häuser bald in die Hände von Eigentümern, denen persönlich daran lag, sie zu erhalten oder zu restaurieren; dies erklärt z. B. den guten Zustand von Sénanque.

2 G. Moorhouse, *Against All Reason* (London 1972), S. 54.

3 Diese Zahlen werden zitiert nach Moorhouse, S. 275–277; vgl. jedoch seine Vorbehalte auf S. 82 ff. über die Verläßlichkeit der Zahlen. Über nicht-katholische Ordensangehörige siehe ebd., bes. Kap. 1 über Taizé.

Literaturhinweise

Zweck dieser Hinweise ist es, zu weiterer Lektüre hinzuführen und die Literatur anzugeben, auf der der Text basiert. Teil I enthält allgemeine umfassende Werke auf diesem Gebiet, in Teil II ist die Literatur kapitelweise angeführt (einige spezielle Punkte werden in den Fußnoten behandelt); Teil III gibt einen kurzen Überblick über die Literatur über die in Text und Bild erwähnten Klöster.

Teil I

Drei Wissenschaftler haben in jüngerer Zeit zur historischen Literatur über das mittelalterliche Mönchtum außerordentlich viel beigetragen; es sind dies David Knowles, Ursmer Berlière und Jean Leclercq.

D. Knowles, *The Monastic Order in England 940–1216* (Cambridge 1940, ²1963; als Knowles, *MO* angeführt); *Religious Orders in England,* I–III (Cambridge 1948–1959; aufgeführt als Knowles, *RO*): beide bedeutenden Werke geben reichliche Auskunft über die kontinentale Vorgeschichte. Einen kurzen allgemeinen Überblick hat Knowles in *Christian Monasticism* gegeben (dt. Übersetzung: *Christliches Mönchtum,* München 1969). Eine Anzahl seiner Artikel wurden in *The Historian and Character and Other Essays* (Cambridge 1963) nachgedruckt. Über Aufstellungen englischer Klöster: Knowles und R. N. Hadcock, *Medieval Religeous Houses, England and Wales* (London ²1971: KH). Knowles und J. K. S. St Joseph, *Monastic Sites from the Air* (Cambridge 1952; *MSA*) hat in der Erforschung monastischer Anlagen ein neues Gebiet erschlossen.

U. Berlière, *L'ordre monastique* (Maredsous 1923); ders., *L'ascèse bénédictine* (Paris 1927) ist eine klare Einführung von einem bedeutenden Wissenschaftler. Unter Dom Jean Leclercqs Werken vor allem *L'amour des lettres et le désir de Dieu* (Paris 1957; dt. *Wissenschaft und Gottverlangen,* Düsseldorf 1963); *Études sur le vocabulaire mo-*

nastique du moyen âge und *Otia monastica* (Rom 1961 bzw. 1963; Studia Anselmiana, fasc. 48 und 51). Brauchbar ist C. Butler, *Benedictine Monachism* (London 1919, ND 1961; dt. Übersetzung: *Benediktinisches Mönchtum* (St. Ottilien 1929)). Dann M. Heimbucher, *Die Orden und Kongregationen der Katholischen Kirche,* 2 Bde (Paderborn ³1933–1934) und Dahlmann – Waitz, *Quellenkunde der deutschen Geschichte* II (Stuttgart ¹⁰1971).

Einen reichhaltigen Wissensvorrat, häufig schlecht zusammengestellt und in der Sprache polemisch, aber über den heiligen Benedikt und den heiligen Bernhard einfühlsam, findet man in G. G. Coulton, *Five Centuries of Religion,* 4 Bde (Cambridge 1923–1950), seinem Hauptwerk über das Thema.

Abhandlungen von bedeutenden Wissenschaftlern der monastischen und der Liturgiegeschichte in E. Bishop, *Liturgica Historica* (Oxford 1918); A. Wilmart, *Auteurs spirituels et textes dévots du moyen âge latin* (Paris 1932).

Viele Aspekte der Themen dieses Buches sind in den Veröffentlichungen der La-Mendola-Konferenzen behandelt (*Miscellanea del Centro di Studi Medievali* der Università Cattolica del Sacro Cuore, I–VI (Mailand 1956–1971); siehe unten).

Weitere brauchbare allgemeine Werke sind: A. von Harnack, *Das Mönchtum* (⁷1907); G. Zarnecki, *The Monastic Achievement* (London 1972); P. Cousin, *Précis d'histoire monastique* (Paris – Tournai 1959); P. Schmitz, *Histoire de l'Ordre de S. Benoît,* 7 Bde (Maredsous 1942–1956; dt. Zürich 1947 ff.). Viele wertvolle Artikel finden sich in: *LThK; DHGE; Dictionnaire de spiritualité; Dictionnaire de théologie catholique;* und in der *New Catholic Encyclopedia.* Unter den vielen Zeitschriften sind die *Revue Bénédictine* und die *Revue Mabillon* besonders brauchbar (siehe auch unten); W. Braunfels, *Abendländische Klosterbaukunst* (Köln 1969) ist ein interessanter, wenn auch nicht ganz geglückter Versuch, Geschichte und Architektur der religiösen Orden in Beziehung zu bringen.

In den meisten der aufgeführten allgemeinen Werke sind Literaturhinweise enthalten; außerdem werden jährlich in der *Revue d'histoire ecclésiastique* Bibliographien veröffentlicht.

Teil II

1 Die Ursprünge des Klosterlebens

Über das frühe Mönchtum siehe vor allem K. Heussi, *Der Ursprung des Mönchtums* (Tübingen 1936); D. J. Chitty, *The Desert a City* (Oxford 1966); O. Chadwick, *Western Asceticism* (London 1958); über Basilius: W. K. L. Clarke, *The Ascetic Works of St. Basil* (London 1925). über Cassian: O. Chadwick, *John Cassian* (Cambridge 1950, [2]1968); *Conférences (=Collationes),* hrsg. und frz. Übersetzung: E. Pichery (Sources Chrétiennes, 3 Bde, Paris 1955–1959), *Institutions Cénobitiques (= De institutis coenobiorum),* hrsg. und frz. Übersetzung: J.-C. Guy (Paris 1965).

2 Die Regel des heiligen Benedikt

Zum Problem der *Regula Magistri* und der Regel des hl. Benedikt: Knowles, *GHE,* S. 135–195; A. de Vogüés Einführungen zu seinen Ausgaben beider Regeln (Sources Chrétiennes (Paris 1964–1973)); von ihm stammt die beste Ausgabe der Regel; ferner (mit heute unterschiedlichem Ansehen) L. Traube, *Textgeschichte der Regula S. Benedicti* (München 1898); I. Herwegen, *Sinn und Geist der Benediktinerregel* (1944); P. Meyvaert in: *Scriptorium* XVII (1963), S. 83 ff., und D. H. Farmer in: *Early English MSS in Facsimile* XV (1968), S. 28–29; engl. Übers. in Chadwick, *Asceticism* und von J. McCann (1952). Die Zitate sind Übersetzungen nach P. Schmitz' Ausgabe des Codex Sangallensis (Maredsous 1946). Unser über die Regel hinausgehendes Wissen über Benedikt stammt fast ausschließlich aus den *Dialogi* Gregors des Großen (hrsg. von U. Moricca (Rom 1924)), Buch II; eine gute Zusammenfassung enthält J. McCann, *St. Benedict* (London 1939). Über die Geschichte von Regeln und Gehorsam: Knowles, *From Pachomius to Ignatius* (Oxford 1966).

3 Die Entwicklung der monastischen Tradition

Über Cassiodor: *DHGE* XI, 1349–1408 (D. M. Cappuyns); über keltisches und angelsächsisches Mönchtum: K. Hughes, *The Church in Early Irish Society* (London 1966); J. Ryan, *Irish Monasticism* (London 1931); H. Mayr-Harting, *The Coming of Christianity to Anglo-Saxon*

England (London 1972); über das 8. und 9. Jahrhundert W. Levison, *England and the Continent in the Eighth Century* (Oxford 1946); D. A. Bullough, *The Age of Charlemagne* (London 1965). Über Benedikt von Aniane: *DHGE*, VIII, 177–188 (P. Schmitz); Knowles in: *MO*, S. 25 ff.; *Vita* in: *PL* 103, 353–384 (die Dekrete im *Corpus consuetudinum* – siehe unten – I, 423 ff.). Allgemein und über die Bewegung im 10. Jahrhundert siehe Schmitz I und unten. Über Gorze: K. Hallinger, *Gorze-Kluny*, 2 Bde (Rom 1950–1951); über England: Knowles, *MO*.

4 Klosterleben: Arbeit und Gebet
und
6 Das Kloster und die Welt

Über Cluny: Hunt (1967) und Hunt (1971) – eine nützliche Aufsatzsammlung als Querschnitt jüngerer Arbeiten mit Hinweisen auf die reichhaltige Literatur des Kontinents; H. Sackur, *Die Cluniazenser*, 2 Bde (Halle 1892–1894); J. Wollasch – H. E. Mager – H. Diener, *Neue Forschungen über Cluny und die Cluniazenser*, hrsg. von G. Tellenbach (Freiburg 1959), und weitere Schriften von Wollasch in: *Frühmittelalterliche Studien* I (hrsg. von K. Hauck, (Berlin 1967)); J. Evans, *Monastic Life at Cluny, 910–1157* (Oxford 1931); K. J. Conant, *Cluny* (Mâcon 1968); *Spiritualità Cluniacense* (Todi 1960); J. Leclercq, *Pierre le Vénérable* (St-Wandrille 1946); *Petrus Venerabilis*, hrsg. von G. Constable und J. Kritzeck, Studia Anselmiana 40 (Rom 1956), darin der Aufsatz von G. Duby über die Wirtschaft Clunys (S. 128–140); über Clunys Finanzen Duby in: *Annales* VII (1952), S. 155–171; *Letters of Peter the Venerable*, hrsg. von G. Constable, 2 Bde (Cambridge (Mass.) 1967). Über Wilhelm von Hirsau und seine Bewegung: H. Jakobs, *Die Hirsauer* (Köln – Graz 1961).

Über die allgemeinen geschichtlichen Zusammenhänge R. W. Southern, *The Making of the Middle Ages* (London 1953) und ders., *Western Society and the Church in the Middle Ages* (Harmondsworth 1970); ferner die bei C. Brooke, *Europe in the Central Middle Ages* (Harlow ^{3}2000) angegebenen Bücher, bes. über Papstreform und Mönchtum, S. 312, 368, 434; hier sollte noch hinzugefügt werden *La Mendola* VI (1971); H. E. J. Cowdrey, *The Cluniacs and the Gregorian Reform* (Oxford 1970).

Über gesellschaftliche Zusammenhänge und die Beziehung zu Gönnern: *La Mendola* VI; Aufsätze in *Millénaire monastique du Mont-Saint-Michel* (siehe S. 307); D. J. A. Matthew, *The Norman Monasteries and their English Possessions* (Oxford 1962). Über Wirtschaft: G. Duby, *L'économie rurale et la vie des campagnes dans l'occident médiéval*, 2 Bde (Paris 1962); G. Constable, *Monastic Tithes from their Origins to the Twelfth Century* (Cambridge 1964); L. Musset in: *L'abbaye bénédictine de Fécamp* I (Fécamp 1959), S. 67–79.

Die Kapitel basieren im Wesentlichen auf folgenden Dokumenten:

1. MONASTISCHES BRAUCHTUM: Clunys Bräuche sind aufgeführt in *Consuetudines monasticae* II, hrsg. von B. Albers (Monte Cassino 1905), S. 31–61, und I (Stuttgart und Wien 1900), passim (*Consuetudines* von 996–1030 und 1030–1048; vgl. Hunt (1967), S. 33 und die dortigen Verweise; Knowles in: *Corpus Consuetudinum Monasticarum* III (1967), S. XVIII); M. Herrgott, *Vetus Disciplina Monastica* (Paris 1726), S. 133–364 (Bernhard von Cluny, 1067; vgl. Knowles, a. a. O.); *PL* 149, 635–778 (Ulrich, um 1075).

Ein *Corpus consuetudinum monasticarum*, hrsg. von K. Hallinger, ist geplant mit der Absicht, sämtliche einschlägigen Texte zusammenzutragen, einige Bände sind erschienen. In der Zwischenzeit siehe die Auswahl bei Albers, a. a. O. (5 Bde, 1900–1912); die Bände der Henry Bradshaw Society; über die englischen Bräuche im 10./11. Jahrhundert: *Regularis Concordia* (um 970), hrsg. von T. Symons (Nelson's Medieval Texts 1953) und *The Monastic Constitutions of Lanfranc;* hrsg. von D. Knowles (Nelson's Medieval Texts 1951; ND des Textes mit überarbeiteter Einleitung und Anmerkungen, *Corpus Consuetudinum Monasticarum* III (Siegburg 1967)).

2. LIBRI VITAE, TOTENLISTEN usw.: Vgl. Wollasch in Hunt (1971), Kap. 9; der *Liber Vitae* des Neuen Münsters in Winchester befindet sich in der British Library und ist als Facsimile publiziert von S. Keynes (Kopenhagen 1996). Zur Prosopographie ist das Material sehr verstreut: über Listen von Äbten etc. siehe Hauck: *Germania Sacra* (Berlin 1929 ff.); *GB; Gallia Christiana* (Paris 1739–1877); *Heads of Religious Houses, England and Wales*, 940–1216, hrsg. von D. Knowles, C. N. L. Brooke und V. C. M. London (Cambridge 1972).

3. BIOGRAPHIEN: Siehe bes. Eadmer, *Life of St Anselm* (hrsg. und

übersetzt von R. W. Southern (Nelsons' Medieval Texts 1962[3], ND Oxford Medieval Texts 1972)); vgl. R. W. Southern, *St. Anselm and His Biographer* (Cambridge 1963) und Eadmer, *Historia novorum* (hrsg. von M. Rule, Rolls Series, 1884); *Vita Herluini* (Gründer von Bec) in: J. A. Robinson, *Gilbert Crispin* (Cambridge 1911); die Autobiographie von Gilbert, Abt von Nogent-sous-Coucy (*PL* 156, 837–962); André de Fleury, *Vie de Gauzlin, abbé de Fleury,* hrsg. und frz. Übersetzung: R.-H. Bautier und G. Labory (Sources d'Histoire Médiévale (Paris 1969)); *Vita S. Godehardi (PL* 112: siehe S. 62f., wo Sp. 1174 zitiert wird); *Vita* Wilhelms von Hirsau, in: *Monumenta Germaniae Historica, Scriptores* XII, S. 209–225.

4. Klosterchroniken (hier nur die ausführlicheren oder tiefer reflektierenden): Besonders Ordericus Vitalis; die neueste Ausgabe (mit engl. Übersetzung) stammt von M. Chibnall (6 Bde, Oxford Medieval Texts 1968–1980); siehe auch H. Wolter, *Ordericus Vitalis* (Wiesbaden 1955); Rodulf Glaber (hrsg. von J. France, Oxford Medieval Texts 1986); Hugo Candidus, *Chronicle* (der Abtei Peterborough), hrsg. von W. T. Mellows (Oxford 1949).

5. Gebete, Predigten etc. bedeutender geistlicher Gestalten: Wichtige Bücher sind A. Wilnart, *Auteurs spirituels,* und die Schriften von J. Leclercq, bes. Leclercq und J. P. Bonnes, *Un maître de la vie spirituelle du XIe siècle, Jean de Fécamp* (Paris 1946).

5 Die Eremiten

Über die „Krise des Mönchtums" im 11. Jahrhundert siehe bes. C. Dereine in: *Revue du moyen âge latin* IV (1948), S. 137–154; *Revue d'histoire ecclésiastique* LIV (1959), S. 41–65; Leclercq in: Hunt (1971), Kap. 11 (die Formel in der Gestalt „crise du cénobitisme" scheint von G. Morin in der *Revue Bénédictine* XI (1928), S. 99, geprägt worden zu sein).

Über die Eremiten siehe *La Mendola* IV: *L'eremitismo* (1965). Über die Kartäuser: Knowles, *MO,* Kap. XXII; *PL,* 152 und 153; E. M. Thompson; *The Carthusian Order in England* (London 1930); Guigo oder Guy II. (Prior der Chartreuse), *The Scale of the Cloister,* übersetzt von B. S. James (London 1937); über Hugo: *Magna vita S. Hugonis,* hrsg. und übersetzt von D. L. Douie und H. Farmer, 2 Bde (Nelson's Medieval

Texts 1961–1962). Über die Hintergründe der Bewegung in Rom: G. Ferrari, *Early Roman Monasteries* (Rom 1957); B. Hamilton in: *Studia monastica* IV (1962), S. 35–68. Über Grandmont: *Corpus Christianorum, Continuatio Mediaevalis* VIII, hrsg. von J. Becquet (Turnhout 1968) und R. Graham, *English Ecclesiastical Studies* (London 1929), Kap. IX.

Über Petrus Damiani: J. Leclercq, S. *Pierre Damien* (Rom 1960); St Peter Damian, *Selected Writings on the Spiritual Life,* übersetzt mit einer Einführung von Patricia McNulty (London 1959).

7 Der Beitrag der Klöster zur „Renaissance des 12. Jahrhunderts“

Über die allgemeinen Themen dieses Kapitels: C. Brooke, *Twelfth-Century Renaissance* (London 1969), mit Bibliographie S. 203 ff.; C. H. Haskins, *The Renaissance of the Twelfth Century* (Cambridge (Mass.) 1927); über Anselm, Eadmer und Ordericus: oben, Hinweise zu Kap. 4 und 6. Über Kunst und Architektur: G. Zarnecki, *Romanesque Art* (London 1971; zuerst in dt. Übersetzung: *Romanik* (Stuttgart 1970); R. Oursel, *Invention de l'architecture romane* (St-Léger-Vauban 1970); *Propyläen Kunstgeschichte,* V: *Das Mittelalter*, hrsg. von K. Filitz, 1969, bes. das Kapitel von G. Zarnecki über romanische Plastik; O. Demus, *Romanische Wandmalerei* (München 1969); C. R. Dodwell, *Painting in Europe, 800–1200* (Harmondsworth 1971); W. Swaan, *The Gothic Cathedral* (London 1969); O. von Simson, *The Gothic Cathedral* (New York 1956); P. Frankl, *Gothic Architecture* (Harmondsworth 1962); ferner die klassischen Untersuchungen von E. Mâle, *L'art religieux du XIIe siècle en France* (Paris ⁶1953) und *L'art religieux du XIIIe siècle ...* (Paris ⁶1925).

Über den Beitrag der Klöster: G. G. Coulton, *Art and the Reformation* (Oxford 1928, ²1953); R. E. Swartwout, *The Monastic Craftsman* (Cambridge 1932); C. R. Dodwell, *The Canterbury School of Illumination* (Cambridge 1954); E. Panofsky, *Abbot Suger on the Abbey Church of Saint-Denis* (Princeton 1946); P. Pächt – C. R. Dodwell – F. Wormald, *The St Albans Psalter* (London 1960). Über die Zisterzienser siehe unten; O. Oursel, *La miniature du XIIe siècle à l'abbaye de Cîteaux* (Dijon 1926) und *Miniatures cisterciennes (1109–1134)* (Dijon 1960); über die Cluniazenser: J. Evans, *Romanesque Architecture of the Order of Cluny* (Cambridge 1938) und *Cluniac Art of the Romanesque Period* (Cambridge 1949).

Über Theophilus: *De diuersis artibus,* hrsg. und engl. Übersetzung von C. R. Dodwell (Nelson's Medieval Texts 1961 – vgl. Kap. 7, Anm. 5). Über professionelle Künstler und Kunsthandwerker: V. W. Egbert, *The Medieval Artist at Work* (Princeton 1967); A. Martindale, *The Rise of the Artist* (London 1972).

8 Die Augustiner-Chorherren

J. C. Dickinson, *The Origins of the Austin Canons;* C. Dereine, bes. „Chanoines" in: *DHGE* XII, 353–405; ebenso in *Revue d'histoire ecclésiastique* XLI (1946), S. 365–406; XLIII (1948), S. 411–442; *Les chanoines réguliers au diocèse de Liège ...* (Brüssel 1952); und *La Mendola* III. Die neueste und gründlichste Untersuchung der Augustinusregel ist L. Verheijen, *La règle de S. Augustin,* 2 Bde (Paris 1967). Über die *conversi:* C. D. Fonseca in: *La Mendola* V, S. 262–305.

9 Die Zisterzienser

Über die Zisterzienser und Bernhard von Clairvaux: Knowles, *MO,* Kap. XII–XIV; XXXVII und *Historian and Character and Other Essays* (Cambridge 1963), Kap. III (über Bernhard); E. Krewitza, *Der Zisterzienserorden* (1950); neuere Literatur: J. A. Schmoll in: *Formositas Romanica* (Basel 1958), S. 153–180; J. Leclercq, *St Bernard et l'esprit cistercien* (Paris 1966; ein kurzer, tiefgreifender Überblick mit vielen Zitaten und nützlicher Kurzbibliographie); Standardwerk der Lebensgeschichte ist immer noch E. Vacandard, *Vie de S. Bernard,* 2 Bde (Paris ^{4}1910); Bernhards Werke liegen in einer neuen Ausgabe vor (hrsg. von J. Leclercq – C. H. Talbot – H. M. Rochais, 8 Bde, Rom 1957–1977), die die alte von J. Mabillon (Paris 1690, ND *PL* 182–185) ersetzt. Von den vielen Übersetzungen in zahlreiche Sprachen sind am brauchbarsten *Letters,* engl. Übers. von B. S. James (London 1953) und die gesammelten Werke in Französisch von Ravelet-Laffineur und Dion-Charpentier (Paris 1867–1874). Eine interessante Gesamtdarstellung ist L. J. Lekai, *The White Monks* (Okauchee 1953). Zur bibliographischen Orientierung: R. A. Donkin, *Cistercian Bibliography* (Rochefort 1969).

Über Ailred von Rievaulx: Walter Daniel *Life,* hrsg. und übersetzt von F. M. Powicke (Nelson's Medieval Texts 1950); A. Squire, *Aelred of Rievaulx* (London 1969); *Opera Omnia* (in Vorbereitung); *Corpus*

Christianorum, Continuatio Mediaevalis I, hrsg. von A. Hoste und C. H. Talbot (Turnhout 1971 ff.).

Die Kontroversen über zisterziensische Ursprünge werden geklärt in: Knowles, *GHE,* S. 197–222, mit Hinweisen auf Literatur und Texte; darüber siehe vor allem *Statuta Capitulorum Generalium Ordinis Cisterciensis* I, hrsg. von J.-M. Canivez (Löwen 1933), und Anm. 3 zu Kap. 9. Über die Organisation: J. B. Mahn, *L'ordre cistercien et son gouvernement ... 1098–1265* (Paris 1945). Über die Wirtschaft der Zisterzienser: Knowles, *RO* I, Kap. VII; Constable, *Monastic Tithes* (S. 301); Donkin (vgl. Anm. 3 zuKap. 13; ferner die Liste bei Knowles, *MO,* ²1963, S. 746); H. Dubled in: *Revue d'histoire ecclésiastique* LIV (1959), S. 765–782; C. Platt, *The Monastic Grange in Medieval England* (London 1969). Über die Arbeit: C. J. Holdsworth in: *Studies in Church History* X (1973), S. 59–76.

Über die Ausbreitung des Ordens mit ausgezeichneten Karten, „Stammbäumen", Tafeln, Anmerkungen über einzelne Klöster etc.: *Atlas Cist.* Über England: KH, S. 110 ff.; über die Niederlande; J.-M. Canivez, *L'ordre de Cîteaux en Belgique ...* (Forges-lès-Chimay 1926); weitere Werke siehe unten. Die wichtigsten Zeitschriften für Einzelstudien sind *Analecta Cisterciensia* (früher *Anal S. Ordinis Cisterciensium)* und *Cîteaux* (früher *Cîteaux in de Nederlanden).*

Über zisterziensische Architektur: M. Aubert, *L'architecture cistercienne en France,* 2 Bde (Paris ²1947); H. P. Eydoux, *L'architecture des églises cisterciennes d'Allemagne* (Paris 1952); M.-A. Dimier, *Recueil des plans des églises cisterciennes* (Grignan – Paris 1949; Erg.-Bd. 1967); ergänzt durch die im Verlag Zodiaque erschienenen Bände, hrsg. von M.-A. Dimier u. a., über *L'art cistercien,* bes. *L'art cistercien hors de France* (1971). Ein ausgezeichneter Überblick über *Cistercian architectural purism* von F. Bucher in *Comparative Studies in Society and History* III (1960/1961), S. 89–105; Bernhards spezieller Beitrag wird von K. H. Esser behandelt in: *Archiv für mittelrheinische Kirchengeschichte* V (1953), S. 195–222 (siehe Anm. 11 zu Kap. 9); die ausführlichste Untersuchung von Kirchengrundrissen und Proportionen und zum Verhältnis zwischen zisterziensischem und lokalem Stil ist H. Hahn, *Die frühe Kirchenbaukunst der Zisterzienser* (Berlin 1957), mit besonderer Berücksichtigung von Eberbach.

10 Die Ritterorden

Über die Ritterorden: J. Roley-Smith, *The Knights of St John in Jerusalem and Cyprus, ca. 1050–1310* (London 1967); *New Catholic Encyclopedia*, Art. *Knights of Malta, Templars*; B. A. Lees, *Records of the Templars in England in the Twelfth Century* (London 1935); H. G. Prutz, *Entwicklung und Untergang des Tempelherrenordens* (1888); D. W. Lomax, *La Orden de Santiago, 1170–1275* (Madrid 1965): Siehe auch M. Dessubré, *Bibliographie de l'Ordre des Templiers* (Paris 1928); H. Neu, *Bibliographie des Templer-Ordens* ... 1927–1965 (1965).

11 Frauenklöster

Die Nonnen wurden in der neueren Literatur etwas vernachlässigt: Die einzigen verfügbaren allgemeinen Darstellungen sind St. Hilpisch, *Geschichte der Benediktinerinnen* (St. Ottilien 1951) und das ältere Werk von L. Eckenstein, *Women under Monasticism* (Cambridge 1896); siehe auch Hilpisch, *Die Doppelklöster* (Münster 1928). – Das beste Buch über das Thema dieses Kapitels bleibt weiterhin Eileen Power, *Medieval English Nunneries* (Cambridge 1922). Über Héloise siehe Anm. 10 zu Kap. 11 (Briefe); E. Gilson, *Héloise et Abélard* (Paris ^{2}1948); R. W. Southern, *Medieval Humanism and other Studies* (Oxford 1970), Kap. 6; über Hildegard: H. Liebeschütz, *Das allegorische Weltbild der heiligen Hildegard von Bingen* (Darmstadt ^{2}1964); über die Bewegungen des 13. Jahrhunderts: H. Grundmann, *Religiöse Bewegungen im Mittelalter* (Hildesheim ^{2}1961) und B. Bolton in: *Studies in Church History* X (1973), S. 77–95.

12 Norbert und Franziskus – Prämonstratenser und Bettelmönche

Über die Prämonstratenser: H. M. Colvin, *The white Canons in England* (Oxford 1951 – mit guter Bibliographie); Backmund; C. Dereine, *Les Origines de Prémontré*, in: *Revue d'Histoire ecclésiastique* XLII (1947), S. 352–378. Die beiden frühen Lebensbeschreibungen des heiligen Norbert finden sich in *Monumenta Germaniae Historica, Scriptores* XII (1856), S. 663 ff., und *PL* 170, 1253–1344.

Über die Bettelorden: Knowles, *RO*; F. Ehrle, *Die Spiritualen*, in: *Archiv für Literatur und Kirchengeschichte* I (1885), S. 509–569; II (1886), S. 106–164; 249–336; III (1887), S. 553–623; W. Götz, *Die Quel-*

len zur Geschichte des Franziskus von Assisi (Gotha 1904). Neuere Werke sind bes. K. Esser, *Ordo Fratrum Minorum* (1960); und die Reihe *Franziskanische Quellenschrift,* 6 Bde (1951–1957), darin die Schriften von Franziskus selbst (hrsg. von K. Esser und L. Hardick, 1951); Thomas von Celano (hrsg. von E. Grau, 1955); Jordan von Giano und Thomas von Eccleston (hrsg. von K. Kohast und P. Seidensticken, 1957). Wichtige Werke: P. Gratien, *Histoire de la Fondation et de l'Evolution de l'Ordre des Frères Mineurs au XIIIe siècle* (Paris – Gembloux 1928); J. R. H. Moorman, *A History of the Franciscan Order* (Oxford 1968) (bis 1517); R. B. Brooke, *Early Franciscan Government* (Cambridge 1959); R. F. Bennett, *The Early Dominicans* (Cambridge 1937). Das klassische Werk über Franziskus ist P. Sabatier, *S. François d'Assise* (Paris 1893/94). Über den heiligen Dominikus: M.-H. Vicaire, *Histoire de s. Dominique,* 2 Bde (Paris 1957; dt. Freiburg i.Br. 1962–1963); zu den zeitgenössischen Lebensbeschreibungen u. a. siehe Vicaire, *S. Dominique de Caleruega d'après les documents du XIIIe siècle* (Paris 1955); C. Brooke, *Medieval Church and Society,* Kap. 11. Über beide Heilige gibt es lebendige Einführungen in den Bildbiographien von L. von Matt (mit W. Hauser), *Franziskus von Assisi;* und (ders. mit M.-H. Vicaire), *S. Dominique*); W. Nigg/T. Schneiders, *Der Mann aus Assisi; Franziskus und seine Welt* (Freiburg i.Br. ⁶1976). Für Einzelstudien gibt es zahlreiche Zeitschriften, z. B. *Archivum Franciscanum historicum, Franciscan Studies, Collectanea Franciscana* (mit jährlicher Bibliographie). *Archivum Fratrum Praedicatorum.*

13 Drei Klosterbesuche

Über Fountains siehe *MSA,* S. 93–97; W. H. St John Hope in: *Yorkshire Archaeological Journal* XV (1900), S. 269–402; P. Gilyard-Beer, *Fountains Abbey* (London, HMSO, 1970); den Aufsatz von L. G. D. Baker (siehe Anm. 7 zu Kap. 13). Über den Mont-Saint-Michel: *Millénaire monastique du Mont-Saint-Michel,* hrsg. von J. Laporte – R. Foreville – M. Baudot – M. Nortier, 4 Bde (Paris 1966–1971); P. Gout, *Le Mont-Saint-Michel,* 2 Bde (Paris 1910); G. Bazin, *Le Mont-Saint-Michel* (Paris 1933); J. J. G. Alexander, *Norman Illumination at Mont-Saint-Michel 966–1100* (Oxford 1970) (bes. S. 4 und Anm. 3 für eine Bibliographie über frühe Bauwerke).

Über Sant'Ambrogio: F. Reggiori, *La Basilica di Sant'Ambrogio* (siehe Anm. 14 zu Kap. 13; eine kürzere Einführung in: A. M. Romanini, *Milano: S. Ambrogio*); siehe auch den Artikel von P. Zerbi (siehe Anm. 14 zu Kap. 13) sowie über die Mailänder Gesellschaft: C. Violante, *La pataria milanese e la riforma ecclesiastica* I (Rom 1955).

14 Die monastische Landkarte Europas um 1300

Für dieses Kapitel besonders hilfreich ist *Atlas Cist.;* Cottineau (brauchbar, doch in den Details unzuverlässig); über die einzelnen Länder: KH und sein Pendant von D. E. Easson über Schottland (1957) sowie von A. Gwynn und R. N. Hadcock über Irland (1970); J. A. Watt, *The Church and the Two Nations in Medieval Ireland* (Cambridge 1970); Hauck; *Gallia Christiana* (siehe S. 301); *GB;* und über Polen und Böhmen: J. Kloczowski in: *La Mendola* III, IV und VI.

15 Epilog

Über das Spätmittelalter siehe bes. Coulton, *Five Centuries* (S. 298); Knowles, *RO* III. Über Much Wenlock: *MSA,* S. 53–55. Die wichtigsten Quellen über das interne Leben der Klöster vom späten 12. bis zum 15. Jahrhundert sind die verhältnismäßig wenigen Chronisten, die uns den Klatsch der Gemeinschaften erzählen und von denen Jocelin von Brakelond (hrsg. und übersetzt von H. E. Butler, Nelson's Medieval Texts 1949) der berühmteste ist, außerdem Berichte über Visitationen; darüber siehe Knowles, *RO* II, Kap. XV. Die ergiebigsten frühen Berichte über Visitationen finden sich in einem faszinierenden Tagebuch aus der Mitte des 13. Jahrhunderts namens *Register of Eudes of Rouen,* übersetzt von S. M. Brown, hrsg. von J. F. O'Sullivan (Columbia Records of Civilisation 1964).

Es ist unmöglich, die Bücher über die neuere Ordensgeschichte kurz zusammenzufassen. Ein lesenswerter allgemeiner Überblick, von außen, aber auf ausgedehnten Untersuchungen basierend, ist G. Moorhouse, *Against all Reason* (London 1969). Nützliche Beispiele moderner Literatur sind *The Cistercian Spirit: A Symposium,* hrsg. von M. B. Pennington (Shannon 1970), und H. van Zeller, *The Benedictine Idea* (London 1959).

Verzeichnis der Abbildungen

1 Übersichtskarte (S. 16/17)
2 Saint-Martin-du-Canigou, Gesamtansicht (S. 31)
3 Saint-Martin-du-Canigou, Hauptkirche (S. 33)
4 Benediktsregel, Titelblatt des *Codex Sangallensis* (S. 39)
5 Cluny, Klosterkirche (Rekonstruktion) (S. 58)
6 Cluny, Blick auf die gesamte Anlage (vor der Zerstörung) (S. 61)
7 Szenen aus der Lebensbeschreibung des Mönches Cuthbert (S. 75)
8 Moissac, Kreuzgang (S. 88)
9 La Grande Chartreuse, Kreuzgang (S. 89)
10 Vézelay, Vorhalle der Kirche (S. 123)
11 Vézelay, Kapitell (die „mystische Mühle") (S. 125)
12 Le Thoronet, Bereich der Laienbrüder (S. 162)
13 Eberbach, Kapitelsaal (S. 163)
14 Maulbronn, Grundriß (S. 163)
15 Maulbronn, Refektorium (S. 167)
16 Eberbach, Dormitorium (S. 169)
17 Miniatur: Nonnen bei der Liturgie (S. 196)
18 Einsiedelei Carceri bei Assisi (S. 215)
19 Fra Angelico, Marienkrönung (S. 216)
20 Fountains, Kapitelsaal (S. 225)
21 Fountains, Grundriss (S. 227)
22 Mont-St-Michel, Gesamtansicht (S. 235)
23 Mont-St-Michel, Grundriss (S. 239)
24 Mailand, S. Ambrogio, Innenhof (S. 245)

Register

A

Aachen 52, 55, 189
Abaelard (Petrus Abaelardus) 78, 100, 136, 139, 182, 198, 199, 288
Abingdon 61
Abraham 140
Adalbert 81, 255, 285
Adam 29, 131
Adela 110, 192
Aethelweard 192
Agnes von Böhmen 203
Aidan 48, 49
Ailred von Rievaulx 177–181, 183, 232, 290, 291, 304
Aislabie, John 293
Aislabie, William 293
Akkon 188
Alcobaça 177, 253
Alexander, Mönch in Witham 91, 92
Alexander II., Papst 149
Alexandria 22, 24
Alfons VI. von León-Kastilien 111, 112
Alkuin 52
Altenberg 256
Altes Münster: siehe Winchester
Altmann von Passau 150, 151
Alvastra 257
Amaury, Armand 253
Ambrosius 242, 243, 246, 247
Angilbert 243
Aniane 53
Anselm von Canterbury 100, 134–137, 139, 147, 148, 155, 193, 281, 287, 301, 303
Anselm von Lucca: siehe Alexander II.
Antonius 21–25, 29, 30, 37, 105, 226
Apt 32
Arden 195
Arezzo 81
Arles 126, 151, 288
Arrouaise 258
Arthur (König Arthur) 135
Assisi 81, 90, 138, 202, 205, 210, 214, 217, 218, 269
Asteriac 294
Atcham 140
Athanasius 22
Athelstan 191
Aubert 294
Augustinus 9, 10, 28–30, 69, 128, 145, 147–150, 156, 157, 162, 190, 206, 208, 213, 219, 242
Autun 122, 126
Avignon 150, 288
Avranches 233, 238

B

Balthild 191
Bangor 49, 258
Bartholomäus 205
Basilius 26–28, 41, 137, 251, 281, 282, 299
Beatus von Liebàna 122
Beaulieu 290
Bec 135, 139, 193, 284, 302

Becket: siehe Thomas Becket
Beda Venerabilis 48–51, 55, 69, 135, 283
Benedikt Biscop 48
Benedikt von Aniane 53–57, 300
Benedikt von Nursia 9, 12, 27, 28, 34, 38–48, 50–57, 59, 63–67, 71, 73, 77, 80, 81, 121, 131, 133, 145–149, 156, 157, 161, 164–166, 199, 206, 208, 219, 247–249, 251, 263, 268, 273, 277, 281–283, 287, 298, 299
Bernard de Rodez 60
Bernardus Grossus 197
Bernay 240
Bernhard von Clairvaux 12, 37, 76–78, 82, 138, 139, 158–161, 164, 166, 170–174, 176–178, 180–184, 185, 200, 206, 209, 212, 220, 226, 228, 230, 253, 257, 258, 267–269, 271, 285, 288, 290, 292, 294, 298, 304, 305
Bernhardin von Siena 214, 269
Bethlehem 30, 32
Bingen 200
Birgitta von Schweden 203, 204
Biscop: siehe Benedikt Biscop
Bishop, Edmund 54
Blanchland 208
Blois 192
Bobbio 49
Bologna 90, 114, 214
Bonifatius 50, 51
Brakespeare, Nicholas: siehe Hadrian IV.
Bramante 244, 247
Brevnov 255
Brogne 56
Bruno 84, 85, 138, 158, 285
Buckfast 126
Buildwas 168–170, 175–177, 267
Burgos 201
Bury St. Edmunds 137

C

Caen 121, 192, 194, 240
Caesarius von Arles 190
Calatrava 253
Calvin, Johannes 27
Camaldoli 81, 83, 90, 91, 261, 265, 303
Cambridge 189
Canterbury 12, 114, 129, 135, 147
Carceri 90, 138, 214–216, 269
Carlisle 151
Casamari 261
Cassian 23, 26, 32, 34–38, 41–44, 51, 69, 80, 82, 133, 161, 281, 282, 299
Cassiodor 46, 47, 51, 299
Cava: siehe La Cava
Cefalù 151
Chartreuse, La Grande Chartreuse 82, 85–87, 90, 91, 138, 261, 265, 302
Chaucer, Geoffrey 156, 157, 203, 204, 220, 288
Chiaravalle 261
Chiusa: siehe Sagra di San Michele
Christina, Prinzessin 192
Christina von Markyate 202
Christus: siehe Jesus Christus
Chrodegang von Metz 147
Cîteaux 84, 124, 134, 158, 159, 165, 170, 172–174, 176, 180, 181, 184, 197, 201, 206, 208, 210, 219, 253, 261, 287, 303
Clairvaux 158, 159, 166, 171, 172, 176–183, 208, 253, 257, 258
Clown, William 157
Cluny 11, 12, 54, 56–63, 67, 69, 71–80, 93, 96, 105, 107, 109, 110, 112, 113, 121, 122, 126,128, 132, 136, 145, 152, 155, 160, 161, 171, 180, 183, 192, 193, 252, 257, 260–262, 284, 287, 300, 301, 303
Colan 84, 158
Colchester 151

Columban (Columcille) von Iona 48, 49
Columban von Luxeuil und Bobbio 49
Conques 189
Coulton, George G. 127, 268
Coutances 238
Craon 195
Crispin: siehe Eva Crispin
Cromwell, Henry 269
Cromwell, Thomas 269
Cuxa: siehe Saint-Martin-de-Cuxa

D

Damiani: siehe Petrus Damiani
Dante Alighieri 263, 269, 277
David, König von Israel 88
David I. von Schottland 151, 179, 259
Desiderius von Montecassino: siehe Viktor III.
Dijon 59, 126, 261
Diokletian, Kaiser 23
Domingo: siehe Dominikus
Dominikus von Caleruega 9, 150, 212, 214, 218, 220, 254, 276, 293, 307
Dominikus von Silos 111, 112
Dorpat 255
Dryburgh 208, 259
Dryden, John 149
Dünamünde 255
Dunstan 61, 127
Durham 121, 122, 180, 240, 291, 294
Durrow 49

E

Eadmer 134, 135, 137, 139, 287, 301–303
Eberbach 90, 175, 290, 295, 305
Edgar 95, 98, 192
Edith 191
Eduard (der Bekenner) 105
Edwin von Northumbrien 190
Eglentyne (Madame Eglentyne) 204
Ela 203
Eleonore von Aquitanien 198
Eleonore von Kastilien 201
Elisabeth I. von England 98
Elisabeth von Schönau 203
Espec, Walter 178
Esrom 257
Essen 191, 192, 194, 195, 201, 203, 247
Esser, Karl Heinz 172
Estouteville, Guillaume d' 241
Ethelwold 61, 127
Eugen III. 159, 292
Eva 29, 30, 131
Eva Crispin 193
Evagrius von Pontus (Ponticus) 24, 34, 281
Evesham 257

F

Falkenau 255
Farfa 59
Fécamp 59
Felix 243
Ferdinand I. von León-Kastilien 111, 112
Fleury (Saint-Benoît-sur-Loire) 48, 51, 56, 108
Florenz 82, 102, 114
Fontaine-lès-Dijon 158
Fonte Avellana 83
Fontevrault 197–199, 201, 203, 204
Fossanova 175, 261
Fountains 176, 223–232, 241, 242, 257, 289, 307
Franziskus (Franz) von Assisi 9, 81, 138, 174, 195, 202, 205, 207, 209– 220, 240, 261, 264, 276, 293, 307
Fruttuaria 59, 60, 260, 261
Fulda 51

G

Gandersheim 191
Gelasius II., Papst 205
Geoffrey von Monmouth 135
Gerard, Bruder Bernhards von Clairvaux 184
Gerard, Mönch der Grande Chartreuse 88, 89
Gerhoh von Reichersberg 151
Gernrode 120, 191
Gervasius 243
Gilbert de la Porrée 288
Gilbert, Eremit 79
Gilbert Foliot 232
Gilbert von Nogent 302
Gilbert von Sempringham 11, 200, 209, 292
Glastonbury 56, 61, 93, 105, 110, 229, 260
Godehard 62, 63
Gorze 56, 57, 61–63, 93, 94, 107, 131, 145, 257, 260, 262, 300
Gottfried 230
Grande Chartreuse: siehe Chartreuse
Grandmont 82
Gregor I. (Gregor der Große), Papst 47, 49, 69, 162, 281, 283, 299
Gregor VII., Papst 83, 106, 107, 149, 151, 246, 254
Grenoble 85
Guigo I. 185
Guigo II. 302
Guillaume d'Orange: siehe Wilhelm von Aquitanien
Guy de Thouars 237

H

Hadrian IV., Papst 150, 152
Haliwell 292
Harding: siehe Stephan Harding
Heidenheim 51
Heinrich II., Kaiser 63, 95, 97, 98
Heinrich IV., Kaiser 151, 246
Heinrich V., Kaiser 205
Heinrich I. von England 105, 110, 151–153, 178, 259
Heinrich II. von England 103, 152, 188, 198, 236
Heinrich VIII. von England 188, 269, 272
Heinrich von Blois 105, 110, 111
Helmarshausen 131
Héloise 136, 139, 198–201, 203, 306
Hereford 232
Herrad (von Landsperg) 200
Hexham 48
Hieronymus 30, 32, 83, 190, 281
Hilda 51
Hilde 190, 191
Hildebrand: siehe Gregor VII.
Hildegard von Bingen 200, 203, 306
Hildesheim 63, 116
Hirsau 63, 67, 74, 128, 145, 165, 260, 261, 300
Holy Trinity in London 151
Honorius Augustodunensis 134
Honorius III., Papst 210
Hovedö 257
Hradcany 255
Huby 229
Huelgas: siehe Las Huelgas
Hugo von Avalon 85–92, 302
Hugo von Cluny 57, 60, 62, 63, 69, 73, 76–78, 107, 110, 112, 193
Huntingdon 201, 259
Hyde 99

I

Ignatius von Loyola 270
Innozenz III., Papst 210–212
Iona 49
Isaak (Abba Isaak) 37
Isabel von Angoulême 198
Isidor von Sevilla 69

J

Jacoba von Settesoli 202
Jakob (Israel) 264, 267
Jarrow 48
Jedburgh 259
Jerusalem 185–189, 251
Jesus Christus 20, 37, 41, 44, 83, 88, 97, 115, 116, 131, 136, 137, 148, 181, 210, 213, 216, 240, 241, 243, 244, 276
Jocelin von Brakelond 308
Johann von England (Johann ohne Land) 236, 290
Johannes vom Kreuz 270
Johannes, Apostel 87, 197
Johannes Cassianus: siehe Cassian
Johannes Gualbertus 82
Jordan von Sachsen 218
Joseph, Sohn Jakobs 140
Joseph II., Kaiser 271
Josephus (Josephus Flavius) 69
Jumièges 59, 121, 240

K

Karl der Große, Kaiser 52, 53, 107, 189, 243
Katharina von Siena 203, 204
Kelso 259
Kingswood 177
Klara 202
Knowles, David 13, 40, 268
Knox, Ronald 149
Knut 99
Köln 203, 205
Konstanz 50

L

La Cava dei Tirreni 59, 81, 254, 260, 261
Lacock 203, 204, 266
Laon 189, 205
Las Huelgas 201, 203, 254
Laurentius 86
Leicester 152, 157
Leo IX., Papst 83, 106, 107
Leo XIII., Papst 54
Leo, Franziskaner 215
Leofric 105
Le Thoronet 168, 170, 175
Lézat 60
Lincoln 87
Lioba 51
Livius 69
Llanthony 152
London 92, 151, 188, 189, 232, 270, 292
Lucca 102, 114, 149, 150
Ludwig der Fromme, Kaiser 53
Ludwig VII. von Frankreich 88
Ludwig XIV. von Frankreich 70
Lüttich 154, 155, 203
Luxeuil 49
Lyse 257

M

Mabillon, Jean 271
Macarius 263, 296
Magdeburg 206
Mailand 59, 83, 146, 242–249, 261
Mainz 120, 124
Malachias 258, 259, 296
Map, Walter 226
Marcigny 192, 193
Margareta von Schottland 192, 259
Maria, Mutter Jesu 136, 141, 193, 198, 207, 236
Maria, Schwester Martas 36, 146, 215, 216
Maria Laach 63, 120, 126
Markyate 201
Marseille 32, 60, 252, 261, 295
Marta 36, 146, 147, 206, 215
Martin von Tours 32
Masseo 215
Mathilde von Essen 191, 192, 291

Matilda, Königin von England 151, 152, 192, 194, 259
Maulbronn 169, 170, 175, 256
Maurus 156, 157, 288
Mazan 176
Mellifont 258, 259
Melrose 259
Milburga 267
Milton, John 90, 285
Mlada (Maria) 255
Modena 114
Moissac 60, 122, 126, 128
Molesme (Molesmes) 158
siehe auch Robert von Molesme
Monkwearmouth 48
Mont-Saint-Michel 59, 232–242, 270, 294, 307
Montalembert, Charles René Forbes de 126
Monte Cassino 38, 46, 48, 50, 59, 121, 122, 254, 261, 263, 283
Monte Gargano 233
Montserrat 60
Morimond 256, 257
Mount Grace 92
Much Wenlock 266–268, 308

N

Nabor 243
Napoleon 115, 265, 272, 277
Narbonne 209, 253
Neues Münster: siehe Winchester
Nevers 88
Niederaltaich 62
Nilus (Nilus von Rossano) 81
Nîmes 119
Noah 86
Norbert von Xanten 200, 202, 205–210, 306
Northampton 152, 259
Nydala 257

O

Odeler 140
Odense 257
Odilo von Cluny 57, 62, 110
Oliba 60
Ordericus Vitalis 127, 134, 135, 138–140, 287, 302, 303
Origenes 22, 105
Osma 150, 254, 288
Ostia 83
Oswald 61
Otto I. (Otto der Große), Kaiser 95, 191
Otto II., Kaiser 191
Ovid 293
Oxford 48

P

Pachomius 22, 26
Paraclet 198, 199
Paris 214
Parma 114
Passau 150
Paula 30
Paulus, Apostel 20, 30, 36, 86, 280
Paulus, Mönch 22, 24
Perugia 210, 218
Petronilla 197, 207
Petrus, Apostel 87, 264
Petrus Damiani 81–84, 100, 137, 146, 149, 155, 195, 214, 303
Petrus von Cluny (Petrus Venerabilis) 76–79, 110, 111, 284, 285
Petrus von Mailand 243
Petrus von Tarentaise 86, 87, 285
Philipp II. (Philippe Auguste) von Frankreich 236–238
Philipp IV. (Philipp der Schöne) von Frankreich 188
Piacenza 114
Pirmin 50
Pisa 90, 102, 114

Platon 35
Poblet 175, 252, 253
Poitiers 32, 123
Pontefract 232
Pontius von Cluny 76
Pope, Alexander 250
Prag 81, 255
Prémontré 200, 206, 219, 261, 306
Protasius 243

Q

Quedlinburg 191

R

Rainald 140
Rancé, Armand de 271
Raymond du Puy 186
Reading 137
Reichenau 12, 50, 55, 56, 120, 283
Rennes 195
Richard von Saint-Victor (Marseille) 60
Richard I. von England 188, 198
Richard I., Herzog der Normandie 233
Richelieu, Armand-Jean du Plessis, Duc de 270
Rievaulx 177–181, 230, 232, 285, 289, 291
Ripoll 60, 252
Ripon 48
Robert von Arbrissel 195–198, 207
Robert von Torigny 236, 294
Robert von Molesme 84, 134, 158, 285
Roger: siehe Theophilus
Rom 30, 32, 38, 46, 47, 52, 53, 55, 59, 60, 81, 83, 85, 94, 96, 114, 149, 205, 214, 243, 247, 254, 261, 303
Romsey 192
Romuald 81–83, 255, 263, 285, 296
Rouen 238
Rufino 215

S

Sagra di San Michele 137
Sahagún 252
Saint-Bénigne in Dijon 59, 261
Saint-Benoît-sur-Loire: siehe Fleury
Saint-Denis 122, 126, 137, 171, 287, 303
Saint-Étienne in Caen 121
Saint-Évroult 141
Saint-Gilles 119, 126, 205
Saint-Guilhem-le-Désert 53, 138
Saint-Martin-de-Cuxa 60, 252
Saint-Martin-du-Canigou 60
Saint-Riquier 247, 295
Saint-Ruf in Avignon 150, 152, 288
Saint-Savin-sur-Gartempe 123
Saint-Trophime in Arles 126, 288
Saint-Victor in Marseille 60, 252, 261, 295
Saint-Wandrille 233
Sainte-Odile 200
Salerno 59
Salisbury 238
Salomo 88
Salzburg 151
San Damiano in Assisi 214, 217
San Frediano in Lucca 149, 150
San Juan de la Pena 60
San Paolo fuori le Mura in Rom 59, 60, 254
San Zeno in Verona 113–116, 146
Sant'Ambrogio in Mailand 146, 242–249, 261, 308
Santa Leocadia in Toledo 150, 152
Santes Creus 252
Santi Quattro Coronati in Rom 247
Santiago de Compostela 186–189, 252, 253, 306

Santo Domingo de Silos 111, 112, 122, 126, 252
Savigny 196, 197
Sées 151
Sempringham 292
Sénanque 90, 175–177, 290, 296
Shaftesbury 198
Sherborne 160
Shrewsbury 140
Siena 102
Sigüenza 288
Silos: siehe Santo Domingo
Silvacane 170, 175, 176
Simeon der Stylit 35
Sokrates 35
Solesmes 272
Soria 288
Speyer 120, 124
Spoleto 151
St. Albans 229, 240
St. Andrew in Northampton 152
St. Botolph's in Colchester 151
St. Gallen 49, 53, 55, 56, 283
St. Mary in York 230
St. Maximin in Trier 63
St. Michael's Mount 234
Stanley 258
Stephan von England 105
Stephan Harding 124, 159, 160, 289
Stephan von Lexington 258
Subiaco 283
Suger von Saint-Denis 122, 126, 137, 171, 287
Sulejów 256
Swartwout, R. E. 127

T

Taizé 274
Tarentaise 86
Tegernsee 62
Temple, William 149
Thekla 51
Theoderich 116
Theophilus 129–131, 137, 287, 304
Theresia von Avila 203, 270
Thomas Becket 129
Thoronet: siehe Le Thoronet
Thurstan von Bayeux 230, 232
Tintern 289
Tiron 197, 259
Toledo 150, 152, 255, 288
Tomar 189
Toulouse 122, 138, 212, 213
Tours 32, 189
Tre Fontane in Rom 261
Trier 63
Troja 225
Tyniec 255

U

Ulrich 67, 68, 71–73, 78
Urban II., Papst 107, 198, 254

V

Valdes (Waldo), Petrus 209
Valeria 243
Vallombrosa 81, 82, 90, 91, 261, 265, 303
Verona 113–116, 146
Versailles 70
Vézelay 78, 122, 126, 128
Viktor 243
Viktor III., Papst 59
Villers 202
Vitalis 243
Vitalis von Mortain 197
Vivarium 46
Vreden 191

W

Walburga 51
Waldo: siehe Valdes
Werburga 191
Whitby 51, 191
Wiesbaden 90

Wilfrid 48
Wilhelm der Eroberer 121
Wilhelm II. (Wilhelm Rufus) von England 97
Wilhelm IX. von Poitou und Aquitanien 197
Wilhelm von Aquitanien (Guillaume d'Orange) 53, 138
Wilhelm von Hirsau 63, 67, 300, 302
Wilhelm von Malmesbury 134, 135, 137
Wilhelm von Sens 129
Wilhelm von Volpiano 59, 81, 233, 261
Wilton 192
Winchester 61, 99, 105, 110, 164, 198, 240, 294, 301
  Altes Münster 99
  Neues Münster 99, 164, 301
Windsor 195
Witham 91, 92
Wolfram von Eschenbach 53, 138, 139
Worcester 61
Worms 120, 124
Wulfhere 191
Wunibald 51

X

Xanten 205

Y

York 48, 179, 230, 231

Z

Zeno 115
Zwingli, Ulrich (Huldrych) 265